湖北经济学院学术专著出版基金资助

区域创新驱动发展的结构分析

——基于智慧专业化视角

沈 婕／著

知识产权出版社
全国百佳图书出版单位
—北京—

图书在版编目（**CIP**）数据

区域创新驱动发展的结构分析：基于智慧专业化视角/沈婕著. —北京：知识产权出版社，2022.4

ISBN 978-7-5130-8049-1

Ⅰ.①区… Ⅱ.①沈… Ⅲ.①区域经济—国家创新系统—研究—中国 Ⅳ.①F127

中国版本图书馆 CIP 数据核字（2022）第 017962 号

责任编辑：韩　冰　　　　　　　　责任校对：王　岩
封面设计：杨杨工作室·张　冀　　责任印制：孙婷婷

区域创新驱动发展的结构分析
基于智慧专业化视角
沈　婕　著

出版发行：知识产权出版社 有限责任公司	网　　址：http://www.ipph.cn
社　　址：北京市海淀区气象路 50 号院	邮　　编：100081
责编电话：010-82000860 转 8126	责编邮箱：hanbing@cnipr.com
发行电话：010-82000860 转 8101/8102	发行传真：010-82000893/82005070/82000270
印　　刷：北京九州迅驰传媒文化有限公司	经　　销：新华书店、各大网上书店及相关专业书店
开　　本：720mm×1000mm　1/16	印　　张：15.75
版　　次：2022 年 4 月第 1 版	印　　次：2022 年 4 月第 1 次印刷
字　　数：227 千字	定　　价：89.00 元
ISBN 978-7-5130-8049-1	

出版权专有　侵权必究
如有印装质量问题，本社负责调换。

PREFACE 前言

新一轮高新技术和产业革命持续演化,全球经济格局正面临新的变化,创新已成为各个国家和地区竞争能力提升的重要驱动力。区域经济发展在大国经济中的地位十分重要。区域创新驱动发展应该充分考虑区域情景和区域前提,立足区域特色,挖掘区域资源,利用区域基础,建设知识网络,通过优势创新,促进区域经济发展,推动区域创新能力建设和区域竞争力的整体提升。当经济增长更多依赖创新时,经济转型过程中的区域分化就不可避免。在此背景下,研究如何将国际创新发展理论和创新发展潮流与区域创新驱动发展战略进行对接,从中观层次解决区域创新驱动发展的基础理论需要,是本书目的所在。智慧专业化作为一种国际新兴的创新理论,是欧洲当代区域创新政策的关键特征和重要指征,为区域创新驱动发展研究提供了新视角。

智慧专业化开放性维度有效支撑区域资源集聚与区域创新驱动发展相关性研究,从资源内存性和外向性、资源的技术和经济属性以及资源的支持程度三个方面论述区域创新驱动发展的动力来源以及动力持续性的影响因素,进而解释区域创新资源集聚对区域创新驱动发展绩效表现的影响作用。资源的内存性本身并不能直接转为动力,是对这些内存型资源的利用过程使得相关资源成为动力来源;资源的外向性主要依托于资源的交互性,这进一步取决于资源的区位分布和独特的历史条件;资源的经济技术属性则为区域创新驱动发展动力来源的持续性提供依据;资源支持程度则从区域文化、区域政府信任和区域人才结构三个方面进一步强化区域创新资源集聚的创新驱动作用。

基于智慧专业化的非中立维度,区域创新发展需要有偏好性,即区域创新驱动发展可以通过市场机会优势、产业基础优势和价值链优势的"三角网络"结构识别区域优势,优化区域创新布局。在此基础上,综合考虑智慧专业化创新优势识别结构,提供一个三种优势内在协同配合度测算公式,并尝试性提出"紧密协同配合型""带动支撑配合型"和"松散被动配合型"三种理想测算状态下的区域优势组合类型,对区域创新驱动发展优势识别进行整体分析和研究。

现行区域创新驱动发展战略缺乏内容清晰、层次明确和结构科学的目标体系,容易导致区域创新驱动发展导向不明、效果弱化等问题。基于智慧专业化方向性维度,从结构目标层面,要以知识经济为发展核心,促进知识经济贡献率持续稳定增长;发展多元化创新参与主体,补充区域创新驱动发展内涵;创新孵化培育机制的完善与优化,为区域创新发展提供保障、推动和规范作用;功能目标是对结构目标在实践层面的详细阐释,具体从基本功能目标、经济功能目标、文化功能目标和政府功能目标四个方面展开;阶段目标层面引入经济发展现状和面临的问题,提出近期目标、中期目标和长期目标的建议设定周期,以提高区域创新驱动发展目标制定的合理性。

创新驱动发展在加快经济结构转型的同时带来了更多的复杂性和不确定性,这在区域层面尤为突出。通过智慧专业化选择性维度,理性的区域创新驱动发展应在本土化原则、差异化原则、包容发展原则和合作开放原则的指导下,在一元产业主导、多元产业共存和产业互联网络三种路径中做出有针对性的选择和努力。研究分析表明,一元产业主导路径适合创新落后地区和边缘地区的创新驱动发展;多元产业共存路径能较好地匹配处于追赶发展阶段的区域;产业互联网络路径则能与创新领航区域有效配适。结合区域创新驱动发展需要,进一步描述从路径变异到路径匹配再到路径留存或复制发展的全过程,解释和分析区域创新驱动发展路径选择过程中应注意的问题,以提高区域创新驱动发展路径选择的有效性。

创新驱动并非只是一个理念问题,还需要具有强制力的机制和政策给予约束和支撑。整体上，智慧专业化为区域创新驱动发展结构分析提供了一套新的政策制定逻辑，从政策组合、资本体系和监管模式三个方面，构建区域创新驱动发展的制度支撑体系。灵活的区域创新驱动发展政策组合是在区域特征的驱动下，推动"小区域"创新发展、支持"变革型"创新项目、借助"数字化"实现转型和培育"跨边界"合作治理；高效的区域创新驱动发展资本体系是通过投融资组合的有机融合，评价工具的精准运用，解决投资"死亡之谷"和"雾化投资"问题，具体可根据"五步骤"设计方案开展实践；而清晰的区域创新驱动发展监管模式，从明确划分创新主体权责范围、建立结果导向型评价体系和循环迭代的全过程监督，在结构上建设具有完备性的区域创新驱动发展制度支撑体系。

本书的出版同时获得了湖北省社科基金一般项目（后期资助项目）的资助。本书是笔者攻读博士期间的研究成果，撰写过程中得到了华中科技大学公共管理学院钟书华教授和瑞士洛桑联邦理工学院 Dominique Foray 院长等教授的指导和建议。本书的出版得到了知识产权出版社的大力支持，特别是韩冰编辑付出了很多精力，提出了许多宝贵意见。在此向各位专家老师表示衷心感谢。鉴于本人学识所限，本书难免会有疏漏之处，敬请大家批评指正。

目录 CONTENTS

第1章 导 论 / 001

1.1 区域创新驱动发展结构分析的必要性 / 001

    1.1.1 研究背景 / 001

    1.1.2 研究意义 / 010

1.2 区域创新驱动发展结构分析的内容和方法 / 016

    1.2.1 主要内容概述 / 016

    1.2.2 主要分析方法 / 018

第2章 智慧专业化 / 021

2.1 国外智慧专业化研究 / 021

    2.1.1 智慧专业化内涵 / 022

    2.1.2 智慧专业化逻辑结构 / 024

    2.1.3 智慧专业化实施 / 026

    2.1.4 智慧专业化评价 / 028

    2.1.5 智慧专业化应用案例 / 031

    2.1.6 小结 / 033

2.2 国内智慧专业化研究 / 034

    2.2.1 区域创新驱动发展战略 / 035

    2.2.2 区域创新能力 / 039

    2.2.3 区域优势产业 / 042

2.2.4 小结 / 045

第3章 理论基础与分析框架 / 047

3.1 理论基础 / 047

    3.1.1 区域创新系统理论 / 048

    3.1.2 智慧专业化理论 / 057

3.2 分析框架 / 067

第4章 区域创新驱动发展的资源集聚 / 072

4.1 区域创新驱动发展的资源内存性和外向性 / 072

    4.1.1 资源内存性 / 073

    4.1.2 资源外向性 / 075

    4.1.3 资源内存性和外向性的综合作用 / 080

4.2 区域创新驱动发展的资源经济技术属性 / 081

    4.2.1 资源经济属性 / 082

    4.2.2 资源技术属性 / 084

4.3 区域创新驱动发展的资源支持程度 / 088

    4.3.1 区域文化作为资源支持程度的来源 / 089

    4.3.2 政府信任作为资源支持程度的来源 / 091

    4.3.3 区域人才结构作为资源支持程度的来源 / 093

4.4 本章小结 / 095

第5章 区域创新驱动发展的优势识别 / 097

5.1 区域创新驱动发展的市场机会优势识别 / 098

    5.1.1 市场需求优势 / 099

    5.1.2 产品机会优势 / 100

    5.1.3 技术机会优势 / 101

5.2 区域创新驱动发展的产业基础优势识别 / 103

  5.2.1 区域产业结构 / 104

  5.2.2 区域产业强度 / 106

  5.2.3 区域产业集中度 / 107

5.3 区域创新驱动发展的价值链优势识别 / 109

  5.3.1 全球价值链嵌入 / 109

  5.3.2 全球价值链定位 / 111

  5.3.3 价值链增值 / 113

5.4 区域创新驱动发展的综合优势识别 / 114

  5.4.1 创新优势外部识别 / 114

  5.4.2 创新优势内部识别 / 115

5.5 本章小结 / 118

第6章 区域创新驱动发展的目标定位 / 120

6.1 区域创新驱动发展的结构目标 / 120

  6.1.1 知识经济贡献率的持续增长 / 121

  6.1.2 创新参与主体的多元化 / 126

  6.1.3 创新孵化培育机制的完善与优化 / 129

6.2 区域创新驱动发展的功能目标 / 133

  6.2.1 国家创新驱动发展战略目标是基本功能目标 / 133

  6.2.2 科技创新是经济功能目标 / 134

  6.2.3 创新环境培育是文化功能目标 / 136

  6.2.4 创新体制机制是政府功能目标 / 138

6.3 区域创新驱动发展的阶段目标 / 140

  6.3.1 近期目标 / 140

  6.3.2 中期目标 / 143

  6.3.3 长期目标 / 144

6.4 本章小结 / 146

第7章 区域创新驱动发展的路径选择 / 148

7.1 区域创新驱动发展的路径选择原则 / 148
- 7.1.1 本土化原则 / 149
- 7.1.2 差异化原则 / 152
- 7.1.3 包容发展原则 / 155
- 7.1.4 合作开放原则 / 157

7.2 三种区域创新驱动发展的路径分类 / 158
- 7.2.1 一元产业主导 / 159
- 7.2.2 多元产业并存 / 163
- 7.2.3 产业互联网络 / 166

7.3 区域创新驱动发展的路径选择策略 / 169
- 7.3.1 路径变异：识别判断 / 169
- 7.3.2 路径匹配：学习吸收 / 171
- 7.3.3 路径留存或复制：试错耦合 / 173

7.4 本章小结 / 176

第8章 区域创新驱动发展的制度支撑 / 177

8.1 构建灵活的区域创新驱动发展政策组合 / 177
- 8.1.1 推动"小区域"创新发展 / 178
- 8.1.2 支持"变革型"创新项目 / 181
- 8.1.3 借助"数字化"实现转型 / 183
- 8.1.4 培育"跨边界"合作治理 / 184

8.2 构建高效的区域创新驱动发展资本体系 / 186
- 8.2.1 有机融合的投资组合以避免"死亡之谷" / 186
- 8.2.2 评价工具的精准使用以解决"雾化投资" / 189
- 8.2.3 "五步骤"设计方案以提供结构指导 / 194
- 8.2.4 案例研究 / 197

8.3 构建清晰的区域创新驱动发展监管模式 / 200

8.3.1　明确划分创新主体权责范围 / 201
　　　8.3.2　设置结果导向型的评价体系 / 203
　　　8.3.3　发展循环迭代的全过程监管 / 205
　8.4　本章小结 / 207

第 9 章　结论与展望 / 208

参考文献 / 213

第1章 导 论

人类社会发展离不开创新。创新是区域创新发展能力和全球价值链攀升的重要驱动力。面对国际创新驱动发展的新趋势，区域创新驱动发展应在顺应国际发展潮流的同时，建立符合自身发展需要和特色的发展路径，建立有效的区域创新政策体系。区域创新驱动发展要避免盲目复制，但也要防止区域发展过于"独立"而形成区域发展的"破碎化"。

1.1 区域创新驱动发展结构分析的必要性

创新已经成为全球范围内的焦点。在经济全球化的宏观环境下，国际和区际的竞争已从产品服务转到区位环境，从劣势规避转到优势选择，从可持续增长转到创新驱动。政策的"普适性"已不能适应不同区域经济"个性化"发展的需要。立足区域特色，挖掘区域资源，利用区域基础，建设知识网络，通过优势创新促进区域经济发展，已经成为国际新趋势。具体可从区域创新驱动发展的背景及意义两个方面展开分析。

1.1.1 研究背景

1. 研究的理论背景

理论建设是实践活动的基石。良好的理论基础，不仅能有效地指导区域科技政策建设，同时有利于区域创新活动的开展。

（1）智慧专业化：从理论到政策框架。

20世纪以来，欧洲和美国的生产力鸿沟问题逐步凸显，尤其以1995

年最为突出。跨大西洋区域生产力差距的成因日益成为研究重点。为了缩短差距，欧洲建立了统一市场，通过调整工时、区域融合、取消贸易壁垒等政策，经历了一段较长的追赶时期。然而，生产力差距的问题并没有得到显著改善。从产业绩效角度看，生产力差距可以归因为两大主题。第一主题是结构效应，即欧洲与美国的生产力差距是因为工业结构差异。具体而言，欧洲是以中、低制造业为主的传统工业结构，意味着企业进行研究成果转化的能力低下。第二主题是本质效应，具体是指欧洲企业自身进行研究成果转化，以及提高其他投资收益的能力存在缺陷。无论是哪种论点，可以形成共识的是，对科学技术的应用能力和效率决定了区域生产力的高低，从而影响欧洲和美国的生产力表现。

21世纪初期，区域竞争力研究逐渐成为各个国家公共政策制定的热点。2000年，里斯本会议（Lisbon Agenda）首次介绍和宣传了区域竞争力的概念，欧盟"地平线2020"计划（Horizon 2020）则进一步将其分解为智慧、持续和包容增长三大目标，2013年出台的凝聚政策（Cohesion Policy）也将区域竞争力作为政策中心展开研究。大多数政策文件都强调区域竞争力是区域经济增长的重要评价指标。具体而言，全球范围内区域发展模式呈现出高度同构或逐步趋同的现状，在此背景下研究区域竞争力有利于促进区域经济增长、增加社会福利。而这需要采取必要的步骤，如吸引和保留创新企业、高素质和技能型人才，以及提供良好的投资环境。从微观角度看，还需要提供富有挑战的工作及适宜的工作环境，培育适合创新企业发展的环境。

近年来，经济合作与发展组织（OECD）成员国面临不同的发展潮流和趋势。国际发展潮流主要体现为：通用技术广泛传播、研发和人才费用不断上涨、知识经济资源紧缺、全球供应链竞争加剧，以及中国和印度等新的竞争者加入。欧盟内主流趋势表现为：OECD国家普遍实施财政紧缩政策、缩减公共支出、创新活动基层化，即国家授权给专业组织和机构，以及地方政府主导开展创新活动。在此背景下，以Dominique Foray和Bart van Ark为代表的"知识增长"（Knowledge for Growth）小组提出了智慧专业化理论，强调政府应将投资重点放到市场活动中，而不是部门本身。投资领域的选择应符合专业化和多样化特点，即强调区域比较优势的可选择性和企业技术研发多样化发展的可能性。Phillip McCann 和 Ortege-Argiles 从区域发展和增长的内涵出发，认为区域专业化和技术多样化的密切联系清晰表明，智慧专业化作为政策框架能够有效指导区域"个性化"发展。智慧专业化理论迅速成为欧盟"地平线 2020"计划的核心。为促进区域经济增长，欧洲区域发展基金（European Regional Development Fund，ERDF）设立了高达 2000 亿欧元的扶持项目，用于刺激欧洲各地区积极识别和判断能够获得比较优势的领域、活动和技术，并制定区域政策促进相关领域的创新发展。2007—2013 年，该项目用于创新活动的投资总额达到了 650 亿欧元。

智慧专业化理论运用到区域实践层面，发展为智慧专业化战略（Smart Specializaiton Strategy，RIS3）。促进智慧专业化战略在欧洲各区域的实施成为欧盟凝聚政策的主要任务。智慧专业化战略涉及动态性和匹配性两个问题。动态性是指政府介入活动需要历经创新全过程，即企业家发现、创新活动实践、潜在外溢效应和产业结构改变。而匹配性则体现为政府引导和政策指导，即应该评价相关政策是否精确适应目标领域的发展需要，或判断目标领域是否最具发展前景。智慧专业化战略有利于区域政策框架的建立，政府政策的有效介入能够激发和帮助区域优势领域发展潜能，提高区域竞争力，实现区域经济"智慧"增长。

（2）创新驱动发展成为国家创新政策。

对经济发展本质的探讨主要有两类观点，即是要素投入驱动还是经济制度引导。但这两类观点都无法解决经济发展的两个基本问题，即要素生产报酬递减和资源稀缺导致发展瓶颈。早在 1912 年，熊彼特在《经济发展理论》一书中提出"发展是经济循环轨道的改变，也是对均衡的扰乱和打破"。张来武进一步解读为，所谓"改变""扰乱"和"打破"就是指代创新。熊彼特的观点在当时过于新潮而未能得到有效和全面的发展，直到 20 世纪 50 年代才逐渐被经济学界重视成为主流思想。具体而言，创新的"破坏性发展"，一方面通过提高生产效率抵消生产要素报酬递减问题，另一方面可以通过生产要素重新组合解决资源稀缺问题。这种重新组合的方式是多样的，如新的生产工艺、新产品研发、新市场开发等。

选择什么样的发展道路是每个国家谋求经济发展时必须面对的主题。纵观不同国家发展轨迹，可以将发展道路分为资源优势型、产品加工型及创新驱动型。以中东石油强国为代表的国家，借助资源禀赋优势发展国家经济，时刻面临着资源消耗过度后的经济转型问题；还有一些国家成为发达国家的"加工厂"，对国际市场十分依赖，本国经济发展极为被动，容易落入"中等收入陷阱"；还有一些国家将科学技术作为发展战略，努力走创新驱动型国家道路，提高自身在国际环境中的竞争力和话语权。从世界发展格局看，正是第三种国家获得了巨大的发展先机。因此，走创新驱动发展道路，建设创新型国家，已经成为当今世界经济社会发展的必然趋势。

创新驱动发展并不是完全对资源投入的摒弃，也不仅仅强调科学技术方面的创新，而是基础理论、管理体制与机制、科学技术与文化等方面的创新，强调人的发展和人的作用。这与张来武提出的创新驱动发展是"以人为本"的发展观点一致。简言之，就是"依靠人、为了人"。所谓"依靠人"，是指创新活动离不开人类智力"加工"，即强调利用智力资源去开发自然资源，通过知识、信息和技术革新实现高效和合理使用现有自然资源。这类无形要素的投入，不仅具有非消耗性和非稀缺性特点，而且其生产率远大于资本和资源要素的简单投入。而"为了人"则符合经济社会可持续发展的目标。发展绿色经济，实现绿色增长，体现了全球范围内对环境保护的深刻认识。经济发展的内涵不是单一经济总量的增长，还应该包括人们生活水平的提高和生活质量的改善。制度创新同样是创新驱动发展的内容。因此，创新驱动发展不仅能实现 GDP 总量的攀升，增强国家竞争力；也能满足人民福祉提高的需求，实现人民生活水平与经济发展同步提高。

以当前经济体量排世界第二位的中国为例。中国的发展速度成就中国奇迹，经济增长势头引来世界的关注。改革开放为中国现代化发展奠定了一定的物质基础，但现实仍旧引发深思。最突出的问题就是发展成本太高，体现在劳动力成本上升、自然环境代价巨大等问题上。概括来说，中国仍是通过大规模投入实现经济发展目标。因此，发展水平仍旧存在低端锁定问题。根据迈克尔·波特经济发展阶段划分，中国目前处在"生产要素驱动发展阶段"和"投资驱动发展阶段"并行时期。新型工业化道路要求发展以知识和科技为导向的创新驱动发展道路，资源依附型发展模式不适合中国经济发展需求，创新驱动发展应成为国家创新政策。

从国际看，顺应国际发展潮流，提高中国在国际市场上的竞争力，承担大国实施绿色发展的环保责任；从国内看，不仅有利于推进供给侧改革，而且有利于缓解经济下行的压力和解决"中等收入陷阱"问题。可以说，在智慧专业化框架下，依托地区资源禀赋和发展水平，探索各具特色的高质量发展模式，实行分类评价和动态管理，优化创新生态，集聚创新资源，提升自主创新能力，以创新驱动发展为根本路径，有利于实现区域经济高质量发展。

2. 研究的实践背景

创新理论的建设和发展日益得到重视，而顶层设计离不开实践的检验。关于智慧专业化理论和创新驱动发展战略实践活动，在国内外均得到了广泛且多样的体现。

（1）欧盟智慧专业化战略平台建设。

智慧专业化在欧洲地区已经得到了较为普遍的实践。欧盟在2011年成立智慧专业化战略平台，辅助欧盟成员国及欧洲其他国家和地区，发展、实施和评估本国或本地区智慧专业化实践活动。平台为成员国实施智慧专业化、制定智慧专业化战略提供全方位服务。具体包括战略介绍、专家咨询和路径指导等内容，同时提供跨区域联合支撑服务，如跨国合作、数据库共享共建，以及智慧专业化战略实施整体概览等内容。智慧专业化战略平台面向对象广泛，不仅对所有注册国家和地区提供同等服务，同时作为一个开放窗口面向全球服务。概括而言，智慧专业化战略平台分为实践主题、参与主体、战略合作、战略支撑、战略社区和战略治理六大板块。其中，智慧专业化战略实践主题主要包括区域能源、数字增长、关键技术及价值链（见图1-1）。

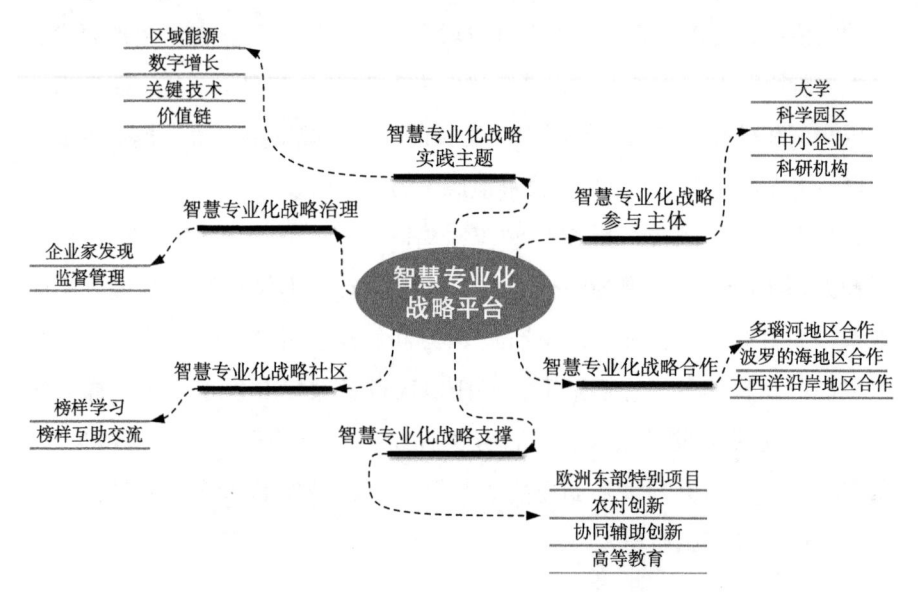

图1-1 欧盟智慧专业化战略平台六大板块示意图

在区域能源方面，集中在煤炭资源的收集、存储和利用，海洋能源，智能电网，风能等战略能源技术。目的是为欧洲各国家和地区在相关领域投资提供依据，欧盟能源战略、欧盟工作和经济增长投资战略及欧盟战略投资基金均设有区域能源主题专项资金池。该领域已经开展了形式多样的能源专业化创新活动。例如，优化完善内部能源市场、建设供应安全设施、提升能源利用效率、控制污染气体排放量，以及全方位低碳技术创新研究。欧盟希望通过该创新主题，实现欧洲地区2030年温室气体排放量与1990年相比下降40%，并于2050年实现低碳经济发展模式。

在数字增长方面，强调各区域识别通用技术优势领域，开展通用技术基础设施建设、实现应用和服务的供给需求平衡。例如，建设在线数字议程工具箱，为国家和区域政策制定者提供相关信息，促进国家或区域通用技术创新和实现数字增长。

关键技术是实现欧洲工业技术更新和创新的核心部件，是提升欧洲经济竞争力的基石。主要可分为纳米技术、微纳电子学和半导体、先进材料、光子学、生物工程技术及高端制造。对关键技术进一步细分，可将潜在发展领域划分为：安全、轻便和高效的交通工具；可再生能源、太阳能和生物能源；基因治疗；低耗材制造；绿色生产和生物降解研发；环境传感检测、芯片研发、多媒体融合、云计算和移动智能电话。在价值链方面，盲目的区域"复制"易导致"破碎化"发展。

在全球化背景下，价值链建设涵盖从产品概念设计，到实际生产，再到市场销售的全过程，不仅能覆盖单个市场发展需求，还能触及跨区域地理范围，有利于形成协同增效和规模效应。

智慧专业化战略参与主体的作用同样不可忽视。大学、科研院所、中小企业及科技园区的共同参与，有利于知识和技术的产生、传播、应用和更新，实现区域知识系统化和网络化发展。为促进区域产学研融合及高等教育体系的优化完善，OECD和欧盟委员会共同成立了一个帮助区域开展教育等级自我评估的工具，即高端教育机构创新中心（HEInnovate），评估内容包括领导力和治理、组织能力、企业家教育、企业家支持、知识交流和合作、国际机构及检测影响评估反馈。

智慧专业化战略实践基本涵盖欧洲大部分国家和地区。通过区域标杆管理、贸易管理、数据库管理和在线监督等工具，逐步实现教育科研合作、基础研究合作、企业研发投入扶持计划合作、基础技术转型合作、创新服务合作、金融服务合作、产业聚集政策合作及公共采购合作。事实上，智慧专业化战略平台主要致力于打造一个集合式互动情景。平台定期召开研讨会，解决智慧专业化战略在实施过程中的困难和障碍。在标杆学习的基础上，建立互助交流（Peer-exchange Learning，PXL）中心，由区域代表和欧盟工作人员配合分析和解决智慧专业化实践过程中产生的问题。

智慧专业化战略治理强调区域政策对企业家发现的刺激作用。根据政策目标划分政策类型、发现可能性失败原因、识别利益相关者及提供解决措施。而监督管理强调政策介入后的协调作用，通过及时识别问题、处理危机提高政策应对能力，通过激励承诺和信息透明化管理提高政府公信力，以及加强政企合作增加社会信任度。

智慧专业化战略支撑则重点关注欧洲东部落后地区的发展，强调对高等教育投入和对边缘地区的扶持等。

（2）中国创新驱动发展实践活动涌现。

研究表明，中国创新政策内容主要集中在四个方面：一是让区域自主创新能力成为科技发展的基础；二是创新政策逐步健全，涵盖法律、金融、服务、人才及基础设施等各个方面；三是注重企业是科技创新的主体，产学研合作成为国家创新体系的重要组成部分；四是鼓励区域开展科技创新活动。

新时代背景下，实施区域创新发展，实现区域协调发展是贯彻新发展理念的重要部件。我国的区域发展战略发生了重大转变升级，形成了以东部、中部、西部和东北部区域构成的四大区域基础经济板块；以京津冀经济圈、长三角经济圈和珠三角经济圈为主体的三大国家战略经济圈；"一带一路"建设和长江经济带建设形成了贯通国内、链接国际的两条贯通式巨型经济带。首批确定了北京、上海、合肥和粤港澳四个国家科技创新中心和八个全面改革试验区。可以说，这些鲜明生动的区域创新战略和实践活动，极大地促进了区际的开放合作，协同发展和基础设施的共建共享、互通互联，实现大区域内的一体化发展，重塑区域发展新格局和新态势。

2018年中共中央和国务院印发的《关于建立更加有效的区域协调发展新机制的意见》中指出，要建立区域创新发展监测评估预警体系，围绕区域分极化发展问题、区际资源协调问题等重点领域展开研究。《中国区域创新驱动发展能力评价报告2018》的数据显示，从综合创新能力来看，珠三角地区是最具创新活动地区。其中广东省的综合创新能力位居全国第一，且创新主体主要是企业，创新研发经费来源于企业。值得强调的是，创新研发投入并不是衡量区域创新驱动发展能力的唯一要素。需要考虑本地产业结构、高新技术人才占比、劳动力环境、营商环境、政策环境等因素。在这个语境中，北京的知识创造能力位居全国第一，拥有中关村科学城、怀柔科学城、未来科学城和北京经济技术开发区，其综合创新能力仅次于广东省，位居第二。而江苏、上海和浙江的综合创新能力分别居第三、第四和第五位，安徽则位居第十。这反映出长三角经济带在以投资和出口为经济增长动力的传统发展道路上，向科技创新驱动发展道路转型的决心和成果。中西部地区，四川综合创新能力连续三年排名第 11 位，湖北综合创新能力从 2016 年第 12 位追赶到 2018 年第 9 位，而陕西综合创新能力居全国第 13 位。

从涉及领域看，高技术产业成为中国各省市创新驱动发展的重要领域。根据科技部 2015 年第 9 期统计报告数据，2013 年电子及通信设备制造业主营收入比重突出，占高技术产业主营收入的 53.7%，电子计算机及办公设备制造业占 24.3%，医疗设备及仪器仪表制造业、医药制造业及航空航天器制造业分别以 14.2%、5.4% 和 2.4% 位列第三、第四和第五。从产业地区分布看，高技术产业呈现出较高的地理集中度。如东部地区的高技术产业主营收入达到 75.9%，其中，尤其以广东和江苏占比较高。行业分布也存在地区差异。东部沿海地区重点发展电子计算机及办公设备制造业，如江苏优势产业是医疗设备及仪器仪表制造；内陆省份和老工业基地则主要打造航空航天器制造业，最具代表性的是陕西和天津。山东的医药制造业发展也颇具优势，占比超过 10%。

由此可见，创新驱动发展不论是从理论层面还是从实践层面，都呈现出主流发展趋势。从创新动力出发，区域创新发展能力提升是国家创新实力整体提高的重要驱动力。智慧专业化作为国际发展新潮流，对于区域创新驱动发展，提高区域竞争力，摆脱盲目复制和破碎发展具有重要借鉴意义和指导作用。

1.1.2 研究意义

区域创新驱动发展的结构分析,不论是从理论层面还是实践层面,均有不可或缺的重要意义。其不仅可以丰富相关理论研究的水平,更重要的是,具有非常强的实践指导意义。

1. 理论意义

总体上,本研究的理论意义可概括为以下三个方面。

(1) 提出了区域创新驱动发展结构分析框架。

传统的区域创新驱动发展政策大多是从学习模仿开始的,即学习和复制经济领先地区的发展路径或主要产业布局,以刺激区域经济增长,提高区域经济活力,提升区域经济发展质量。但这种一味地复制、模仿,以及缺乏远见的区域创新研发战略和区域产业规划,容易导致区域发展模式趋同,最终形成高度同构的区域产业格局。同质化发展容易导致知识培养模式单一化、潜在经济资源的盲目消耗和重复使用,最终限制各地区政府吸引流动资本、开展有效管理和获取知识资源的能力。毫无疑问,任何企业都不会在缺乏竞争优势、生产效率低下和知识环境次优的区域中开展创新活动。对区域创新驱动发展的研究主要基于比较优势理论和竞争优势理论,通过建立评价指标和构建评价模型,分析区域产业发展现状和未来趋势,缺少系统完整的分析框架指导区域创新驱动发展的实践活动。

鉴于此,本研究基于智慧专业化理论和区域创新实践活动现状,提出区域创新驱动发展结构分析框架,可以为区域创新驱动发展战略设计和实践提供指导和帮助。换言之,智慧专业化视角下的区域创新驱动发展结构分析是一种具有明确应用对象的理论研究。区域创新驱动发展结构分析是一个系统完整的有机体系,核心是基于区域情景和区域前提,识别具有较大发展潜力的领域或市场,并通过科学研究和创新驱动,提升区域整体创新能力和竞争实力。区域创新结构分析强调制定区域政策,实现区域产业多样化发展，基于区域自身实力，通过行业共享、科研发展及创新带动增加区域经济发展能力。可以说，区域创新驱动发展的结构分析框架是新产业政策框架的基石，为区域在科学、技术、创新和经济发展优势方面提供选择判断依据。

（2）提供了区域优势领域识别方法。

新的科技和产业革命成为全球科技创新的重点。创新驱动发展已经成为国家经济发展的新引擎。区域是大国经济体中的关键部件，进行区域优势创新将成为国家经济的新增长点。产业结构不应该平衡增长，应该按照"有效顺序"逻辑决定产业投资次序，一个区域产业结构的有序变动能够推动经济增长。换言之，选择区域优势领域开展创新活动，能够有效带动关联产业发展，有利于实现产业结构升级。

区域开展优势领域识别需要科学有效的评估方法。然而，对研发结果进行前瞻性分析，花费巨大且可操作性差。可以观察到的是，大多数区域的优势领域选择都带有模糊的"混搭"形式。一般表现为通用技术领域、纳米技术领域和生物科技领域的混合发展。智慧专业化理论提供了多样化的评估环路，用于界定现存创新活动的发展潜力、预期可能收益，以及战略的改革能力，从而为创新政策制定提供扶持依据，具体包括区域标杆管理、在线数据库管理、区域贸易管理及区域投资基金管理。好的评估方法和系统应具备一定的灵活度和规范性。一方面，能适应技术多样化发展、跨区域贸易和市场发展的评价需要；另一方面，要通过严格刚性的制度规范，过滤掉一些可能导致"寻租"行为的刺激因素。同时，注意衡量专业化程度和产业关联度，防止过度专业化和整体化。

（3）丰富了区域创新驱动发展理论。

在国家创新系统理论和区域创新理论发展相对成熟，两者的耦合对接较为紧密的情况下，区域创新驱动发展需要寻找一个与理论层面和国家战略层面相契合的平衡点。就发展现状而言，区域创新系统理论中还未能衍生出能够用于指导区域创新实践的新理论或新方法。鉴于此，需要有新的理论分析视角和创新驱动发展理念相结合，明确区域创新驱动发展的理论内涵和逻辑结构，探析区域创新驱动发展的基本路径和相关影响因素，形成有效指导区域创新驱动发展制度支撑体系。

在这个方向上，智慧专业化作为知识经济背景下诞生的创新发展理论，拥有一套完整的逻辑体系，具有巨大的可发展性和进一步演化的空间性。它可以与现有理论嫁接、分化、抽象和集成为新的创新理论，从而适用于不同地区创新驱动发展实践需要。具体而言，智慧专业化为区域创新驱动发展提供了一个中观层面的新研究视角，更深入地分析了区域创新驱动发展的内在逻辑结构，更具体地阐述了区域创新驱动发展的基本路径，提出了更具有操作性的区域创新驱动发展制度支撑体系，回答了区域创新驱动发展如何实践的问题。概言之，智慧专业化能有效丰富区域创新驱动发展理论的思想内涵，进一步指导区域创新驱动发展的实践活动。

2. 实践意义

国家经济发展离不开区域经济增长的贡献，而区域经济增长幅度与区域竞争力息息相关。基于智慧专业化理论，区域创新驱动发展的现实意义可概括为三个方面。

(1) 区域创新驱动发展顺应国际创新发展新趋势。

面对金融危机和欧债危机的双重压力，OECD亟待解决欧洲各国和各地区经济长期发展的结构问题。OECD成员国在进行政策制定时，都面临基本相似的经济发展问题，即市场需求下降、税收降低、医疗和社会福利财政压力及公共预算锐减。在这种经济背景下，一方面要削减财政赤字和国家债务，另一方面要防止失业等社会问题对社会创新和长期发展的负面刺激。大多数成员国都采取了一定的应对措施，如劳工改革、竞争政策、税收政策，以及维持对知识经济相关领域的投资，尤其是对教育、创新科技、绿色技术和健康等具有发展潜力领域的投资。此外，国际竞争日益激烈，全球产业链愈加复杂。当代环境下的竞争既是产品的竞争，也是产业的竞争。在全球性的竞争环境中发挥优势，离不开创新。

在世界范围内，许多国家都面临着区际发展差距大，区域赶超难度大等问题。区域发展面临的问题从"我能创新什么"发展为"进行什么创新最具优势"，从"闭门造车"演化为"从实际出发"。

面对全球技术发展日新月异，全球化进程速度加快，既要实现紧缩性财政计划，又要对具有发展潜力的领域进行长期投资，这就势必需要做出选择。智慧专业化作为一种新兴概念和一个政策框架，为双目标的实现提供了一个新方案。不同于建立在市场失灵假设上的传统政策框架建设，智慧专业化强调地方政府、知识培育机构及企业家，在塑造区域专业化发展和培养区域竞争力方面的有机整体作用。智慧专业化理论强调区域自我评估、优势挖掘和创新驱动，不仅在宏观层面上与国家创新驱动发展目标相契合，而且在中观层面上为区域发展适应国际创新驱动发展新趋势提供了一条重要途径。

（2）减少区际盲目复制的发展模式。

区域创新驱动发展始于模仿学习，但不能局限于一味地复制粘贴。发展区域特色，立足区域实际，发挥区域优势，减少区际盲目复制的发展模式，建设定制化发展战略是区域创新驱动发展的核心内容。

基于地方经济水平和城市化进程的不同，图1-2反映了区域经济发展的四个阶段，即产品专业化、产业聚集、自给自足和多元化贸易阶段。产品专业化阶段指该区域拥有较多产品类型，能满足产业链中段产品供给，但未能形成健全的产业链。产业聚集阶段指该区域在某个或多个产业形成聚集，并且区域内资源供给在很大程度上能满足区域产业发展需要。自给自足阶段是指该区域能生产较多产品并且种类丰富，具备健全的产业链。多元化贸易阶段是指该区域的产品生产不受制于本地资源结构，而是在全球范围内，通过资源贸易实现资源利用效率的最大化。OECD以此为标准进行区域分类，将一些较大的区域划分为自给自足阶段，其他大部分欧洲区域归为产业聚集或多元化贸易阶段。

根据区域发展的不同阶段，可以针对性地设计区域发展战略。对于产品专业化阶段的区域，由于不易形成区域聚集效应，区域应该致力于发展中段产品和服务，采取辅助性发展战略，提升在产业链中的重要作用。对于产业聚集阶段的区域，可以将发展重点放在产业链的优化与完善上，吸引更多中间供应商加入。对于自给自足阶段的区域，该区域有能力生产从前端到终端的全系列产品，发展战略重点应该放在如何享受最大限度的经济自主权。多元化贸易阶段区域的经济发展具有多样化和开放性特征，因此该区域的经济活力度高且活动范围广泛，发展重点应该放在制定一系列有利于进出口的贸易政策和进行市场规范建设。

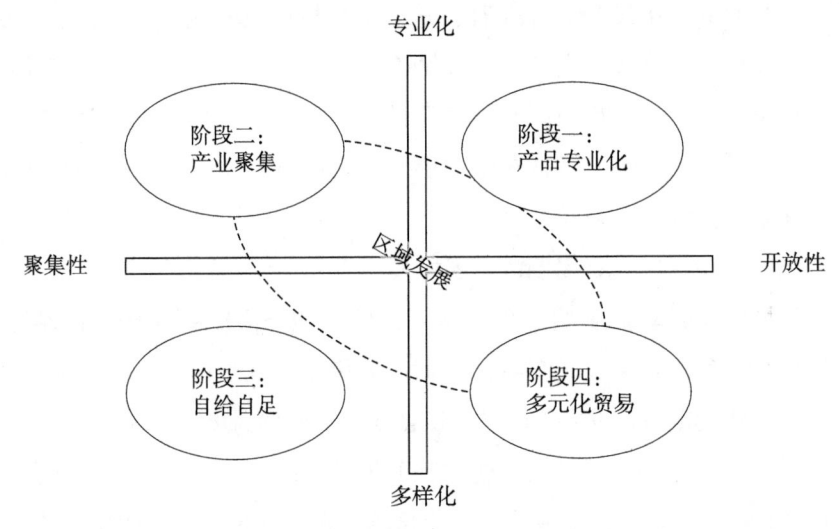

图 1-2　区域发展的四个阶段

（3）增加区域创新驱动发展活动的有效性。

区域创新是一个系统创新过程。优势领域发掘不能只依赖于企业家发现，也需要政策制定者的及时识别、培育和促进。智慧专业化强调培育多元构成的区域创新螺旋治理体系，增加区域创新活动的有效性。在区域创新螺旋治理体系中，有技术、设计、研究和培训等模块构成的科学知识创新单元；以中小企业、瞪羚企业、跨国公司和产业聚集构成的企业单元；以代理机构、中央政府、地方政府和区域联盟组织构成的政府单元。进一步看，科学知识创新单元，如学校、科研院所、研究中心等是区域知识发展、传播和实践的重要代表，能够促进区域科学技术向前沿化、高端化和国际化方向发展；企业家发现作为企业单元的关键，可以有效识别区域潜在的创新想法、技术知识和市场需求；各级政府和代理组织的参与能加强区域自我评估的效度，同时增加区域治理效率。概言之，智慧专业化将区域创新驱动活动描述为具有单元部件的系统结构，每个单元均具备自演化能力，单元间存在相互作用和相互影响的网络结构，内部演化和外部作用不断交互，促进区域创新系统的螺旋式上升发展。

清晰明确的指导有利于有效开展区域创新活动及区域的自我评估。由图1-3可以看出，智慧专业化初始评价模型为区域自我评估提供了初步评价流程。在准备阶段，需要在企业部门、科学知识研发中心及政府部门识别相关参与对象，建立评价联络网，宣传区域创新驱动发展战略及进行优势领域选择的重要性。在评价过程中，不仅要注重自我评价，还要进行相互评价，以提高评价对象的全面性和评价结果的可接受性。在最后阶段，根据SWOT分析进行初步判断，界定区域创新驱动发展的未来潜在优势领域和现存劣势，以及预判可能面临的危机和与领先区域之间的差距。通过区域智慧专业化初始评价，明确区域创新驱动发展的具体目标，区域创新领域潜在优势的经济效益转换能力，以及目标的可实践性和可评估性，提高区域创新驱动发展活动的有效性。

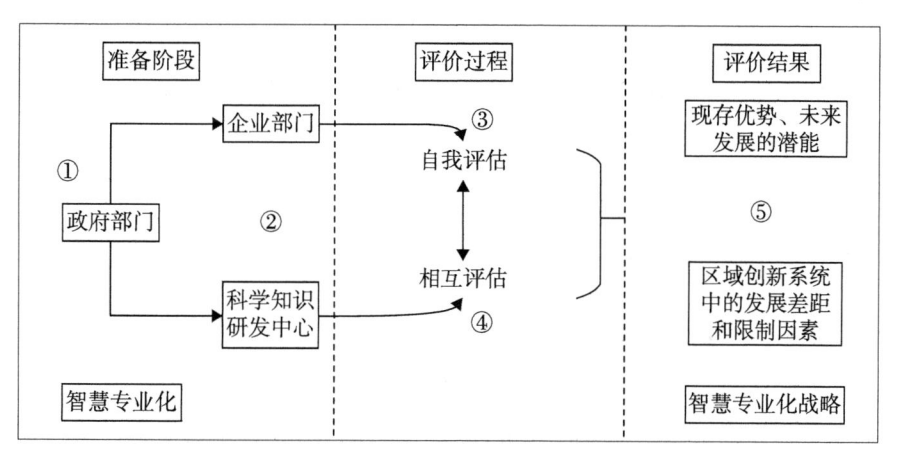

图1-3 区域智慧专业化初始评价流程图

总之，在全球化的时代背景下，竞争范围已经不再受地理位置的限制，竞争内容也不再局限于产品本身。全球价值链的形成和发展，将各个国家都纳入全球生产流程。如何在产业链中获得核心竞争地位，创新驱动成为主要影响因素。资源禀赋优势和投资驱动发展能够为国家和区域带来短期的发展优势，但长期竞争力的提升需要基于智慧专业化的创新带动。

1.2　区域创新驱动发展结构分析的内容和方法

面对全球竞争的日益加剧和众多发达国家超前的创新发展战略，研究如何将国际创新发展理论和创新发展潮流与区域创新驱动发展战略进行对接，从中观层面解决区域创新驱动发展的基础理论需要，是本书的目的所在。智慧专业化已经成为欧洲当代区域创新政策的关键特征和重要指征。鉴于此，引入智慧专业化理论，通过严谨的学术逻辑，分析智慧专业化四维度逻辑体系的概念内涵和作用机制，对区域创新驱动发展的内核进行拆分，更新颖和详尽地分析区域创新驱动发展的逻辑结构，构建区域创新驱动发展结构分析的论述体系。从研究思路看，在梳理国内外相关文献的基础上，勾勒国内外智慧专业化和区域创新驱动发展研究的基本情况。通过详细阐述和分析智慧专业化理论和区域创新系统理论，从而提供理论依托和框架支撑，从资源集聚、优势识别、目标定位、路径选择和制度支撑五个方面进行深入的探讨和论述，全面构建区域创新驱动发展结构分析的论述体系。

1.2.1　主要内容概述

本书的主要章节分为八个部分。

第1章导论部分从创新的现实意义出发，对区域创新驱动发展的国际发展趋势进行梳理。通过分析智慧专业化理论的国际发展新趋势，研究国外区域创新驱动发展的现状。结合区域创新驱动发展的时代背景和研究现状，提出区域创新驱动发展结构分析的研究逻辑，明确区域创新驱动发展结构分析的必要性及内容和方法。

第2章，智慧专业化思想溯源。根据国际创新发展新趋势，从智慧专业化内涵、智慧专业化逻辑结构、智慧专业化实践、智慧专业化评价和智慧专业化应用案例五个方面，介绍国外学者有关智慧专业化的起源及发展现状的研究。在回顾国内仅有的少数智慧专业化文献的基础上，浏览和梳理国内区域创新发展的相关文献，并将研究重点概括为区域创新发展战略、区域创新能力和区域优势产业三个方面，介绍并综述国内学者在这三个方面的相关研究状况。

第3章，理论基础与分析框架。本章详细梳理了区域创新系统理论和智慧专业化理论。从主要内容和学术与实践价值两个方面分析概述区域创新系统理论。从思想基础、内涵界定、主要特征和理论意义四个方面分析研究智慧专业化理论，展现了智慧专业化的理论渊源。在相关理论研究的基础上，结合智慧专业化四维度逻辑体系，构建区域创新驱动发展的结构分析研究框架，为进一步展开分析和研究提供支撑。

第4章，区域创新驱动发展的资源集聚。区域资源禀赋的优劣和区域资源利用效率的高低将影响区域创新驱动发展绩效。本章从智慧专业化开放性维度出发，基于区域资源基础，通过分析区域创新驱动发展的资源内存性和外向性，区域创新驱动发展的资源技术经济属性，以及区域创新驱动发展的资源支持程度，研究区域创新驱动发展的动力来源及动力持续性的影响因素，进而解释资源集聚类型和模式对区域创新驱动发展的影响作用。

第5章，区域创新驱动发展的优势识别。有效识别区域创新驱动发展优势，有助于区域创新驱动"个性化"发展，从而有效应对区域发展模式雷同和区际盲目复制等问题。基于智慧专业化的非中立性维度，本章将区域创新驱动发展优势划分为市场机会优势、产业基础优势、价值链优势三个方面。在深入分析三种区域优势的基础上，结合区域创新驱动发展的综合优势识别，提出三种理想状态下的区域创新优势结构组合，形成区域创新驱动发展优势识别的有机整体。

第6章，区域创新驱动发展的目标定位。明确的目标导向有利于实现区域差异化发展。本章从智慧专业化方向性维度出发，基于系统化发展需要，从区域创新驱动发展的结构目标、功能目标和阶段目标三个方面，分析区域创新驱动发展的目标定位，解决区域创新驱动发展的方向选择问题和周期设定问题。

第7章，区域创新驱动发展的路径选择。本章从智慧专业化选择性维度出发，结合区域发展现状和战略目标，提出在科学合理的选择原则下，区域可以在一元产业主导、多元产业并存和产业网络互联三种区域创新驱动发展路径中做出有针对性的选择，并在路径类型对比的基础上梳理了从路径变异，到路径匹配，再到路径留存或复制的路径选择全过程，提出路径选择过程中应注意的问题，以提高区域创新驱动发展路径选择的有效性。

第8章，区域创新驱动发展的制度支撑。任何发展模式离不开有效的管理和监督。本章着眼于分析创新政策对区域创新驱动发展结构的支撑作用，从区域创新驱动发展政策组合、区域创新驱动发展资本体系和区域创新驱动发展监管模式三个方面，构建区域创新驱动发展的制度支撑体系。

1.2.2　主要分析方法

为了保证研究的效度，提高研究的效率和质量，选择与研究问题相匹配的研究方法是研究设计的重要步骤。跨学科研究方法的运用能有效提高研究的创新性。然而，研究方法与研究问题的契合程度，在研究过程中同样不能忽视。因此，本研究将在文献研究法、演绎归纳法、比较分析法、实地调查法这几种常见的社会科学研究方法之外，根据研究问题的性质，重点应用四种特殊的研究方法。

1. 系统分析法

系统分析法来源于系统科学，是将亟待解决的问题作为一个系统，对系统各要素进行综合分析,从而找出问题的解决方法或可行性方案。它从系统的着眼点或角度去考察和研究整个客观世界,为人类认识和改造世界提供了科学的理论和方法。系统是由两个以上要素组成的整体。系统要素之间存在一定的有机联系,从而在系统的内部和外部形成一定的结构和秩序,形成大于系统要素单纯相加的新功能。系统分析就是对系统的目标、作用、成本、环境和效益等问题,在信息收集、分析和处理的基础上,对各种方案进行综合评价,从而为系统设计、系统决策、系统实施提供依据。基于智慧专业化理论进行区域创新驱动发展的结构分析,将系统分析法主要应用于分析全过程。区域创新驱动发展是一个系统有机的总体规划,涵盖了区域创新驱动发展资源集聚、优势识别、目标设定、路径选择和制度支撑等各专项规划。各专项规划的内容和范围相对独立,但彼此之间又有着千丝万缕的联系。系统分析法具有与研究问题及内容相匹配的方法特质。本研究将谨慎使用系统分析法,合理构建区域创新驱动发展的结构分析框架。

2. 结构分析法

结构分析法也称为共同比分析法或构成关系分析法,主要用于企业财务分析,便于经营者进行调整及投资者进行长期决策。结构分析法主要是对经济系统中各组成部分及其对比变动规律进行分析,从而为企业资产布局、资金流动性和经济质量提供重要信息。结构分析法是建立在比较分析法之上的一种静态分析。充分利用结构分析法,研究区域资源结构的有效性和产业结构的合理性,深化区域创新驱动发展的结构研究。

3. 标杆管理法

标杆管理法是一种持续性的管理方法。通过帮助企业与行业内的领头企业进行比较,在分析和判断的基础上,找到自身差距,通过模仿创新、引进吸收、消化创造等过程,使学习企业不断得到改进。其核心思想是向优秀企业学习。标杆管理法的本质是一种面向实践,以过程管理为主的管理方法。利用标杆管理法，面向区域创新驱动发展实践现状，可以清晰、准确地分析区域创新驱动发展领先区域的发展过程和经验，研究区际创新驱动发展差距的成因，为进一步开展区域创新驱动发展的结构分析提供依据。

4. 地理信息系统空间分析法

地理信息系统空间分析法（Geographic Information System，GIS）的核心是通过计算机处理和分析地理信息。GIS不仅是一个信息获取、存储、编辑、处理、分析和显示地理数据的空间信息系统；还是综合地理学、地图学、遥感学和计算机科学的相关知识，对空间信息进行分析和处理的综合性研究方法。GIS拥有强大的信息管理和可视化显示的功能，可广泛用于地理信息分析、预测规划、决策分析和公众参与等各个方面。区域创新驱动发展需要立足区域实际，分析各区域的发展异同，从而确定符合区域特色和需求的发展目标和发展模式。本研究运用GIS，通过简单和直观的地理热度图，展示不同区域的发展实际状况，以期有效推进区域创新驱动发展的结构分析。

第 2 章 智慧专业化

2.1 国外智慧专业化研究

在全球经济危机背景下，2009年欧洲"知识增长"小组提出了智慧专业化（Smart Specialization）理论。智慧专业化是一系列多样化改革过程，通过选择能够聚集区域资源的新领域以促进生产结构改革。智慧专业化倡导区域进行优势领域识别，发挥区域特色，同时避免区域间盲目模仿和复制以提高区域创新质量。OECD发布了《区域和创新政策》和《区域创新驱动发展：智慧专业化》两篇报告，为智慧专业化从理论到战略设计和实施提供了支撑平台。智慧专业化是正在发展中的理论，正深刻影响着欧美发达国家的科技政策和科技战略。

自20世纪中期以来，以OECD和联合国贸易和发展会议（UNCTAD）为代表的国际区域性组织对区域创新政策制定给予了高度关注。"系统创新""产业集群""学习型区域"和"开放创新"等政策概念，都是创新理论在科技政策领域的成功转化。作为最新的科技政策潮流，智慧专业化为欧洲国家多层次政策制定提供了框架。例如，欧盟为应对研发投入回报等问题出台了《欧盟"地平线2020"计划》和《欧盟预算审查》两份基础文件。文件强调各个国家和地方政府都需要学习和理解智慧专业化，并制定相应的智慧专业化战略，以强化区域政策和欧盟整体政策的协同性。国外研究表明，智慧专业化是一个政策制定先于理论构建的新兴典型。现阶段学界对智慧专业化的研究主要集中在概念界定、逻辑结构、实施、评价及案例分析等方面。

2.1.1 智慧专业化内涵

通过对国外文献的梳理、归纳和总结,智慧专业化经历了从抽象的理论研究到具体的战略设计的演化。

1. 智慧专业化

总体上,智慧专业化经历了一个短期而快速的发展过程。2007年,Dominique提出,智慧专业化是"优先发展区域内在国际市场上具有潜在竞争力和跨区域凝聚能力的经济产业和技术"(Foray et al.,2007)。智慧专业化的本质是选择特定优势领域,目的是实现知识性生产并扩大其外溢作用,通过源头创新实现区域差异化发展。2013年,OECD在《区域创新驱动发展:智慧专业化的角色作用》报告中,将智慧专业化定位为"区域经济产业发展和创新框架"。之后,OECD在其他研究报告中,持续强调智慧专业化在区域技术研发和创新投资政策中,对经济、科技和技术专业化的影响,以及对区域生产力和竞争力提升的促进作用。智慧专业化在欧洲地区得到了广泛的宣传和认可。欧洲结构和投资基金在条例No.1301/2013中,强调国家或区域的创新政策可以通过设立优势区域提升竞争实力,应进一步促使区域科技政策制定将智慧专业化纳入框架建设中。

欧盟"地平线2020"计划的目标是实现智慧增长、可持续发展和包容性增长。学者们认为,智慧专业化有利于发展知识经济,引导欧盟区域创新,支持区域资源高效利用和向低碳经济转型,增加经济活力,提供就业和通过高端创新强化地区凝聚力。而这些作用与"欧盟2020战略"目标具有内在一致性。智慧专业化的发展由此从概念构想进入了战略部署阶段。

2. 智慧专业化战略

智慧专业化概念经过持续的结构化发展,逐步演化为智慧专业化战略。国外学者和国际组织从三个维度对智慧专业化战略内涵进行了讨论。

一是基于逻辑结构的理解。国外学者基本认同智慧专业化和智慧专业化战略是有区别的，但又具有一定的逻辑联系。Igor 在 Dominique 等学者的研究基础上对两个概念进行了界定，认为智慧专业化是通过资源自然聚合和关键领域竞争力提升等发展过程，促使经济结构转型；而智慧专业化战略是将智慧专业化用于指导政策制定，目的是实现经济的动态平衡和协同发展。智慧专业化和智慧专业化战略之间具有继承性。智慧专业化为区域多样化发展提供了可能性，继而智慧专业化战略作为后续阶段，对地方经济聚合发展和可持续发展产生长期影响。通过对北海离岸风力系统承载能力的评估，有研究表明，各地域的知识资产、产业竞争力和价值链覆盖范围，因位置不同而各有特色，区域可以多样化地利用自身技术建立区域优势，进一步扩大智慧专业化战略的内涵。换言之，区域间可通过合作实现协同发展。

二是基于优势领域（Domain）的理解。不同国家和区域可根据自身能力对与知识经济相关的部门进行选择和划分，之后再根据择优发展逻辑制定科技政策。智慧专业化战略通过选择优势领域促进经济发展，这种选择过程是通过企业家发现完成的。在此基础上，选择优势领域是智慧专业化战略实施的先决条件，但优势领域的规模同样重要。最佳的优势领域规模是新技术能够得到最大程度的应用，并且知识外溢作用能够覆盖相关区域。优势领域间的关联性在区域智慧专业化战略实施方面具有凝聚作用，即优势领域之间联系程度越紧密，彼此间相互学习的可能性和倾向性越高。

三是基于特征的理解。智慧专业化战略从来不是"选冠军"（Picking the Winner）的过程，而是一种基于合作的政策发展过程。OECD 根据提出的"区域创新分类计划"（Tödtling and Tripple, 2005），将区域分为知识发达区、工业生产中心和经济落后区。在 OECD 的分类结果上，McCann 提出了智慧专业化战略具有地域内根植性、产业间相关性和区域间联络性特征，并且以经济地理学为理论框架，论证了智慧专业化战略特征和区域科技政策目标之间的内在一致性。

2.1.2 智慧专业化逻辑结构

智慧专业化从概念兴起到快速走向实践设计,是内生动力和外部需求共同作用的结果。分析智慧专业化的逻辑结构,有利于增强社会对智慧专业化的理解和认同,进而有利于促进各区域开展智慧专业化战略实践。国外学者对于智慧专业化内在逻辑结构的分析和论述可以概括为企业家发现、模仿进入和经济结构调整三个方面。

1. 企业家发现

企业家发现(Entrepreneurial Discovery)反映的是一个区域或国家在市场活动中进行研发和创新的能力。企业家发现能根据本地资源和生产能力进行基于区域的研发和创新,进而有利于挖掘区域优势领域。具体而言,企业家发现是实施智慧专业化战略的关键因素,是涵盖股东、研究中心、大学、企业和其他所有创新活动主体,参与区域创新潜力领域开发的一个双向发现过程。而企业家发现作为智慧专业化的首要步骤,应当与通过政策干预寻找优势产业的传统方式区别开来。尽管政策指导经济发展的传统方式具有其内在逻辑性和可操作性,但事实上这种方式由于缺少企业家知识而显得不够理性。企业家知识涵盖了对科学和技术的理解,对市场增长潜力评估、潜在竞争者识别,以及平衡创新活动投入和产出的能力,而这些正是企业家发现作为智慧专业化基础的原因。

欧盟委员会则从政策角度阐述了企业家发现和"不干涉政府"之间的关系,认为企业家发现在智慧专业化发展方面具有基础作用,但这种基础作用不是推行"不干涉政府"的借口。知识经济环境中企业家精神发掘了经济个体活动的附加值,如知识的外溢作用、互联网的补充作用和相对优势等。但企业家发现中信息的不确定性、风险性和不对称性,仍需要一个跨区域、结构化的政策机制来整合信息资源和提供发展平台。

2. 模仿进入

在持续技术创新背景下，新的发展机会需要被及时识别、理解和内化。模仿进入有利于实现规模经济正外部效应。在原始创新巨大竞争优势的驱动下，具有企业家精神的行业领先者进行企业家发现，原始创新进入门槛低导致市场活动主体争先模仿进入相关领域，经济主体的模仿进入活动促使市场价格向边际成本靠拢，从而产生产业聚集和规模效应，进而增加了社会效益。大部分学者认同模仿进入有助于强化知识经济本土化的外溢作用，提高区域发展能力。这种外溢作用不仅得到了强化，而且在发挥区域地理优势和资源储量的经济活动中表现得尤为明显。

也有学者和国际组织对模仿进入的负外部效应进行了分析。模仿进入可能会抑制企业家发现过程，因此需要建立激励机制，鼓励和支持企业家发现（Rodrik，2007）。UNCTAD认为，模仿进入属于市场性活动，仍需要政府政策的调控和指导。OECD则进一步提出，公共政策制定不能单纯保障人才和基础设施等关键性区域资源在数量上的增长，还需要通过模仿进入，促使区域内资源利用效率的提高和资源网络化发展，实现地方经济独特增长。

3. 经济结构调整

企业家发现和模仿进入最终会促使经济结构产生变化。智慧专业化并不仅仅促进简单的技术创新，而是刺激整个区域经济结构发生调整。传统观点认为，创新对于经济结构的影响是线性的，即知识、创新和经济发展之间具有因果联系且呈直线式发展，但是这种线性发展方式过于理想化。智慧专业化对区域经济结构的调整应是螺旋上升模式。

在智慧专业化的推动下，区域经济结构调整将经历四个阶段。第一，需求转化阶段。新的发展机遇从旧的生产过程中衍生出来，这得益于规模化的产业研发、工程技术和手工业技术的提高，以及持续的创新过程。第二，技术现代化阶段。在传统生产部门，通用技术现代化发展可为区域的智慧专业化发展提供空间。第三，多样化发展阶段。这个阶段的发展重点是实现新发展机遇和旧行业生产在区域经济中协同增效发展。新发展机遇能吸引更多的资源和投资，从而产生更多的经济效益。第四，彻底创新阶段。此时，新发展机会被完全开发并能够独立发展。这四个阶段交叉发展、螺旋递进，最终促进区域经济结构转型。

2.1.3 智慧专业化实施

梳理国外智慧专业化研究成果，国外学者对智慧专业化实施的研究集中在政策制定和步骤研究两个方面。

1. 智慧专业化实施的政策制定

政策制定过程是复杂的，智慧专业化实施的政策制定应"自上而下"还是"由下至上"，成为学界讨论核心。按照发展逻辑，政策制定应"自上而下"，唯此才能凸显和实现政策的指导和约束作用，保证市场经济良性发展。按照智慧专业化的构想基础，即企业家发现本身遵循"由下至上"的发展过程，"自上而下"的政策制定脱离了市场实际，不仅会约束企业家发现，而且不利于智慧专业化实施。事实上，按照传统二分法讨论智慧专业化实施政策的制定具有逻辑缺陷。单纯的二分法既没有捕捉到经济发展的需求，也没有掌握智慧专业化作为一个发展过程体现出来的政策逻辑。实施智慧专业化是一个双向迭代动态规划过程，即通过反复反馈进行政策适应性调整的发展过程。而这个迭代过程分为六个环节：一是政府发现企业家发现行为；二是政府建立一系列的激励机制和辅助条件，支持和引导企业家发现；三是政府进行监控和评估；四是政府宣传和指导潜在发展领域的成熟化；五是政府识别和强调可能性失败，指导市场主体理性模仿进入新领域；六是持续监控和再评价，尤其是要评价新领域失去政策支持后持续独立发展的可能。

区域智慧专业化发展要适应区域科技政策的制定，而区域科技政策制定需要促进本土产业技术多样化发展，同时要注意区域间的联系。基于智慧专业化的区域政策制定可能面临四种挑战。一是区域特性决定了智慧专业化发展成效。发展中区域、高度发达地区的毗邻区域,以及拥有大量中小企业汇聚的区域是智慧专业化实践的首选,因为这些区域为实施智慧专业化提供了理想的发展空间。二是智慧专业化特性使得政策设计者能够前瞻市场失灵的显性特征,进而调整和修改公共产品供给政策。三是智慧专业化在区域政策中的实践,需要根据区域特性不同而有所改变,不可能"一套政策走天下"。根据发展智慧专业化的逻辑要求,决策者应"因地制宜",选择本区域内的优势领域。四是地方壁垒的影响。区域实施智慧专业化要聚集资源,刺激关键领域发展,而这种政策引导过程势必会建立公共部门和私人部门的信息交流,进而减少"寻租行为",实现优势资源集聚。实施智慧专业化需要搭建一个全面、开放的平台,尽可能涵盖从政策设计到政策传播再到政策评价的全过程,同时吸引和接纳各种企业和组织参与以减少地方壁垒的限制作用。

2. 智慧专业化实施的步骤研究

以 Gianelle 为代表的学者们运用区域分析方法,研究智慧专业化实施步骤(Gianelle et al., 2014)。代表性的区域分析方法有 OECD 提出的"欧盟记分牌",用于分析欧盟国家在全球价值链中的地位;世界经济论坛提出的"国家竞争指数",用于比较国家间的竞争力;世界银行提出的"知识评价方法",用于对国家进行标杆管理。

国外学者分析智慧专业化实施步骤主要集中在三个方面。一是识别和强化企业家发现。企业家识别离不开与研究机构和大学、专业材料和设备供给商、社会基金组织、领先型用户及次优可靠备选企业之间联系网络的范围和质量。二是监督和评价。对区域智慧专业化实施成果进行事前评价比较困难,企业内部研发行为对区域内产业发展现状产生影响,这种影响可能是替代旧技术或促使区域科学和技术知识线性增长。所以需要从不同维度和发展阶段,评价智慧专业化的外溢作用和对经济结构调整的影响。三是合作和辅助投资。对最具发展潜力领域给予支持和强化,从而刺激区域经济增长。对如何解决区域特定产业增长成为政府政策副产品的问题,最具合作性的方式是提供辅助性公共产品,如高等教育投资、研发平台开发、财政减免政策、精英人才引进和在职技术培训等。

2.1.4 智慧专业化评价

智慧专业化要吸引更多政策关注,加快从概念议题向实际操作转化的过程,研究智慧专业化评价成为应有之义。国外学者的智慧专业化评价研究主要集中在评价内容、可行性评价指标和评价模型三个方面。

1. 评价内容

设立评价环节,对减少政策实施风险和提高智慧专业化的实施效果具有重要意义。针对研发效益进行事前评估,可通过成本收益分析方法,而对智慧专业化进行稳定、持续的事前评估则几乎是一项不可能完成的任务。评估智慧专业化应在一个环路中展开,即对区域本身经济规模、创新能力和行业发展程度进行评估。具体表征为:考量区域活动的新颖性;企业家发现对经济结构调整的刺激性;满足战略实施基本要求的完备性;关键资源的可获得性;国际需求度和相关主要竞争者的可识别性等。

对于产业集群这种学习组织的绩效评价,可反映智慧专业化的实施效果。主要评价内容应包括活动主体持续学习的意识、知识流动网络的构建、跨学科知识的转化、人力资本管理、公共产品管理和新技术需求开发等。《智慧专业化战略研究与创新导论》一书选取了智慧专业化平台中12个对象进行数据分析,指出智慧专业化战略在实施过程中凸显的问题包括中小企业发展问题、经济多样化问题、研发和生产合作耦合度差问题、创新成果经济效益转化慢问题、智慧专业化战略资金支持不足和政府治理等问题(Foray,2012)。

2. 可行性评价指标

国外学者主要从发现过程和追踪过程两个方面研究如何构建智慧专业化评价指标。学者们提出了六个可行性指标，用于构建智慧专业化评价体系。一是评价企业家发现过程和模仿进入新领域企业的强度；二是依托专利数量、技术改革、研发轨迹等专业技术指标；三是通过专利引证分析指标，评估通用技术应用的创新程度；四是分析研发、培训和经济结构之间的联系，为未来投资分配提供依据；五是基于联合研发和联合出版等方式，评价区域智慧专业化网络化发展程度；六是从地理经济学角度评价智慧专业化，即产业集群规模大小。

现阶段智慧专业化面临的挑战是建立一个以现有发展数据为基础的评价体系。智慧专业化评价体系应考虑三个方面的指标，即能描述区域现有研究和创新潜力，区域研发能力和技术专业化程度的指标；能反映区域产业发展情况的经济指标，如可预测的市场占有率、营业额和生产力等；能说明区域跨部门合作和政企合作的倾向性指标，如支持开展合作的科技政策数量、联合发表学术成果数量、合作合同数量、联合开发项目数量、衍生公司数量、公司合作关系和产业集群等。

3. 评价模型

智慧专业化是一个动态概念，其定量化研究涉及社会资源、社会发展程度和时间等诸多背景条件。智慧专业化评价不是一个单纯的计量或者技术共识，而是一个涉及科技发展和经济结构变化的动态估量。国外学者在分析智慧专业化评价内容和评价指标后，深入研究了智慧专业化评价模型的构建。

假设某区域能在某优势领域中以高于平均水平的方式获得经济增长，则这个区域可被认为处于智慧专业化过程中。将指标 $i=1,2,\cdots,m$ 定义为任意区域，将指标 $j=1,2,\cdots,n$ 定义为任意产业，时间指标为 t。$CA_{i,j,t}$ 表示区域 i 中的产业 j 在时间 t 阶段的竞争优势，如果 $VA_{i,j,t}$ 是产业 j 在区域

i 在时间 t 阶段生产的附加值，$VA_{EU,j,t}$ 则是产业 j 在欧盟地区在时间 t 阶段生产的附加值，$L_{i,j,t}$ 表示产业 j 在区域 i 在时间 t 阶段的雇用率，$L_{EU,j,t}$ 表示产业 j 在欧盟地区在时间 t 阶段的雇用率。那么

$$CA_{i,j,t} = VA_{i,j,t}/L_{i,j,t} - VA_{EU,j,t}/L_{EU,j,t} \qquad (2-1)$$
$$\Delta CA_{i,j,t-0} = \Delta (VA_{i,j,t}/L_{i,j,t} - VA_{EU,j,t}/L_{EU,j,t})$$

从动态发展角度看，公式（2-1）表示的是每个区域产业结构改革的发展过程。这个模型为评价智慧专业化对区域竞争能力的影响奠定了基础。

Camagni 和 Capello 根据智慧专业化提出了"4Cs"评价模型，即选择和规模化（Choices and Critical Mass）、竞争优势（Competitive Advantage）、连接和集群（Connectivity and Clusters）、合作领导能力（Collaborative Leadership）。Niemi 进一步提出"5C"模型，从连接性（Connecting）、改革性（Changing）、合作性（Collaborating）、联络性（Communicating）及控制性（Controlling）五个方面，测量和观察城市发展规模和区域经济活动，进而评估区域实施智慧专业化的可行性。通过研究高等教育体系、科技出版成果、专利数量、研发集中度、风险投资规模等影响因子，知识收敛模型可以用于证明智慧专业化优于传统水平政策（Foray，2014）。

欧盟区域创新记分牌（2012RIS）则提供了一套完整的区域创新绩效评估模型。2012RIS 通过交叉对比欧盟各区域在企业活动、创新投入和产出方面的情况，将区域分为创新领导区、创新跟随区、稳健创新区和适度创新区四大类，每个类型又进行了高、中、低三层次的划分。从 2012RIS 中衍生出来的双因子模型则对区域创新合作性强度进行了评价。合作网络（Collaborative Networks）描述的是创新企业和区域其他部门合作创新的百分比，测量的是公共研究机构和企业及企业间知识的流动性；合作研究（Collaborative Research）描述的是公共和私人部门联名发表的研究成果，这种划分旨在有效识别领先区域背后的驱动因素，为智慧专业化刺激区域经济发展提供实现路径。

2.1.5 智慧专业化应用案例

实施智慧专业化并取得初步成效的国家有西班牙、罗马尼亚、芬兰、澳大利亚、比利时、挪威、德国、英国和韩国等。主要科技领域集中在农业和渔业、生物科技、化学、通信技术、计算机和图像技术、物理能源、环境和可持续发展、数学、材料研发、动物科学、医药科技和工程等方面；产业领域则集中在食物、化纤、造纸和森林、石油产品制造业、化学产品制造业、医药产品和器材制造业、非金属矿产、基本金属产品、自动化交通工具、电力行业、水能开发、基础建设和交通运输等领域。

1. 西班牙

通过对西班牙国家数据库中的数据进行定量分析，以及对西班牙政府有关智慧专业化政策文件进行定性分析，西班牙在通信领域和生物科技领域专业化程度最高，纳米科技和光子学次之，微电子学的专业化程度最低。从社会环境和政府自治两个方面，分析西班牙实施智慧专业化的优势。西班牙人口密度在小区域范围内较为集中，这为区域实施智慧专业化提供了人力资源。此外，西班牙是一个高度分权的国家，地方政府有较高自治权利，有利于开展区域智慧专业化的政策设计和具体实践。也有学者以西班牙安达卢西亚地区为研究对象，运用大量数据说明安达卢西亚在欧盟农业生产方面具有领先地位，通过测量区域间贸易流动率为智慧专业化设计提供了方向。

2. 罗马尼亚

可以从国家层面和区域层面分析罗马尼亚实施智慧专业化的具体优势。罗马尼亚成立了优势领域国家项目联合会，旨在刺激不同研发部门和创新精英之间的合作。2012年7月，罗马尼亚出台了两个国家创新项目的子项目，即高科技出口刺激项目 UEFISCDI（2012b），旨在提高科技产品的国际竞争力；产品和科技发展项目 UEFISCDI（2012c），旨在提高企业技术创新绩效。此外，健全的国家立法体系为罗马尼亚具体应用智慧专业化提供了保障。罗马尼亚各区域开展智慧专业化战略的意愿和积极性较高，各区域能够根据自身潜力，在通信、自动化、建筑、有机食品、高效能源等方面进行智慧专业化。罗马尼亚存在实施智慧专业化的劣势，根据欧盟区域创新记分牌，罗马尼亚归为稳健创新区，处于欧盟创新平均分之下；罗马尼亚在 27 个参评国家中，研发创新人员数量排名第 26 位，区域研究系统质量和开放程度排名第 26 位，创新财政支持排名第 22 位，企业创新投资排名第 13 位，企业家精神排名第 25 位，人才资源排名第 27 位，创新人员排名第 23 位，创新产生经济效益排名第 16 位。罗马尼亚各区域耦合度不高也是限制智慧专业化发展的障碍，建议罗马尼亚其他区域可以参考首都布加勒斯特的智慧专业化发展方式。

3. 芬兰

可以从政治体制角度分析芬兰、比利时及英国智慧专业化发展差异。与比利时和英国的议会制君主立宪制不同，芬兰是一个共和制国家。因此芬兰的智慧专业化发展在很大程度上反映出区域分化特色，即每个区域对于制定特定的智慧专业化战略具有较大决策权。但这种低层次的政策决策逻辑，不利于在宏观层面进行科技创新发展规模经济。鉴于此，芬兰政府通过多样化发展和跨区域合作机制，避免区域发展过于独立。芬兰政府陆续出台了"芬兰行动 2020 包裹计划"和针对生态创新、绿色能源、可持续发展、医疗创新和产业升级的"新产业计划"。芬兰在医疗领域使用纳米技术，建立可持续化学创新中心，都反映出其发展智慧专业化的实践成效。芬兰是一个公民参与社会公共决策程度很高的国家，这种密切的参与度使得生态发展在芬兰得到了完善的实践，也为区域智慧专业化发展提供了良好的社会基础。例如，赫尔辛基的智慧专业化战略提高了城市发展的容量和能力，可将其视为芬兰实施智慧专业化的代表区域。

4. 其他国家和地区

匈牙利激光设备产业的发展表明了智慧专业化在欠发达地区实施的可能性。根据区域发展部门提供的数据，发现波兰各区域进行智慧专业化的领域各不相同。最具有领先地位的是多媒体、生物经济、食品健康和医药旅游；金属产业和能源工程等传统行业也处于主导地位；也存在一些区域在矿业、塑料产品制造业、纺织品制造业和航空业等较为冷僻的领域开展了智慧专业化实践。欧洲在经济危机期间，智慧专业化也有一定发展。例如，在经济危机期间，希腊在部门专业化、社会创新和政府治理三个方面开展智慧专业化实践；英国威尔士则研究了智慧专业化是否适用于区域科技政策制定。

2.1.6 小结

国外学者们对智慧专业化的内涵及逻辑结构、实施、评价及应用案例等方面进行了一些研究。

第一，智慧专业化研究随着理论和实践的发展不断推进。智慧专业化概念经过持续的结构化的发展，逐渐演化为智慧专业化战略，影响和指导区域创新实践。具体可以从逻辑结构、优势领域、发展特征和发展过程四个维度理解智慧专业化战略。

第二，分析智慧专业化的内在逻辑结构是区域开展智慧专业化实践的首要前提。企业家发现是智慧专业化的核心和起点。模仿进入作为企业家发现的后续阶段，对区域创新同时具有正负外部性。企业家发现和模仿进入，最终会引起经济结构调整，这种调整演进过程是阶段性递进的，呈现螺旋上升模式。

第三，智慧专业化实施由政策制定和步骤研究两个主要部件构成。政策制定不能囿于传统的二分法，而是一个双向迭代的动态规划过程，具体可分为六个主要环节。政策制定过程中面临的问题也是研究关注重点。对智慧专业化实施步骤的研究是在区域差异化分类基础上展开的，主要包括识别和强化企业家发现、监督和评价及建设有效的配套投资三个方面。

第四，智慧专业化评价是智慧专业化深化发展的关键环节。对智慧专业化的评价主要围绕选取合适准确的评价内容，提出可行性评价指标和构建科学合理的评价模型展开研究。

第五，智慧专业化的国外实践经验可供我国创新驱动发展战略借鉴学习。从案例样本看，涉及的国家主要是欧盟成员国和部分其他欧洲国家和地区；从研究内容看，主要集中于产业研究，但不限于高科技领域，渔业等传统行业也是重要的智慧专业化实践领域。

值得强调的是，智慧专业化研究仍存在一些薄弱之处。一是智慧专业化尚处于起步阶段，国外学者的研究成果缺少对智慧专业化概念和性质的精确界定。二是智慧专业化实践在其他洲的研究成果甚少，缺少洲际的交叉研究，缺乏一定的跨洲际性。三是对于各国家和地区智慧专业化评价尚没有一个完整、客观和有效的测量体系，大部分学者只提供了部分维度的可行性评价标准。智慧专业化要进一步完善研究结构，建立一个系统、客观和有效的评价体系是亟待解决的关键问题。

2.2 国内智慧专业化研究

国外关于"智慧专业化"的研究成果较多，而国内智慧专业化理论研究尚处于萌芽阶段。夏奇峰最早介绍了智慧专业化提出的背景、内涵和现实意义，将智慧专业化表述为确定某一领域哪些行业部门、技术可以成为或者有可能成为有竞争优势的领域，从而聚焦相关组织政策，以促进上述领域内的创新。他进一步指出，智慧专业化是欧盟应对当下经济危机提出的解决方案，涵盖了有助于经济永续发展的各种关键要素，如创新、专业化、战略、产品上市时间和最优投资等。夏奇峰还从政治逻辑角度和经济逻辑角度，阐述了实施智慧专业化战略的重要作用，进而提出将智慧专业化转化为区域创新政策的途径。张翼燕和贾伟则将智慧专业化作为国家科技创新公共投入政策的扩展，从全球生产价值链的角度分析，指出智慧专业化有利于形成互补性专业化分工格局，对于促进非技术领先领域的发展具有重要作用。王林和钟书华从空间分布角度出发，研究国外智慧专业化实践空间分布的影响因子，包括创新能力、社会网络粒度和创新支撑三种。在影响因子作用下，智慧专业化空间分布呈现以德国为代表的创新领导型、以奥地利为代表的强力创新型和以罗马尼亚为代表的一般创新型。纪春礼和曾忠禄通过分析智慧专业化的核心要素，认为可以遵从智慧专业化战略逻辑，设计粤港澳大湾区创新发展战略。黎越亚和钟书华认为，智慧专业化是一种发展中的理论，具有极强的成长性。推动智慧专业化发育和成长的动力来源于精细的市场定位、开放广泛的合作关系，以及以通用技术为核心的研发。

学者们从源头出发，提出智慧专业化源于国家创新体系的缺陷，是对区域创新系统的完善，其原理是将知识资源集中到有限的经济活动中，鼓励各区域利用知识生产，发展知识规模经济，扩大知识的外溢作用，提升国家或区域在全球范围内的竞争力。智慧专业化产生作用的路径是生成基于区域特色的产业结构，促进各主体协同使用公共投入，最终实现区域经济结构转型，推动区域经济增长和繁荣发展。从理论层面看，区域发展研究主要分为智慧专业化理论和区域发展战略两大类别。通过对文献的浏览和梳理，可将研究重点概括为"区域创新驱动发展战略""区域创新能力"和"区域优势产业"三个方面。

2.2.1 区域创新驱动发展战略

创新是民族兴旺发达的不竭动力，区域创新是区域经济持续发展的源泉。在创新驱动发展知识经济的时代，国家经济增长离不开创新。创新体系在知识的创造、传播和使用方面的作用日益凸显，科技创新成为推动区域经济结构转型的强力引擎。国内学界对于区域创新驱动发展战略的研究，主要集中在内涵界定、实施路径和评价体系三个方面。

1. 区域创新驱动发展战略的内涵界定

从"创新理论"起源出发，大多数学者赞同马克思的政治经济学说，尤其是科技创新思想是创新理论的源泉。创新驱动发展是马克思社会发展理论的深化研究。经济增长理论是创新理论进一步发展的学理基础。以"创新"概念为基础，学者们普遍认为"创新"一词的经济学概念，最早来源于熊彼特的《经济发展理论》。随着心理学研究视角的介入，在社会动力学的推进下，学者们认为可以将创新驱动视为马克思社会发展动力理论的新阶段。在国内专家学者引入和评价的基础上，创新理论得到了纵深发展。从"创新发展战略"角度来说，伴随着全球科学技术不断进步和经济可持续发展的需要，创新逐渐上升为国家发展战略。运用到区域发展层面，区域创新成为驱动区域经济发展的重要手段，创新的内涵和外延得到不断丰富和完善。

对于区域创新驱动发展战略的内涵研究，学界的观点主要是从要素角度进行分析。迈克尔·波特提出国家竞争优势"钻石模型"，即相较于要素驱动和投资驱动，创新驱动是经济发展的新阶段。大多数学者强调，要将区域科技创新作为区域创新驱动发展的战略核心。应该认识到，仅着眼于总结以往的区域技术创新经验，强调生产经验性的技术改进是不够的。知识经济环境下的科技创新应该成为现代创新重点，即科技创新比技术创新更能突出科学发现转化为生产力的效率，更加重视创新对区域经济效益的提升和自身市场价值的转化。科技更加关注科学知识如何转化形成生产力，在区域经济发展中遵循"科学—技术—市场"的发展路径（张利珍、秦龙，2015）。创新对经济发展的驱动作用可从经济社会生活的方方面面得以体现，科技创新、制度创新和商业模式创新都可以纳入创新战略中。从经济学角度分析也是国内学界研究区域创新驱动发展战略的重要视角。区域创新驱动是指区域经济增长主要依靠科学技术创新效益，即科技进步对区域经济增长贡献率较高。

简言之，学者们均强调科技创新在区域创新驱动发展战略中的重要性，提出创新驱动的核心构成要素，突出了创新驱动的本质。

2. 区域创新驱动发展战略的实施路径

要素驱动对经济发展的推动作用日益减缓，创新驱动是经济结构转型、实现经济可持续发展的必经之路。不可否认，实施区域创新驱动发展战略具有一定的现实难度，如战略实施存在动力缺失、风险较大、能力欠缺和融资困难等问题。区域科技创新成就只反映区域产业发展潜质，要实现区域经济社会又好又快的发展，需要科技创新、产品创新、市场创新和制度创新发挥协同增效的作用方能驱动。针对实施困境，学者们从多层次、多角度研究区域创新驱动战略实施的演化推进。

从区域创新文化方面看，普遍观点认为创新文化是土壤，对于激发全社会创新具有培育作用。具体来讲，文化机制建设对区域创新的促进作用是通过提升区域文化底蕴实现的。区域创新文化是否积极、合作文化是否开放、信任文化是否普遍及道德文化是否包容等，应该被纳入考虑因素中。大多数学者也有类似观点，即认为区域创新文化是影响区域创新驱动发展实施的重要基础。区域人才集聚程度也是区域文化是否具有培育作用的重要体现。人才的驱动作用可以概括为区域人才集聚效应，强调应该营造合理有序的人才政策环境，即区域创新驱动实际上是人才驱动（叶斌、陈丽玉，2015）。

从区域协同创新方面看，区域创新驱动发展作为国家创新驱动发展重要部件，需要通过区域协同创新实现区域创新增效，实现国家创新驱动发展目标。这个目标可以依靠区域产学研协同创新实现。产学研协同创新是对创新三螺旋系统的本土化描述，要促进产学研协同创新，需要构建以企业为主体、以市场为导向、产学研相结合的技术创新体系，这也是区域协同发展的内在要求。可以说，知识创新和技术创新协同增效能力越强，对区域创新驱动战略实施的推动作用越突出。也可以考虑区域金融创新作为区域协同创新的影响因子。研究结果表明，区域金融创新的空间外部效应在宏观方面的"试点效应"，导致各省份在金融资源获取方面表现出金融竞争现象，在微观上体现出区域金融创新与金融业地理集聚之间的非线性特征。换言之，区域金融创新也逐渐成为影响区域协同创新的重要因素。在这个方面，技术创新和金融创新的协同发展对于区域创新驱动发展同样重要。

从区域创新制度方面看，区域制度对区域创新驱动发展战略实施的作用机制，尤其是区域制度的保障和促进作用是国内学者的研究重点。应该注意制度设计是现阶段提升区域创新活力和激发区域创新积极性的首要任务，重点分析市场和政府各自的职能定位，可以将市场和政府的作用概括为"双轮驱动"。

此外，还有部分学者从知识产权、高新区建设、创新效率等视角，对区域创新驱动发展战略实施提出建议。例如，创新生态系统对区域创新驱动发展的系统化推动作用；绿色专利制度在提高区域创新驱动发展和绿色发展耦合关系方面的催动作用；还有学者们探讨区域高新区建设的载体作用，即高新区建设对区域产业结构转型升级存在促进作用，能够有效带动区域实现创新驱动发展。

3. 区域创新驱动发展战略的评价体系

建立一套系统、完善和可操作的区域创新驱动发展战略评价体系，是评估区域创新驱动战略有效性的重要支撑。国内学者研究表明，区域创新评价机制的重要性在于促进评价机制的建设。值得强调的是，评价机制应该坚持"软指标"和"硬指标"相结合，具体表现为过程评价与结果评价相适应、单一评价和多元评价相匹配的系统设计原则。从科技发展角度出发，区域创新战略评价体系应该包含研究和开发占国内生产总值的比重，以及每万名从业人员中研发人员的数量这两个核心指标。

方创琳等学者建议，构建区域创新驱动发展的评估框架，用基本创新链指标评价城市创新能力和水平，用创新基础条件反映城市软硬实力，探讨中国创新型城市建设的空间分布。刘焕从评价体系监督主体角度研究，设计以创新能力、创新资源、协同创新、区域创新体系和治理绩效为评价指标，为省级政府监测评估区域创新驱动发展战略实施情况提供依据。徐国祥等学者围绕理论指标和实证指标两个方面进行研究，从人力资源建设、创新投入和创新效果三个子指标体系出发，构建20个实际指标子指数。同时，运用上海实施创新驱动发展的具体数据进行验证，并对研究结果进行归纳和总结，极大地丰富和完善了区域创新驱动发展战略评价体系的建设。

2.2.2 区域创新能力

甄峰等学者在《区域创新能力评价指标体系研究》一文中，初步建立了以知识创新、技术创新为核心的综合评级指标体系。学者们对区域创新能力的研究主要集中在内涵界定、评价体系和影响因素三个方面。

1. 区域创新能力的内涵界定

学者们从构成要素、功能作用、网络联系和相关维度等角度界定区域创新能力。大部分学者认为，可以将区域创新能力解释为一个地区将知识转化为新产品、新工艺和新服务的能力。主要构成要素包括科技人力资源、知识流动能力和创新的阐述能力。创新基础来源于内生增长理论，集群环境来自产业集群的知识外部性理论，产学研联系的质量来自国家创新理论，区际技术溢出效应来自新国家贸易理论。分析国内学者研究，从联络程度进行定义，可将区域创新能力理解为网络能力，其大小由网络内部参与主体的互动程度决定，创新企业和创新文化是其支撑条件。

借助多焦点透视（Multi-focal Lens），学者们从不同的角度理解区域创新能力，得到了不同的概念界定。学者们强调区域创新能力应该更加侧重研究技术发展的影响作用。通过采用面板负二项模型研究技术多元化和区域创新能力的关系，结果表明技术多元化与区域创新能力提升存在正向关系，这种关系在技术发达地区更为显著（潘鑫等，2014）。换言之，区域创新能力在一定程度上可以理解为区域技术发展水平。从创新能力概念出发，区域创新能力表征为创新思想在特定地域内经过系统的研究开发，逐步形成商业化和规模化发展，最终得到社会应用并获取经济价值和其他价值的能力（宋河发等，2012）。区域创新能力的实质是区域知识创新、创造和扩散能力的培育过程，这个过程需要不断进行创新研发资源投入，包括人力资源、科研资金等（姜明辉、贾晓辉，2013）。

综合学者们的观点，可以将区域创新能力概括为四个方面。①区域经济产出能力是提高区域创新能力的一种原动力；②区域创新能力受区域知识创造、扩散、吸收和消化的影响；③区域创新能力需要外部环境的培育和支撑，应该关注区域创新环境建设；④区域创新能力核心不仅仅表征为技术创新，还包括组织创新、制度创新、文化创新和管理创新等方面。

2. 区域创新能力的评价体系

根据科学技术部的划分标准，创新环境、创新资源、创新产出、企业创新和创新效果五个一级指标构成区域创新能力评价体系。在此基础上，国内学者将区域创新能力评价指标主要分为单一指标和多项指标两大类。

单一指标评价建立在指标间高度相关基础上，即任何一个指标都可以用来描述区域创新能力，主要运用专利发明作为单一指标评价区域创新能力。按照中国专利制度的划分标准，在发明、实用新型和外观设计三种专利类型中，发明专利最能体现原始创新水平。大多数学者都倾向于利用区域专利数作为理想的评价指标。专利数据拥有易得、完整和准确的特点，从而能够反映区域创新能力的具体情况和体现区域创新经济价值潜力。而专利授予量与专利审查机构的能力相关，因此选择区域专利申请数量进行研究，更能测度区域的创新活力和能力（高文杰，2014）。鉴于此，许多国内学者选取专利授予量作为研究区域创新能力的评价指标。然而，尽管我国专利申请量近年来呈现出上涨趋势，但在世界范围内问题专利数量也同比上升（谢黎等，2012）。究其原因，主要是我国专利审查制度还不完善；专利资助政策尤其是地方政府的奖励政策增加了问题专利出现的概率；专利无效程序启动困难，步骤繁复增加了对问题专利追讨审查的难度。

多项指标评价的研究源于对区域创新能力内涵理解的不同。大多数学者通过主成分分析法、因子分析法、面板数据分析法、TOPSIS 法、生产函数模型等评估区域创新能力。例如，从企业角度出发，建立衡量以产品创新和工艺创新为对象的企业技术创新评价指标体系，在此基础上构建以企业技术创新为核心的区域创新能力评估体系，涵盖企业创新能力、网络创新能力和创新环境三个一级指标（王杏芬，2010）。从空间分布特征和发展趋势的角度，利用赛尔指数、基尼指数可以研究区域创新能力的空间集聚特征，评价区域间的创新能力差异和走向（魏守华等，2011）。

3. 区域创新能力的影响因素

整体上，国内学者针对区域创新能力影响因素的研究较为全面，研究结论也较为一致。综合国内学者的研究结论，可以将区域创新能力影响因素概括为国家科技创新政策、区域发展战略、区域创新体系布局、产业优势、资源优势及市场机制六个方面。考虑地理空间和时间序列等潜在变量对区域创新能力的影响作用，国内学者的研究方向有了新的转向。具体可以从空间溢出效益、区域地理特征及社会经济特征三个方面展开研究。研究结论表明，区域地理特征和社会经济特征对区域创新能力呈显著正影响，地理距离比空间溢出的影响更大，而在社会经济特征中，信息传播比人力资源作用更显著（刘和东，2013）。

FDI 是一项具有客观性和专业性的评价标准，能够为发展中国家提供参考依据。梳理国内其他学者的研究内容，主要集中在门槛效应作用下不同区域创新能力差异的成因分析。FDI 溢出效应能促进区域创新能力的提升，但与区域吸收能力相关，各区域需要跨越的创新能力门槛值具有差异性（何兴强等，2014）。国内学者的研究结果表明，金融发展的结构和效率对区域创新能力具有促进作用，而区域金融发展规模则不具备相同功能,即 FDI 对区域创新能力的影响基于金融发展水平的双门槛效应。换言之,只有区域经济发展到一定阈值且跨越对应的门槛,FDI 对区域创新能力的推动作用才会生效。

也有学者从社会文化角度进行研究认为,区域文化是一种无形的社会资本,间接影响区域创新能力。社会信任程度和组织密度与区域创新能力呈正相关关系。具体是指,在高信任度社会中,人际互动频率高、信息交流质量高、社会包容程度高等特征,使得区域创新成本低、创新活动频繁。

2.2.3 区域优势产业

1. 比较优势和竞争优势

国内学界研究区域优势理论成果较为丰硕。通过浏览和分析相关文献,发现国内学者普遍承认区域优势理论对区域经济"个性化"发展具有重要意义。通过深入研究和分析区域优势理论,可以观察到区域比较优势理论和区域竞争优势理论的对比研究逐渐成为热点。

回顾区域优势理论发展历程,从亚当·斯密的绝对优势理论,到李嘉图的比较优势理论,发展到赫克歇尔-俄林的要素禀赋论,再到迈克尔·波特的国际竞争优势理论,可将其核心概念总结为某一区域竞争优势并不由原始要素积累决定,而是由不断的、大量的投资、创新和升级所获取的高级要素决定的。换言之,区域竞争优势不是由遗传获得而是需要通过创造。区域比较优势可以分为内生比较优势和外生比较优势。前者具体是指区域资源禀赋和比较成本优势,后者强调知识创新和经验积累,体现出的特征是规模报酬递增和不完全竞争。从可持续发展角度看,区域优势产业包括现有优势产业和潜在优势产业。在现实层面,区域比较优势理论有利于完善区域内现有产业体系,加快区域产业分工和产业层次建设。

也有学者从比较优势理论和竞争优势理论的相互关系方面展开研究。大多数学者认为两者是替代关系,竞争优势理论将成为主导理论。概括而言,两者的显著区别在于,理论前提不同、潜在性和现实性不同,以及应用层面不同。故可将两者关系总结为处于国际产业分工发展的不同阶段，彼此相互补充和发展。从区域发展规律看，任何区域都必须以区域特色为基础规划区域产业布局，发展区域经济优势，避免区际产业发展水平低端退化或高度同构，突出区际的互补作用。概言之，可以用"区域驱动"一词解释区域发展规律作用下区域差异化发展趋势。

2. 区域优势产业界定

比较优势理论和竞争优势理论为区域优势产业概念界定提供了理论基础。但鉴于比较优势和竞争优势的理论争论，区域优势产业内涵界定尚不清晰。鉴于此，国内学者也从其他角度分析区域优势产业界定问题。

在知识经济背景下，应该将产业的创新性、技术活跃程度与可持续发展性作为区域优势产业界定的考虑因素。考虑波特提出的区域优势定义，国内学者采取了多样化的分析视角。从县域经济角度分析 SSM 区域的区域优势产业，可将其定义为在产业部门高度集中且拥有竞争优势的地区所形成的产业集群（苏建云等，2018）。换言之，区域优势产业是指基于区域实际，具有市场竞争力和良好经济效益的产业。而将产品生命周期理论引入产业分析，则拓宽了区域优势产业界定的研究视角。具体来讲，优势产业不存在普通产业可能遭遇的衰退期，而是表征为不同发展阶段和技术背景下不同程度的特征，可将优势产业细分为成熟型、成长型及潜在型三个类别。与主导产业不同，优势产业处于产业生命周期的中后期到成熟期区间。以全国各省市 1998—2007 年优势产业的变化为对象，从实证研究结果看，可以将优势产业的变化概括为"雁阵模式"（李绍荣、李雯轩，2018）。研究结果表明，优势产业受劳动力和资本流动的影响，在劳动密集型行业区域尤为突出，而创新是培育优势产业的主要途径。

也有学者从特征方面进行界定，认为区域优势产业应该是对产业结构升级转化起根本性和全局作用的产业，具有规模大、附加值高、发展速度快的特点。同时，优势产业也应该随着科学技术进步而同步动态变化。区域优势产业的四个基本属性，即系统性、相对性、动态性和综合性，同时具备弱可模仿性、时空性、发展性、创新性、产业关联性和差异性六个特征（徐仕政，2007）。从技术创新角度出发，区域优势产业特征表现为具有先发优势、资源配置效益高、控制力强、具有刚性及扩张能力强（杨东方，2013）。

概言之，区域优势产业可以定义为，基于区域功能定位，依托区域内的现存或比较优势，面向国内不同层次市场，发挥市场机制和政府引导的共同作用，在产业价值链中有决定性影响、具有较高绩效和广阔市场空间的某个或多个环节中形成产业或产业集群。国内学者关于区域优势产业的界定与智慧专业化内核具有一致性，即"智慧"的区域创新驱动发展，选择区域内具有竞争优势的产业，进行相关多样性发展。

3. 区域优势产业选择

国内国外学者都曾不间断地研究区域优势产业选择指标构建。从比较优势理论中的比较优势指标，到"钻石模型"提供的竞争力分析指标，以及产业选择理论中的筱原两基准和产业关联度指标等，都为区域优势产业指标构建提供了基础。国内学者研究区域优势产业选择主要分为指标分析法和模型分析法两大类。

第一类是指标分析法。基本可以分为单指标评价和多指标评价两大类。单指标具有操作简单方便、信息密集度大的特点。最常见的单指标评价是区位商（Location Quotient）分析法。该指标一般用于衡量产业的专业化程度，为区域间经济联系的结构和方向调整提供依据。主要通过区位商识别和分析不同区域优势产业的现状和发展情况。但是区位商评价的局限性在于，只能对一个地区的优势产业做粗略判断。鉴于此，另一种研究视角应运而生，即运用产出净流出判断区域优势产业显得更为精确。具体是通过采取地方"投入—产出"表计算净流出额和净流出额占总产出比重这两个产业指标。研究结果表明，净流出为正的产业通常具有比较优势。

多指标评价主要运用主成分分析法。主成分分析法避免了评价过程中主观判断的影响，但是当评价对象出现多重相关时，该方法或存在夸大重复变量的作用，评价结果也不能说明产业效益水平的具体差异。单纯的主成分分析法无法有效解释产业绩效，逻辑上自然引发如何分析解决区域创新绩效差的思考。也有研究表明并不存在普适性的评价指标体系。区域优势产业发展应该遵循相应的发展原则，构建可参考性指标，具体包括产业经济效应、产业发展潜力、产业市场绩效、显性优势指数和区域利用条件。

第二类是模型分析法。在评价模型中，通过加权分配指标权重，在综合分析方法中较为普遍。常用于选择区域主导产业的因子分析法、DEA法、灰色关联度分析法、TOPSIS等方法，也可用于区域优势产业选择。例如，利用灰色关联度和TOPSIS法研究新疆优势产业，结果表明新疆主要优势产业仍旧以资源型产业为主，与其关联的加工制造业仍处于初级阶段（龚新蜀、徐晓莹，2015）。学者们研究表明，基于信息熵选择优势产业能有效弥补专家评估结果的模糊性。非线性加权模型的评估结果更为客观和科学。通过分析产业梯度系数进行优势产业选择，即观察各产业连续三年的产业梯度系数，认为其大小均小于1的行业不具有优势，1年梯度系数大于1的被归为具有一定优势行业，2年梯度系数大于1的被归为较强优势行业，3年梯度系数均大于1的则是明显优势行业（陈畅，2009）。

综上所述，区域优势产业的选择基本流程主要有四步，即构建指标体系、赋值和建模、选择计算方法及分析计算结果。国内研究区域优势产业的不同之处，主要集中在指标设计和模型选取两个核心部分。

2.2.4 小结

通过上述梳理可知，国内智慧专业化研究处于萌芽初期，相关的研究成果并不丰富。国内学者对于区域创新发展的研究主要集中在区域创新驱动发展战略、区域创新能力和区域优势产业三个方面。国内主要研究成果内核与智慧专业化的逻辑结构不断接近，具有内在一致性，研究内容也逐步与智慧专业化思想对接耦合。现如今，智慧专业化对于产业集群理论、区域经济发展和创新驱动发展等相关问题，有更新颖的理解和更详尽的解释。在区域竞争优势、区域创新能力、全球产业链和价值链、创新驱动发展政策等方面，建立了合理的逻辑联系，促进了相关理论的有机整合和完善。因此，从智慧专业化理论出发，结合区域创新驱动发展实际，进行区域创新驱动发展结构分析，具有一定的必要性。

第 3 章 理论基础与分析框架

创新发展作为国家新发展理念，从宏观层面上满足创新驱动发展的实践需要。在微观层面上，企业拥有产品开发、技术研发等创新发展战略。受不同区域规划和区域政策的影响，区域创新驱动发展在基础理论上缺乏中间理论指导。区域创新驱动发展结构分析需要依托区域创新系统理论。智慧专业化理论进一步补充和扩展传统的区域创新理论，从中观层面出发为区域创新驱动发展的结构分析提供全新视角，并为区域创新驱动发展政策建设提供基本框架。通过概述研究的相关理论基础，在梳理国内外相关研究的基础上，构建区域创新驱动发展结构分析的研究框架，为进一步展开详细分析提供理论依托和框架支撑。

3.1 理论基础

创新驱动发展作为国家创新发展战略纲要，强调突出科技创新的主引擎作用，与文化创新、管理创新、制度创新、商业模式创新和业态创新有机耦合，发挥创新的引领发展作用，促使经济发展形态跃升、经济结构合理和分工更加精细。区域创新驱动发展则是思考创新驱动在区域层面的具体实践。研究区域创新驱动发展的有机结构，须在区域创新系统框架内展开，区域创新系统理论可成为重要理论支撑。此外，对区域创新驱动发展进行结构剖析的主要目的在于，适应和满足经济全球化宏观背景下，区域创新驱动发展面临的新问题、新挑战和新需求。智慧专业化理论作为区域创新方向上的国际新趋势，能够为区域创新驱动发展的结构分析提供新的指导框架和理论解释。

3.1.1 区域创新系统理论

自 Cooke 在 1992 年最早提出区域创新系统（Regional Innovation System，RIS）以来，区域创新系统理论已发展得较为成熟。其理论溯源主要是国家创新系统理论、创新经济学和区域经济学。总体来看，区域创新系统不能视为国家创新系统的等比例缩小，而是国家创新系统的有机组成部分和研究区域创新的重要视角。在国家主体功能区规划、产业战略引导和政策导向，以及区域资源禀赋和工业化进程差异等主客观因素的共同作用下，区域特色产业和竞争优势得到进一步放大。在这个方向上，很多国家和地区都认识到研究区域创新系统的必要性。例如 OECD 为帮助政策制定者和管理部门确定所辖行政区域的主要特征，构建了一个区域发展三维结构图（见图 3-1）。该三维结构图以欧盟"地平线 2020"计划三大目标，即包容性增长、可持续增长和智慧增长为维度，刻画 24 种区域具体特征的可能性组合，即每个地区特征都由三维区域框图中的不同单元格描绘。

对智慧增长维度而言，选择 OECD 制定的区域创新类型为框架，将区域简要分为知识中心区域、工业生产区域及非科学和技术推动区域三大类，其中每个类型都对应详细划分的子类别。这种划分方式反映了知识、创新和区域特征之间的相关性差异对区域创新系统产生的影响。对可持续增长维度而言，通过建筑环境和自然环境之间的关系，捕捉环境保护和能源挑战间的不同组合，在最基本的层面上提供农村区域、城郊结合区域、城市区域和城市—沿海区域四种区域类型。对包容性增长维度而言，采取从人口流动与创新的相关性角度，解释区域面临的社会包容性挑战问题，即人口减少和外流区域，以及人口增加和流入区域。事实上，人口流动是一种高度选择性现象，与技能和收入水平高度相关。人口流出区域通常面临更快的人口老龄化和经济衰退的组合，对创新和环境问题产生重大不利影响。同样地，人口流入区域容易享受人口结构红利和经济增长的组合优势，但也会面临城市规模膨胀等问题带来的负外部效应。

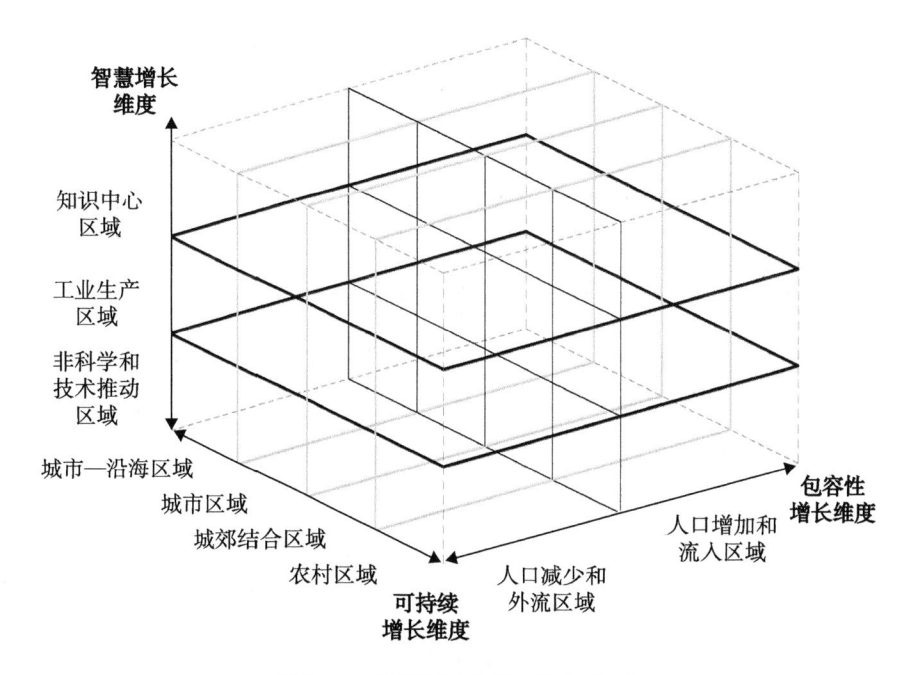

图 3-1　欧盟区域发展三维结构图

资料来源：MCCANN P，ORTEGA-ARGILÉS R，FORAY D. Smart specialization and European regional development policy [J]. Oxford Handbook of Local Competitiveness, 2015: 458-480.

应当指出，这种分类方式旨在指导性而非确定性，是一种示意性而非全面性。在某些特殊情况下，其他分类方式可能更为合适。但欧盟的区域发展分类，生动体现了区域创新系统在区域特征和创新潜力分析方面的必要指导作用，规定了政策工具的多样性和路径构建的差异化。

1. 区域创新系统理论的主要内容

国家创新系统是在国家层面开展的宏观性创新，主要包括国家所属的企业、高等院所、科研机构、社会中介服务机构及政府服务部门等创新主体，在国家统一的法律、法规和制度政策等监管下组成的创新体系，是公共部门和私营部门构成的网络机构，具有明显的国家边界。而区域创新系统理论是国家创新系统理论的逻辑展开。区域创新需要一定的区域前提，即不同的区域创新应该与不同的区域情景相匹配。Cooke指出，区域创新系统是在地理上相互关联的区域性组织系统，如生产企业、大学、政府机构和研究机构等组织，该系统通过组织子系统间的相互联结和作用，支持并产生创新，其概念体现了区域创新主体的多元性，具有显著的地域根植性和网络联结性特征。

区域创新系统是由不同的创新子系统有机串联组合而成的，其定义至少包括以下三个方面：①基本内涵，即面向区域构建的边界开放体系；②以企业、社会群体或社区、科研机构、高等院所、政府部门，以及各种社会中介服务组织为主要创新单元；③各创新单元能平等参与各种创新活动，积极发挥各自的资源能力、技术能力和组织能力，与其他创新单元形成多元化和多样化的互动模式和学习方式，以实现创新功能。区域创新系统是包含一定区域范围内多种创新类型的系统创新，创新结果对区域社会、经济、文化和可持续发展会产生正向影响。

区域创新系统的作用介质是子系统间的频繁互动和相互融合。概括而言，区域创新系统可分为两个子系统。一是知识创造与应用子系统，主要由垂直产业链上的公司构成。二是知识生产与扩散子系统，主要由社会公共组织构成。而这两个子系统建立在四个主要结构要素之上，即区域、创新、网络和交互学习（见图3-2）。区域可以是一个地理范围概念，具有文化和历史环境方面的同质性；区域也可以是一个行政政治单位，享有特定法定权力的具体覆盖范围。创新在此指代熊彼特意义上的创新。网络可以理解为基于信任、社会契约、道德伦理和社会规范而逐步形成的互惠、互信、互利和互联的关系。交互学习则体现为过程学习和相互作用两个方面。前者更强调制度学习的过程，后者则突出正式关系和非正式关系间的相互推动作用。

第 3 章　理论基础与分析框架

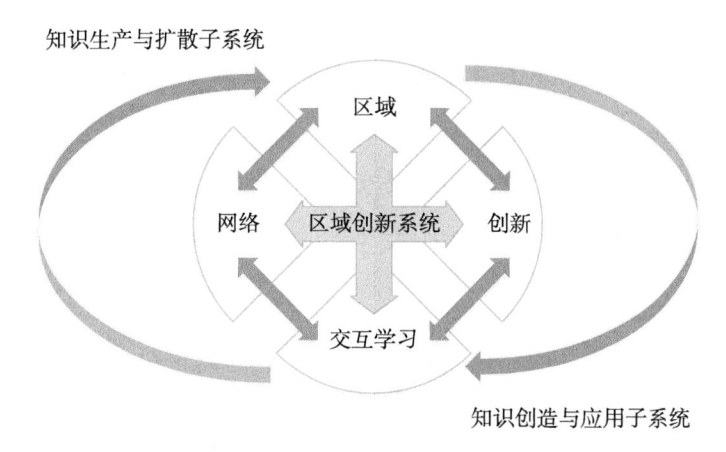

图 3-2　区域创新系统

随着社会经济发展对创新需求的演化升级，以及创新模式、创新结构的不断组合变形，区域创新系统呈现出一些新范式。例如，区域开放创新系统功能模式，面向贫困人群的包容性创新系统，以突变论、协同论和耗散论为基础的新三论区域创新系统。新型区域创新系统是从实践角度出发，充分考虑信息技术高速发展带来的变革机会，搭建的基于一定空间结构的知识网络和产业创新平台（见图 3-3）。新型区域创新系统是在信息经济的推动下，促进传统区域经济创新转型，实现区域创新体系和区域产业结构重构的新型体系，可将其拆解为基于基础架构、制

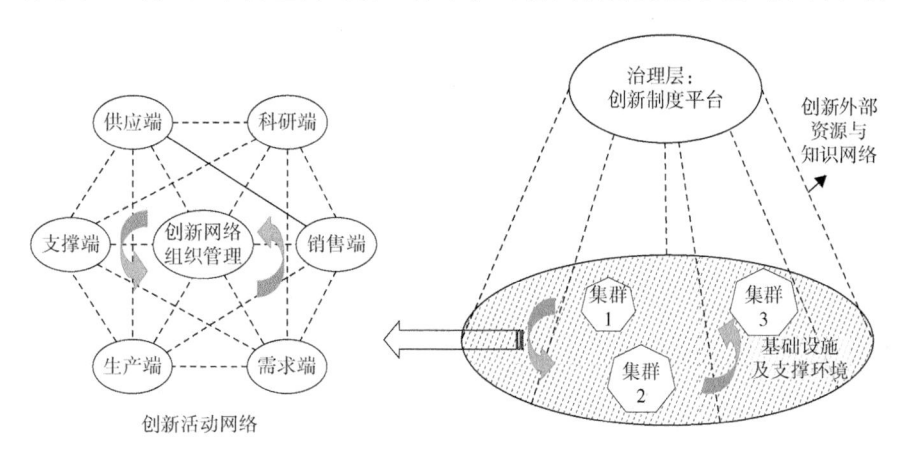

图 3-3　新型区域创新系统

度与创新活动的动态三螺旋系统（刘建丽，2014）。概言之，深度研究和剖析区域创新系统研究范式的转变，有助于动态理解区域创新系统的内涵特征，为区域创新驱动发展的结构分析提供坚实的理论基础。

根据区域创新系统理论，对区域创新系统进行有效分类，是实现区域创新驱动发展的重要前提。国内外学者根据不同的分类标准对区域创新系统进行了分类研究（见表3-1）。事实上，这些分类标准主要服务于不同的研究目的和研究需要。在时间演化的推动下，区域产业结构、创新技术水平、政府服务边界、市场需求体量及多种创新主体间网络化和系统化的作用方式已经发生变化。这种变化趋势对于转型中的中国而言尤为突出。在这个背景下，中国的区域创新系统分类也体现出一种类似自演化的发展趋势，即区域创新系统分类要有效配适中国区域非均衡发展的客观事实。在这个语境中，中国的区域创新系统分类标准主要有以下两种。

表3-1 代表性学者的区域创新系统分类

分类标准	代表学者	主要类型
治理结构和社会根植性	Cooke	草根型、网络型和统治型
企业创新模式		本土型、交互型和全球型
产业等经济部门知识基础	Asheim 和 Coenen	基于分析知识的高技术集群区域创新体系、基于综合知识的低技术集群区域创新体系
区域优势产业	林迎星	高技术产业型、传统产业型和混合产业型
创新资源配置方式		政府主导型、政府和市场共推型、市场主导型
治理结构、社会根植性、创新主体、创新环境	毛艳华	地域根植型、区域网络型和区域化国家型

根据创新源发类型，中国区域创新系统主要可分为四类。创新源发类型分类是从市场成熟度和科技资源禀赋两个维度出发，按照区域创新系统初始驱动要素和创新资源分配方式的差异，将中国现阶段的区域创新系统分为内生驱动型、科学基础型、国资主导型和外资拉动型四大类。内生驱动型是以企业家精神为主要指征的驱动力量，以小商品和轻工业生产为主导的劳动密集型产业，如浙江义乌、桐乡等地域根植性显著的专业化市场，带动了当地生产企业和物流等相关服务业的集聚发展，市场贸易活动和交易活动频繁，市场发育成熟，但科技资源禀赋相对薄弱。科学基础型则依托大量高等教育院校和科研院所，在基础研究和应用研究的交叉衍生中，形成以高科技为核心的产业集群区域创新系统，但市场化程度较低，科技资源存量雄厚，适用于软件开发等研发密集型制造业，以技术密集型产业为核心。例如北京、深圳等地区就是科学基础型区域创新系统的代表，产学研合作是这种区域创新类型的重要发展方式。国资主导型主要由政府主导创新研发和产业基础投入，以大型装备制造业和军事工业为主导产业，是一种资金密集型的创新体系。特殊的投资模式和发展需求，决定了这种区域创新系统科技资源禀赋较高，具有较厚实的技术沉淀和基础，缺乏技术转移和知识网络互联，市场化程度较低。我国东北三省、西北三线地区都属于这种类型。外资拉动型也是一种以劳动密集型产业为主导的区域创新体系，如广东东莞、江苏昆山等地区。与本土草根性的内生驱动型不同，外资拉动型主要推力来源于外商投资，主导产业是模块化器件制造，因此具有成熟和完善的市场，但科技资源禀赋不足。

需要强调的是，创新源发驱动作用是基础性的，并不具有决定性和长期性。换言之，源发因素可能带来一定的催动作用，但区域创新系统自身具备的模糊边界或开放边界的特征，为各种内外在影响因素交互作用提供了渠道和可能。随着区域内市场化进程的进一步加深和区域间科技资源的再平衡，可以观察到区域创新系统的内生动力，实际上是推动区域创新向多样化或更专业化方向发展。在一些更大范围内的区域创新系统内，这几种分类方式是交互存在的，形成更为综合完善的区域创新系统。例如长江三角洲和粤港澳大湾区，科学基础型、外资拉动型和内生驱动型共同作用，跨越行政边界融合发展。

根据区域创新体系模式的不同，中国区域创新系统主要可分为三类。从 March 提出的"开发—探索"概念出发，可以将组织能力概括为开发和探索两种。前者指与选择、生产、概括、效率、筛选和执行相关的活动，而后者指与风险、方向、实验和创新相关的活动。基于这两种能力，可以将企业的创新活动划分为开发式和探索式两种。在这个方向上，企业作为区域创新子系统中的要素之一，可将区域创新视为企业创新的有机集成系统，两者在创新发展问题上具有高度的相似性。换言之，区域创新系统模式分类主要源于企业创新发展模式。

鉴于此，中国区域创新系统分类可以分为开发型、探索型和开发—探索混合型。开发型区域的主要任务是区域核心创新能力的提升，主要表现为对现有技术的利用和针对区域优势制定支持政策，深度挖掘区域优势领域。探索型区域的主要任务是拓宽区域创新实践广度，实现区域创新在产品、服务、技术和市场等方面的提升，主要表征为利用外商投资、校企合作和设立创新创业专项投资基金等外向性探索模式。而混合型则兼有开发型和探索型两种模式的特征。例如通过区域专利数据，可以测算这三种区域创新系统新模式在全国范围内的具体分布，以及在时间序列下的演化情况（潘鑫等，2015）。通过对 1986—2011 年中国省级层面专利数据进行聚类分析可以发现，整体上中国区域创新系统的三种类型呈现出与当前经济发展阶段相吻合的地理空间分布局面，即沿海地区以探索型为主，开发型更常见于内陆欠发达地区，而其他地区则可以观察到两种模式混合的区域创新类型。

2. 区域创新系统理论的学术与实践价值

区域创新系统理论是国家创新系统理论的深化和逻辑展开。国家创新系统整体性较强，规模较大，但结构较为松散，区域创新系统更容易形成知识创新网络。不同于按照省、市等行政区划分的"地方"概念，区域创新系统中的"区域"概念，更强调在自然环境、社会文化、经济发展等方面具有一定相似性的地理单元的集合，具体表征为一定程度的区内同构和区外差异特征。区域与地方概念的不同在于，区域可以跨越行政边界，这意味着地方往往是区域的组成部分。从这个语境出发，区域创新系统突破了行政区划边界，从创新的层次、功能和定位方面拓展了国家创新系统理论。

具体而言，国家创新系统更多是从"点"（企业）和"线"（产业）上引导创新，缺乏对区域面的创新设计，导致区域创新体系制度建设具有严重的滞后性。区域创新系统从区域层面出发，由区内的政府机构和部门组成，带有强烈的地理区位色彩和突出的特色制度安排。例如，地域意义上北京文化的机智与聪慧，上海文化的精明和细致，武汉文化的干脆和果敢，陕西内陆文化的朴实与坚毅，以及深圳移民文化催生的创新创业精神等，都反映出区域的地理区位、文化习俗、语言习惯、产业结构和经济水平，能构成区域创新体系形成的重要影响因素。在这个方向上，区域创新系统理论具有更强的适应性。

从政治学角度看，国家兼有国防和外交等对外职能，以及执行统治和社会整体稳定等对内职能。从经济学角度看，国家的主要职能表征为提供公共物品和克服市场失灵。因此，国家创新系统的主要功能可以概括为总体战略规划。与之相比，区域创新系统的功能更为具体。就区域（地方）政府而言，政治上主要执行上层（中央）意志，经济上保持与国家发展步调和方向一致，主要功能是实现区域（地方）经济持续、稳定和健康发展。在这个意义上，区域创新系统理论强调区域创新驱动发展的重要任务在于，谋求技术资源和区域经济的有机耦合，使科学和技术更好地服务于区域社会经济发展需要。

基于区域创新系统理论，区域创新活动范围主要集中在价值链的中下游，即围绕区域优势产业和核心技术能力，重点发展技术的研发、应用、扩散和推广，实现区域内产品化、商业化和规模化发展，并最终形成有重点、有优势的产业集群，提升区域在更大范围乃至全球的竞争力。在一定程度上，大多数区域不用或无法进行创新链上游端的基础研究和具有高战略、前沿性和通用性的技术研究。对于战略性强、投资力度大、投资周期长、全局作用显著，如国防科技工程和航空航天工程等原始性创新和集成性创新项目，国家创新体系更为合适。

区域创新体系应该包括三个层次，即主体结构网络、创新活动网络和要素流动网络，区域内资源的整合和共享依托于三个层次的交互作用。区域创新研究领域的学者普遍认为，企业是区域技术创新的主体，高等院校和科研机构是区域知识创新的主体，中介组织是区域创新活动的重要保障，而政府在其中的角色定位并不明晰，并未在学界形成共识。在这个语境中，假设不存在内生于系统的"组织者"，区域创新系统作为一个复杂的创新行为系统，很难克服市场体系不健全、创新要素流动的组织和行政壁垒掣肘，以及跨区域规划的统筹和协调管理等问题。鉴于此，区域创新系统理论详细阐述了区域创新相关构成主体，并明确了各创新单位应该具备的功能和作用。在此，需要强调政府在区域创新能力提升中的重要作用，即政府或者区域创新体系的管理者应该扮演协调管理角色，促使区域创新主体协同发展。

一般而言，区域经济政策较多考虑区内协调发展和区际的平衡发展，缺乏激发区域创新能力和提高区域创新水平的整体导向，能动性不足。根据中国国务院官网公布的政策文件资料统计，区域发展规划获得国家密集批复数量逐年上升，显示出区域发展的重要作用日益凸显（见图3-4）。诚然，一些区域规划具有国家战略意义，但现有区域发展规划体系更多的是服务于国家层面平衡区域发展的考量，如2018年批复设立的16个国家高新技术产业开发区均为高新技术开发区升级而成。

在此背景下，各区域的创新实践常常面临重复建设、产业转移困难、产业升级缓慢和产业续接障碍等问题，进一步导致区域创新政策制定存在政策盲点，区域创新治理存在真空现象。鉴于此，区域创新系统理论为区域创新适配性政策建设提供了理论依据，提高了区域创新政策工具的有效性。同时，通过平台导向引导区域创新平台建设，放大政策工具的杠杆作用。概言之，对区域创新体系进行概念界定、特征描述和类型区分是区域创新系统理论的内在要求，从宏观制度视角和微观创新网络论证区域创新驱动发展分类研究和分类治理的必要性，为选择差异性和特定性的政策工具，设计和构建有针对性的创新制度支撑奠定了理论基础。

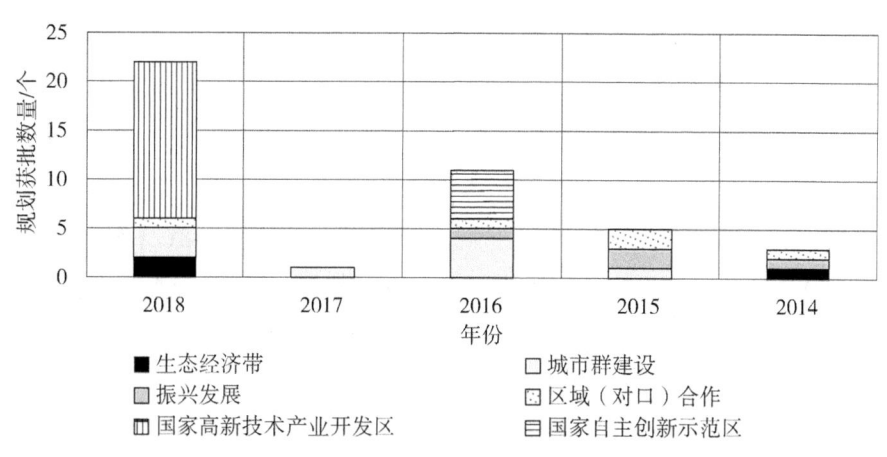

图3-4 2014—2018年六类区域发展规划获国家批复数量统计图

资料来源：根据中华人民共和国中央人民政府官网政策资料统计。

3.1.2 智慧专业化理论

智慧专业化理论的应用边界已经远远超出欧盟地理范畴限制，正受到国际学术界的密切关注。智慧专业化理论正处于快速发展阶段，并且已经显示出广泛的适应性和强大的扩展性，对产业集群、区域经济发展和创新驱动发展等相关问题，有更新颖的理解和更详尽的解释。在区域竞争优势、全球产业链、区域创新系统和国家创新系统等理论间建立了合理的逻辑联系，促进了相关理论的有机整合和完善。

1. 智慧专业化的思想基础

智慧专业化思想的理论基础最早可追溯到亚当·斯密的绝对优势理

论（见图 3-5）。1776 年，英国经济学家亚当·斯密出版了《国民财富的性质和原因的研究》（简称《国富论》）一书。在书中，亚当·斯密考察了各个国家劳动生产力改良的各种原因及分配的自然秩序，详细论述了劳动生产力分工的提高，会促使微观经济活动主体产生交换行为，交换活动需要货币作为媒介，并进一步论述了商品的价格形成及构成价格的基础，即工资、地租和利润等整个贸易过程。他认为一个国家对外贸易的产品在生产上一定具有绝对优势，即所需要的生产成本与其他国家相比是最低的。可以说，亚当·斯密的《国富论》奠定了资本主义自由经济的理论基础。亚当·斯密注重分工带来的"涟漪效应"。具体而言，他认为分工虽然在不同制造业中有不同的表现形式，但分工只要在每一种技艺上能够被采用，就可以按照比例引起劳动生产力的增加。同时，由于分工使得工人得以专注于某一项单纯的操作，从而必然会极大增进工人的操作技巧，提高劳动生产率，降低生产成本。亚当·斯密的观点可视为最早的专业化分工思想。

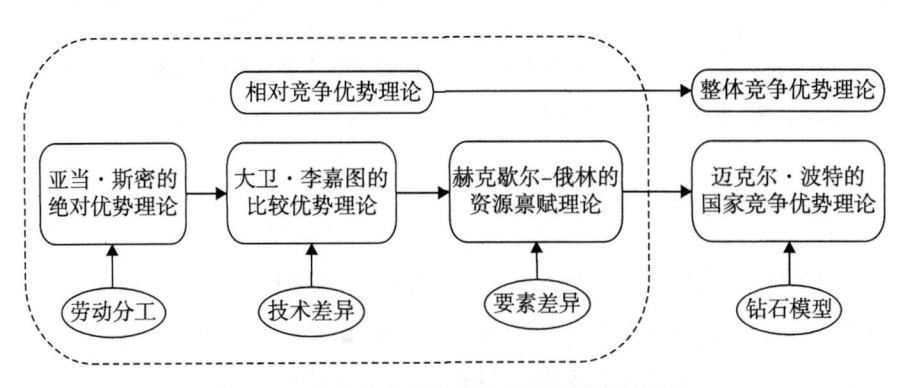

图 3-5　智慧专业化思想的理论基础发展轨迹

1817 年，英国古典政治经济学代表人物大卫·李嘉图批判性地继承发展了亚当·斯密的劳动价值论，出版了《政治经济学及赋税原理》一书。大卫·李嘉图认为，商品的稀少性和生产所必需的劳动量决定了商品的交换价值，而技术改进能够影响劳动量，例如"金银会因更丰饶的新矿被发现而发生价值上的变动"，但这种价值波动影响虽大但时效短；

相反,"掘矿技术的改进,挖掘机械的改良,亦可影响金银价值"。因此,李嘉图强调当亚当·斯密的"绝对成本理论"前提失效,那么在自由经济环境下,各国都必然将资本和劳动用于对本国最有利的用途上。具体而言,通过技术改进,使得劳动量得到最大限度的提升,通过增加生产总额,形成国际分工和贸易,实现帕累托最优。显然,大卫·李嘉图提出的比较优势理论从技术差异出发,阐述了专业化生产的思想。

20世纪上半叶到70年代初期,瑞典经济学家赫克歇尔首先提出了要素禀赋理论的重要观点,后由其学生俄林对该学说进行了系统化阐述。不同于亚当·斯密和大卫·李嘉图的观点,即优势来自劳动生产率和技术差异。要素禀赋理论认为,国家的竞争优势来自本国多种生产要素差异。同一种产品在不同国家或地区显现出的价格差异,源自生产要素价格的不同。具体而言,国家资源禀赋在结构和数量上存在差异,因此各个国家应该出口本国生产要素富余的产品,进口生产要素稀缺的产品。可以说,赫克歇尔-俄林从要素禀赋差异论述了区域间贸易往来的可能性和必要性,进一步分析了专业化发展的必然性。

1990年,美国哈佛商学院战略管理学家迈克尔·波特通过调查10个主要发达国家经济发展现状,在《国家竞争优势》一书中提出"集群"(Clusters)的概念。波特认为,专业化发展到一定程度会形成"集群",而"集群"有利于区域进一步专业化发展。具体而言,在地理区位上集聚的特定企业和组织,能够与更具体和更专业的对象进行合作,从而缩短生产周期,提高劳动生产率。而国家或地区竞争环境和质量在很大程度上取决于其生产率的增长情况,钻石模型能够揭示出国家或区域竞争优势的本质。相对于比较优势理论强调的生产要素投入和专业化分工,波特认为,提升国家生产效率和获取竞争优势需要专业化发展。竞争优势相较于比较优势,强调技术创新、产业集群、良好的经营环境和支持性的制度,促进国家竞争力的提升。换言之,迈克尔·波特将"集群"作为专业化的镜像表现,论述了专业化与竞争力的相互关系。

经典的经济学理论认为,国家和区域会根据自身的生产要素资源

（如土地、资金、劳动力）等实现经济活动专业化。贸易理论则表明，国家和区域会根据自身的比较优势进行专业化生产。新国际贸易理论则指出，经济规模和区域外部性也在专业化过程中起到不可忽视的作用。影响国家或区域比较优势的因素丰富多样，且会随着时间迁移发生变化。现如今，得益于快速发展的技术和活跃的区域贸易活动，微观经济主体可以根据全球价值链布局不断地分割和解剖其生产过程。OECD 在 2011 年发布的报告显示，专业化已不仅仅局限于工业生产，而是聚集于价值链中某种特定功能或某项专业活动。设计、研发、采购、市场营销及客户服务等行业的出现，都是专业化分工在价值链中的具体体现。换言之，专业化发展的适用范围得到了扩大。

面对全球经济危机和欧债危机，各个国家经济发展呈现出疲软态势，单纯的专业化已经不能适应经济发展的实际需要，纳米科技、微观和纳米电子学、高端材料、光电子、生物科学、信息通用技术及高端制造等专业技术的发展，较好地解决了产品质量和产量问题，"创新"成为经济增长的新驱动力和新诉求。OECD 在 2012 年公布的调查报告显示，区域层面对技术研发的投资密度远高于国家层面，区域创新政策在促进集聚经济效益方面的作用日益突出。然而，欧盟众多成员国对于本国的知识经济投资显得过于"专业化"，其结果就是区域间的重复建设和模仿发展问题严重，严重制约了区域的创新发展能力。

从学理看，"智慧专业化"思想应该包括"智慧"和"专业化"两个部分。亚当·斯密、大卫·李嘉图、赫克歇尔和俄林及迈克尔·波特的研究成果提供了"专业化"的思想，论述了从专业化分工到专业化生产再到产业专业化，即产业集群的演化过程。究其根源，学者们的研究都是为了探索国家经济增长的驱动力及保持驱动力的可持续性。科学技术的进步为专业化发展提供了大量方向选择。随之而来的问题是，各个国家和地区如何借助这股科技进步的潮流，选择具有发展潜力和本土特色的领域刺激经济增长。在这个方向上，"相关多样性"（Related Variety）能够得到最佳的经济回报。具体是指，以地方技术特征和资源为基础，结合本土现存优势领域生产活动进行的创新行为最能实现经济多样化发展。

2012年5月，OECD发布了《智慧专业化：研究与创新策略指南》，指出各个国家和地区经济发展的差异性，决定了不同国家和地区在选择专业化发展领域时，要做到"有所为，有所不为"。可以说，OECD在这篇报告中将"智慧"理解为"经过思考后"做出的选择，从而将"智慧专业化"的内涵解释为"有选择的专业化"。相对于传统专业化的横向分化，"智慧专业化"是专业化的纵向发展。OECD在2013年发布的《区域创新驱动发展：智慧专业化》研究报告中，从两个方面对"智慧专业化"的逻辑内涵进行解释，一方面要认识到一个区域不可能实现科学、技术和创新的全方位发展；另一方面在于全面发展不具有可行性，区域发展应该着眼于"独特性"，即发展那些能够发挥自身特点，具有领先优势的领域或创新活动。"智慧专业化"思想一经提出，引起了学术界、政策制定者和企业的广泛关注，引发了对区域创新驱动发展的理解转向。

2. 智慧专业化的内涵界定

在OECD研究的带动下，智慧专业化理论得到了迅速发展。OECD相继发布了以智慧专业化理论为主题的研究报告，不断丰富和拓展智慧专业化理论内涵。一些学者继承了OECD的概念表述，重点研究智慧专业化理论蕴含的逻辑结构。这些研究结果显示出智慧专业化概念强大的生命力和适应性，为当代智慧专业化理论的形成提供了思想源泉和话语选择。

劳动分工使得劳动力可以专注从事单项工种的操作，从而导致专业化分工。技术进步不仅提高了单个劳动主体的生产效率，也让专业化大规模生产成为可能。专业化生产结合区域自身资源禀赋能最大限度地减少生产成本，拉动区域经济。而企业在地理空间上的汇聚能降低交易成本，从而形成产业聚集。随着科学技术的突破性发展和创新研发的投入增多，科技革新使得专业化发展不再局限于产业，市场专业化（Specialization Niche）和知识专业化（Specialization Domain）应运而生。"智慧专业化"与"专业化"概念的不同，主要通过"智慧"一词得以诠释，市场专业化、知识专业化与智慧专业化理论核心息息相关（见图3-6）。一个潜在的专业化市场对应的是一种对知识和创新想法的追求（David, Foray, and Hall, 2009）。换言之，市场专业化为知识专业化提供了需求，而知识的专业化发展能更好地为专业化市场提供服务。

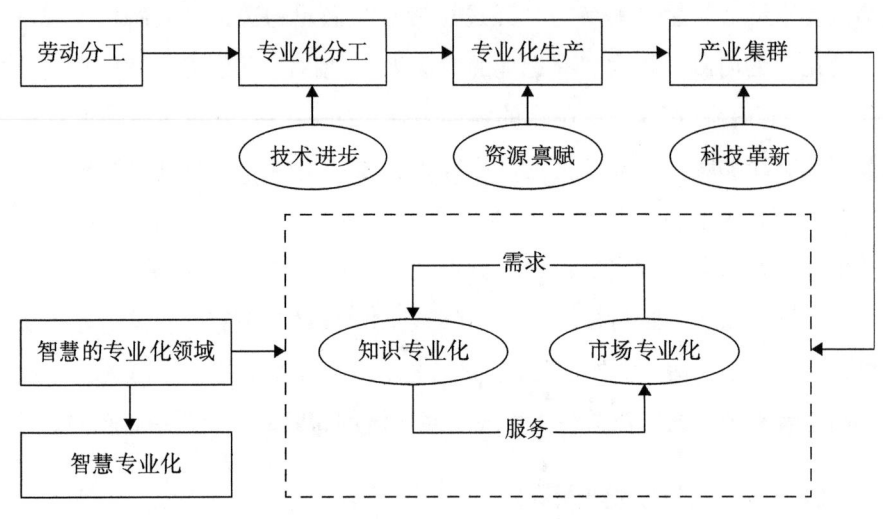

图3-6 "智慧专业化"概念的演化轨迹

从词意来看，"Niche"隐含有小的、部分的含义，市场利基（Market Niche）是指通过特定的产品或服务区分使用者或顾客。一般可概括为潜在客户或潜在需求。"Specialization Niche"中的"Niche"一词指市场，因此市场专业化可以理解为以市场利基为对象，进行市场的专业化划分。具体是指，企业针对目标客户提供特定服务和多样化产品。在面对全球竞争时，能够响应潜在需求和挖掘潜在客户，并提供有针对性的服务和产品的企业，所受到的威胁较小。值得强调的是，任何市场都需要持续的创新和有效的企业经营。"Domain"一词原指领域。而"Specialization Domain"中的"Domain"是指人的知识领域，包括科学、技术和实践等。因此，知识专业化是指以专业知识为标准进行区分的创新或研发领域。从不同角度看，知识专业化可以是一种能力、一种技术或者一种产品功能。知识专业化表征为一种事前评估能力，即能否为特定的市场利基提供创新产品和服务的能力。

市场专业化和知识专业化互为推力，协同演进，促使社会分工日益精细，层次愈发分明，专业化发展总体趋势明显。在此背景下，如何"智慧"地选择专业化领域成为应有之义。一方面，GDP 或社会福利提升无法反映知识本身的经济价值；另一方面，知识含量较少的产品往往无法长期满足对应的利基市场（McCann and Ortega-Argilés, 2013）。长此以往，为减少多样化发展的成本，同质产品将会充斥市场，逐渐削弱市场经济活力。因此智慧专业化领域往往是不同部门、科学和知识交叉作用的产物，是利基市场与知识领域的高效有机结合。概言之，智慧的专业化领域奠定了智慧专业化概念的核心。

在此基础上，这里给出一个智慧专业化定义。智慧专业化是由多元创新参与主体组成，通过创新研发和知识经济的定向投入，形成区域经济、科学和技术的专业化，以获取区域创新竞争优势的一种发展战略模式。这个概念包含四层含义。

（1）智慧专业化是一种区域创新的发展过程。智慧专业化强调企业家发现，避免区际创新活动的盲目复制和创新基础设施的重复建设，提倡开展有针对性的区域创新活动。

（2）智慧专业化是一种区域创新的发展目标。智慧专业化倡导区域可持续发展、差异化发展和包容发展，这与欧盟"地平线 2020"计划目标具有一致性，也是应对国际新局势和创新发展新趋势的迫切需求。

（3）智慧专业化是一种区域创新的发展路径。企业家发现提供区域潜在的创新"刺激点"，通过政策引导激发创新"增长点"，依托产业聚集实现协同增效发展，从而改变区域经济增长框架，提高区域经济活力，为区域创新提供新的发展路径。

（4）智慧专业化是一种区域创新的政策框架。智慧专业化以发挥区域市场专业化特征为基础，通过阐述战略结构和公共政策，尤其是创新研发和知识经济的投资政策对区域经济、科学和技术专业化的影响，提高区域生产能力和竞争能力。

3. 智慧专业化的主要特征

智慧专业化主要特征可概括为以区域特色为基础的专业化创新、以新型价值链为核心的网络化创新、以创新优势为核心的演化式创新和以基础建设为核心的支撑式创新四个方面。

（1）以区域特色为基础的专业化创新是智慧专业化的显著特征之一。智慧专业化强调发展区域创新战略，而区域创新战略的制定和实施离不开区域经济结构、区域现存优势、产业集群、传统文化、研发环境、研究机构数量，以及科学和技术合作网络在区际和国际上的覆盖度等重要因素的影响。例如作为世界最大独立研发中心的芬兰欧洲微电子研究中心（IMEC）在纳米技术专业领域影响广泛。优渥的纳米技术研发环境是芬兰特有的区域特色。在此基础上，芬兰建立纳米技术平台和研究中心，通过与生物科学、健康医疗设备等领域的跨界合作，培育出新的经济发展领域，推进纳米技术在医疗卫生方面的专业化发展。应该认识到，以区域特色为对象开展专业化创新时，首要任务是对区域经济结构进行调查，然后进行自我评估。不仅可以分析区域内中小创新企业和大型研发组织各自所占比例，还可以研究区域内产业现状，即区域内现存亟待现代化的企业数量，或区域内瞪羚企业的数量，都会影响区域专业化创新的发展方向和创新战略的结构模式。

（2）智慧专业化是以新型价值链为核心的网络化创新。在创新活动中，"单打独斗"是无法获得协同增效的规模效应。企业、政府、大学、科研组织、中介机构，甚至创新研发个体，都是创新活动的推动者和参与者。产学研合作加快研究成果的转化，企业家发现促使市场创新活动的涌现，政策引导和制度支撑巩固专业化的创新发展。智慧专业化通过构建多元化合作，强调打破行政壁垒，加强国际联合研发和多主体合作研发等多种发展模式，为个体和组织的创新活动提供便捷和新型的创新网络，形成产业链上游和下游的多样化延伸，促使区域价值链整体质量和竞争力的提升。智慧专业化就是从区域优势聚焦到资源靶向定投的发展过程。这个过程不是盲目分裂的，而是与国际发展趋势紧密相连的。新型创新网络产生于区域自身不断进行的标杆管理和战略调整。整个智慧专业化的发展，离不开从国际视角出发，对区域市场的潜在机会和竞争优势进行评估，持续地自我审视和反复比较，避免区际发展模式同质化。

（3）以创新优势为核心的演化式创新不以打造"新技术热点"为目标，而是实现创新优势的不断演进。区域产业集群是推动区域经济、产业和技术专业化的主要动力，是实施区域智慧专业化发展不可或缺的基石。产业集群的培育与发展，能够降低创新活动成本，提高生产效率，增加创新动力，形成规模效应，强化竞争优势。就公共政策制定而言，通过基础设施建设、知识经济投资，以及资源网络化发展等途径，扩大知识经济的外溢效应，是进一步促进产业集群发展的主要逻辑。以创新战略制定为例，德国相继制定了两项区域创新战略发展智慧专业化，即"勃兰登堡创新理念 2006"和"柏林联合创新战略"。自 2007 年以来，德国共重点发展了五个产业集群：健康医疗、能源技术、交通发展、移动通信及物流运输。德国不仅实现了自身经济的快速发展，也与欧盟"地平线 2020"计划倡导的包容、智慧和可持续的发展目标相契合。以德国为代表的 OECD 国家，均出台了相关的项目或政策培育新产业集群的诞生，或者强化现有产业集群的发展。通过产业集群的联合带动作用，协同增效发展规模经济，推动创新优势的不断演进，在优势领域增强竞争实力。

（4）以基础建设为核心的支撑式创新，强调进行基于创新的基础设施建设。创新基础支撑一般指专业领域中开展高端研究所需的各种设施、资源、制度和相关服务，如核心技术设备、知识经济资源储量、科研网络基础质量和嵌入程度等。新药物的研发、高端制造、海洋和空气环境监控、社会态度和行为变化研究等都需要配套设施的辅助。创新基础支撑的网络化发展有利于实现跨界和跨学科交叉合作，促进知识和创意的传播、提高教育质量。以创新为导向建设的基础支撑能培育和提供适宜的创新环境。智慧专业化强调社会基础设施建设以创新为导向，建立适宜的创新环境，吸引大量国际研究人员和机构入驻，增加区域创新容量和质量，实现区域社会经济的可持续发展。OECD 在欧洲境内共建设了 300 多种研究基础设施，总投资超过 1000 亿欧元，吸引了许多世界顶级的研究人员。每年有将近 5 万名研究人员能因此创造出 3000~6000 篇高质量研究论文，以及一系列专利成果、大量衍生公司和工业合同。

4. 智慧专业化的理论意义

概括起来，智慧专业化的理论意义主要体现在三个方面。

（1）智慧专业化理论标志着区域发展资源观的重要转向。长期以来，政府、学界和产业界一直在探索如何突破区域资源禀赋的限制，实现创新与专业化发展的有效结合。亚当·斯密从带给国家富裕基础的劳动力出发，分析近代初期资本主义国家经济发展的原因，认为各经济主体按自身特长进行专业化分工，通过贸易交换，可以实现社会福利的最大化。大卫·李嘉图在亚当·斯密的基础上，从动态视角提出比较优势学说，认为国家应该集中力量发展利益较大的产品，从技术差异角度出发阐述专业化生产。赫克歇尔和俄林则从静态视角研究国际贸易的必要性，认为国家生产要素的多寡和结构决定了一国进出口产品的收益和组合，为国家竞争能力分析提供了有力的指导。迈克尔·波特则跳出相对竞争优势研究的范畴，从国家整体竞争力出发，提出钻石模型为多经济主体开展创新活动、提升国家创新实力提供了有力支撑。

智慧专业化理论的要义是资源靶向定投发展，即将有限的资源投入具有发展优势的经济活动中，从而激发新的竞争优势或者提高现有竞争实力。这从本质上改变了区域资源决定发展模式的弊端。在市场专业化和知识专业化的发展趋势上，智慧专业化理论放大或加速了区域创新的创造力，为区域差异化发展提供全新路径。可以说，智慧专业化理论的出现标志着区域发展观从自然资源到智力资源的转向。

（2）智慧专业化理论揭示了当代区域创新驱动发展的新趋势。现阶段区域创新驱动发展面临"发展什么"和"如何发展"两个突出问题。"发展什么"是指区域创新驱动发展的主要内容。尽管管理部门和学界就区域发展内容提出过若干构想，但区域发展的动力不足、续航较弱等问题仍然限制着区域竞争力的提升和区域经济的发展。毫无疑问，在资源有限供给的制约下，如何"有重点、有区别"地发展区域经济需要一定的理论指导。"如何发展"是指区域创新驱动发展路径的选择和实施。在创新驱动发展的道路上，如何根据区域特征和实际情况选择发展路径，按时间序列进行层层拆解，实施阶段性目标规划，也需要理论的指导。

智慧专业化理论可以解决"发展什么"和"如何发展"问题。即智慧专业化作为一种发展目标为区域创新驱动发展提供方向，作为一种发展过程为区域创新驱动发展提供内容，作为一种发展路径为区域创新驱动发展提供选择，作为一种政策框架为区域创新驱动发展提供指导。总的来说，智慧专业化理论揭示了区域创新驱动发展的新趋势。

（3）智慧专业化理论拓展了创新理论演化的新空间。学界对于创新理论进行了不同角度的解读。从实践性角度，智慧专业化理论为创新理论演化提供了空间。智慧专业化理论与现有理论的嫁接可以分化、抽象和集成为新的创新理论，从而适用于不同的地区，体现出巨大的可发展性和进一步演化的空间性。在进行创新型国家建设时，主要还是通过政府政策引导，鼓励企业、科研院所、大学、金融组织、中介服务组织等多种社会主体围绕技术研发和项目制定开展合作。总体遵循的是通过顶层设计，自上而下地制定创新政策。而随着创新活动基层化发展，企业挖掘市场"热点"，用户需求驱动创新等趋势愈加明显，自上而下的创新政策在实践过程中的弊端日益显现。智慧专业化理论则为区域创新驱动发展提供了新的发展模式，即在企业家发现的基础上，政府应该更加全面地投入创新活动中，从单纯的"指导"发展为"指导+引导"，形成多节点、多层次、结构复杂、自我调节的技术—经济网络。

3.2 分析框架

从任务导向型政策（Mission Oriented Policies，MOPs）出发解释智慧

专业化（Foray，2018），可以从开放性维度、非中立维度、方向性维度和选择性维度四个方向完整描述智慧专业化（见图3-7），形成智慧专业化独特的逻辑结构论述体系。通过严格的学术逻辑分析智慧专业化四维度逻辑体系的概念内涵和作用机制，可对区域创新驱动发展的内核进行拆分，更新颖和详尽地分析区域创新驱动发展的逻辑结构，为严密构建区域创新驱动发展结构分析的论述逻辑提供理论依托和框架支撑。

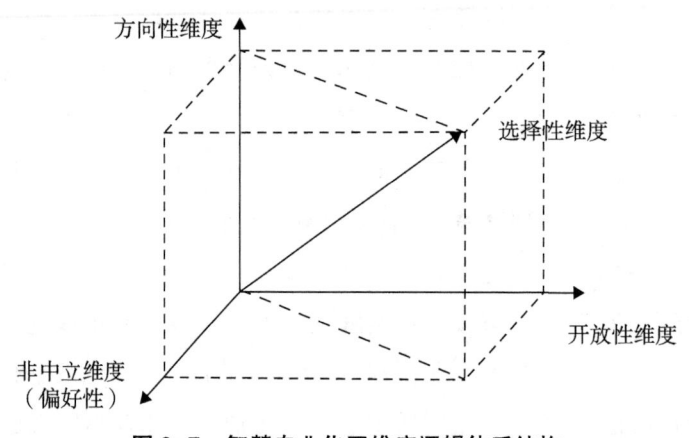

图3-7 智慧专业化四维度逻辑体系结构

（1）开放性维度。开放性维度是智慧专业化逻辑结构的基础维度。由于各个区域自身的创新能力、需求、机会等发展并不均等，统一要求各个区域发展高科技或前沿技术研究并不现实，其结果只能是又一个"A城"或者"B产业园"。创新存在于所有产业部门和整个生产创造过程，而不是仅限于高科技产业或单纯的研发活动（Morgan，2017）。对大多数区域而言，针对现存产业部门的资源集聚分布和结构组成情况进行分析会更为有效。这些区域内的资源结构和分布就是"创新资源后备厢"。例如，项目培训、管理或工程技术的综合使用、质量管控、资格认证等具体社会生产活动，可能没有培育创新企业或建设产业集群等成果引人注目，但恰恰是对这些储备资源的综合运用，才是促使传统行业转型的关键环节。OECD的研究报告《智慧专业化：抓住新的产业机会》指出，智慧专业化不是在封闭经济中进行自给自足式的创新，而是开放的、交互的。在全球化背景下，每个区域不再是单独的生产单位，有的区域可能是全球化投资过程中的一部分；有的区域可能是全球价值链的一个环节。所以，对各个区域来说，突破区域地理壁垒，寻找外在的资源或者知识也尤为重要（Altomonte et al.，2013）。输入这个概念，可以将智慧专业化开放性维度提炼转化为区域创新驱动发展的资源集聚。

（2）非中立维度（偏好性）。非中立（Non-neutral）是与中立（Neutral）相对的一个概念。中立性政策一般以改善基本条件、解决通用问题为目的，具有普适性和易操作特点，尽量避免政策的偏好性和倾向性，以降低政府失灵或市场扭曲等风险。而非中立性政策则具有明显的偏好性和干预性。Enos 早在 1995 年就指出区域创新驱动发展的选择问题。具体而言，从区域层面更详细地筛选研发和创新的优势领域是有益的，对于未来亦是如此。智慧专业化的非中立维度（偏好性）可以比喻为服装的"高级定制"，而不是直接的"成衣制造"。换言之，通过预先确定某个技术领域、行业部门或经济主体的类别，再进行量体裁衣，提供相适配的服务环境。而这种识别确定的过程，是在企业家发现对区域资源储备分析的基础上展开的。事实上，纯粹的中立政策只有在极限条件下才能存在。大部分的创新政策都有一定的偏好性，是非中立的。例如，研发税收抵免政策，通常被认为是一种代表性的中立创新政策，但这其实是一项更有利于正在进行研发生产的公司的创新政策。智慧专业化的非中立性，就是必须预先做出优势识别和选择。输入这个概念，可以将智慧专业化非中立维度（偏好性）提炼转化为区域创新驱动发展的优势识别。

（3）方向性维度。以创新发展方向为目标的政策是用来解决标准性问题的。这类政策具有主体定位明确、政策工具简单清晰和项目行政成本相对较低等特点。标准化的创新政策有固有范式，即面向前沿科技和技术研究进行投资（Trajtenberg，2002）。因此，制式化的创新政策反而限制了区域探索创新驱动发展新方向、寻找新目标、谋求新定位的可能。以创新发展方向为目标的政策具有明显的系统性特征。它必须关注不同政策主体间的合作性、不同投资计划间的兼容互补性，以及创新和扩散的关联性等综合问题（Soete，1993）。不同于技术诱导创新理论，即技术进步的方向随着相对价格的变化而变化。智慧专业化的方向性维度是单纯地从人才效用、资本效用和能源效用等资源的效用最大化逻辑出发，为具有潜力的特定经济活动或对象提供跨部门的系统化服务。在系统视角下分析创新方向问题，应该从结构目标、功能目标和阶段目标三个方面展开论述。不论是探索火星或是特定传统行业的现代化转型升级，这些目标的确定都是与特定的技术水平、产业结构、教育程度和社会经济环境相适应的。输入这个概念，可以将智慧专业化方向性维度提炼转化为区域创新驱动发展的目标定位。

（4）选择性维度。目标的确定意味着实践活动的展开。区域创新系统的重要价值是为区域创新驱动发展提供制度设计框架。我们在肯定这种积极作用的同时，应该意识到这种制度框架是中性的、普适的，从而在各具特色的区域层面无法提供可操作的实践。智慧专业化的选择性维度，回答了区域创新驱动发展常面临的两难问题，即是选择多样化战略还是专业化战略？各个区域自身的历史背景、产业基础、人口结构和社会经济发展水平均不相同，从而能够形成独有的发展能力、社会需求和发展机会。这是区域创新驱动发展多样化的充分条件。多样化发展的逻辑内涵蕴含着一定程度和形式的专业化。由于区域政府的管理能力、区域的基础建设水平和技术能力等资源不可能在所有部门平均分配，那么就势必做出选择。这种选择就是多样化和专业化的有机结合。大部分区域创新驱动发展战略的制定，并没有考虑区域创新驱动发展能力的多样化程度和专业化结构，以及两者的耦合性。智慧专业化从专业化和多样化角度，为区域选择相匹配的发展路径提供指导。输入这个概念，可以将智慧专业化选择性维度提炼转化为区域创新驱动发展的路径选择。

综上所述，按照严格的学术逻辑分析智慧专业化四维度逻辑体系，可以构建较为完备的区域创新驱动发展结构分析框架（见图3-8）。具体而言，将区域创新驱动发展主体结构概括为资源集聚、优势识别、目标定位和路径选择四个方面。资源集聚是区域创新驱动发展的前提和基础。

根据资源集聚的结构和成分，通过优势识别确定区域创新驱动发展的竞争优势，在此基础上分功能和分阶段进行目标定位，最终采取对应的路径开展实践活动。应该意识到，区域创新政策是区域创新驱动发展整体结构的支撑"骨架"，为区域创新驱动发展提供稳定的制度条件、创新环境和组织结构，促进区域创新驱动发展四维度协同发展。

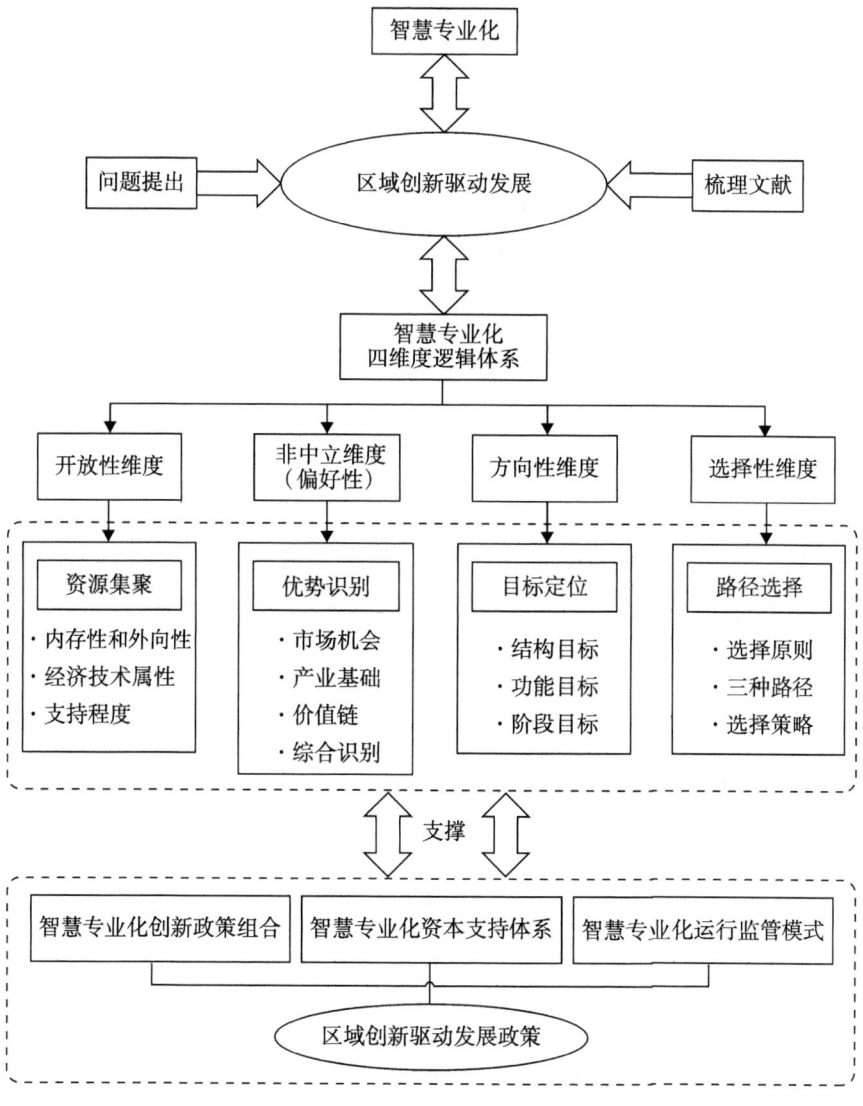

图 3-8　智慧专业化视角下区域创新驱动发展结构分析的研究框架

第 4 章 区域创新驱动发展的资源集聚

传统发展动力减弱，创新成为经济增长的新驱动力。同其他创新政策一样，区域创新驱动发展也围绕着一个核心议题加以展开。这个议题就是：为什么一些区域创新驱动发展的"绩效"更为突出？现有研究对上述议题的解释主要分为两类：第一类是以波特为代表的产业组织经济学中的市场作用；第二类是基于新古典价格理论的效率作用。走创新驱动发展的道路，需要新的经济理论用来解释、构建和指导各个区域的经济增长方式和发展模式的转型，智慧专业化是一种新兴的创新理论，能够较好地解释区域创新驱动发展的内在动力。本章基于区域资源基础，从智慧专业化开放性维度研究区域创新资源集聚，即从资源的内存性和外向性、经济技术属性和支持程度三个方面，对区域创新驱动发展的资源集聚进行结构分析，以集聚创新资源为重点，促进技术要素的市场化配置，为区域创新驱动发展的持续动力来源提供新解释。

4.1 区域创新驱动发展的资源内存性和外向性

与通过持续大规模利用外来资源，发展外向型经济，推动本地经济快速发展的"外生性"发展模式不同，"内生性"发展模式对区域内的资金、技术、人才等生产要素存在着路径依赖，从而实现推动工业化和现代化进程的目标。事实上，自然资源乃至大多数生产要素在区域内并非均质分布。这种非均质性特征被大多数学者用来解释贸易理论的形成。根据国际贸易新古典理论，资源分布不均时才会产生区域贸易，而贸易是生产要素流动、技术扩散和产业集聚的主要传播介质。基于资源分布的非均质性特征和资源禀赋理论，智慧专业化在推动区域创新驱动发展方面要注重资源的内存性（Embedded in）和外向性（Connected）（Foray，2014）。

4.1.1 资源内存性

假设资源是均质分布的，那么每个人就只为自己的消费而生产。Mills 认为这种经济系统充满了自给自足的精髓，是一种后院资本主义。藤田昌久和蒂斯在《集聚经济学：城市、产业区位与全球化》一书中，将这种以完全竞争市场为特征的经济系统称为鲁滨孙漂流型经济。换言之，每个区域都是一个完善的自给自足系统，各种资源交换都发生在区域内。但这种理想性假设在现实的生产要素市场上，往往是难以实现的。更为常见的是，生产要素市场上的不完全竞争。Dierickx 等学者早在 20 世纪 80 年代就提出，资源的不可分割性使企业能通过开发自身资源创造出不完全的竞争市场，从而获得竞争优势。很多资源都具有不可分割性，或者说独特的根植性，这是智慧专业化提出区域资源内存性的主要依据。

以拉普兰德地区的资源开发为例。拉普兰德地区地跨挪威北部、瑞典北部、芬兰北部和俄罗斯西北部，独特的地理区位条件使得该地区在发展时，能够充分利用跨区域合作带来的优势和得天独厚的资源储备。智慧专业化在拉普兰德地区具有很强的实践意义，为其在保护北极风貌和商业开发之间提供了新思路，即建立独具区域特色的"逐步走"发展战略。该战略目标是在探索和开发北极圈自然资源商业价值方面保持全球领先地位，同时实现北极圈可持续发展。拉普兰德地区与能够汲取利用自然资源价值的企业合作，共建创新价值链，培育产业集群和生态系统。随着北极城镇社区、北极高新技术产业、极圈旅游产业、极地环境保护和发展部门的相继配套建立，一个现代化的北极工业集群——循环经济逐步形成。

其中，芬兰地区的拉普兰德虽然是欧盟中人口密度最低的区域，但却拥有丰富的森林、矿产储量及山川湖泊、冰川地貌和北极风光等独特的自然资源。受大西洋暖流的影响，拉普兰德地区湖里有鳟鱼、北极茴鱼和鲈鱼等丰富的渔产。野鸭、候鸟等鸟禽被多种多样的湖区食物所吸引，定期飞回觅食，不同季节不同种类的候鸟景观为旅游资源开发提供了条件。此外，丰富的森林资源和矿产资源也支撑起本地森林工业和金属工业的发展。该地区的造纸技术、纸张和纸浆产量，以及冶金冶炼技术等，均在世界范围内享有盛誉。芬兰的纸张与纸浆产量仅次于德国，位于欧洲第二，拥有斯道拉恩索（StoraEnso）、芬欧汇川（UPM）和M-real集团等造纸领先企业，在全球范围内排在中国、美国、日本、德国和加拿大之后，位居第六。❶ 由于自然资源基础优越，环境保护意识深入社会经济生活各个领域，以优姿婷（Lumene）为代表的天然护肤品也在北欧市场上颇受欢迎。值得注意的是，芬兰拉普兰德地区的经济发展不仅仅局限于对自然资源的价值开发，在高技术领域同样拥有一些代表性企业，如全球知名移动电子通信技术的领航者诺基亚公司，也是从伐木和造纸起家，逐步转向乳胶制品、电缆等领域，再发展成为一家手机制造商，在全球范围内提供通信基础业务，同时注重先进技术的研究与开发。

从上述例子可以看出，拉普兰德地区的资源具有显著的内存性，但其现代化北极工业集群—循环经济的形成不是资源自发产生的，而是基于智慧专业化开展的"逐步走"战略引导和推动的。内存性资源具有路径依赖性，导致资源间相互关联，进而导致资源不可流动，无法交易。当某种资源因为不可分割而无法"被交易"时，那么这种独特资源的拥有者就能通过获取战略资源、实施战略，赢得竞争优势，从而能表现出优于其他竞争者的绩效（Barney，2001）。资源的拥有者从广义概念看，不单指独立的经济个体或企业，一个地区甚至国家都可以被纳入其中。然而，内存性资源本身并不能直接促进区域创新驱动发展。对资源的开发、投资、积累和利用的过程，需要企业、政府和区域内相关主体都做出长期而专注的投入。

---

❶ 数据来自《2017—2023年中国芬兰造纸业竞争现状及未来发展趋势研究报告》。

换言之，智慧专业化所描述的资源内存性并不是资源能作为创新驱动发展动力的原因；相反，是挖掘、培育和发展这些资源的方法、过程、模式和体系，能使资源被用于实施创新驱动发展战略时，成为主要动力的来源。

4.1.2 资源外向性

智慧专业化强调的资源内存性对区域实施创新驱动发展战略有重要启示，即如果不以内视的眼光对自己所拥有和控制的资源进行有效挖掘，就不大可能精准识别资源所带来的竞争优势和发展机会。正是由于完全竞争市场是建立在非常强的假设基础之上，那么资源集聚在区域内不单是储量增加，而是在内部演化的发展基础上，逐步与外部形成发展"通路"。从智慧专业化理论看，外向性资源的显著特征体现在资源间的交互性。而这种交互性体现在两个方面：一是资源分布上的地理区位；二是独特的历史条件带来资源交互的延续性。

1. 资源区位分布形成资源外向性

从地理尺度看，有很多沿着资源分布带而产生的集聚经济。丝绸之路经济带的资源格局就能很好地说明，资源地理区位分布所带来的资源外向性，是资源合作开发利用的充分条件（见图4-1）。

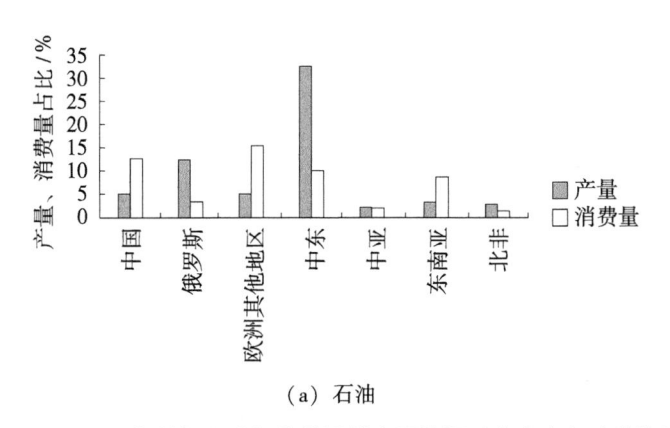

(a) 石油

图4-1 2015年丝绸之路经济带沿线主要能源矿产生产和消费格局

(b) 天然气

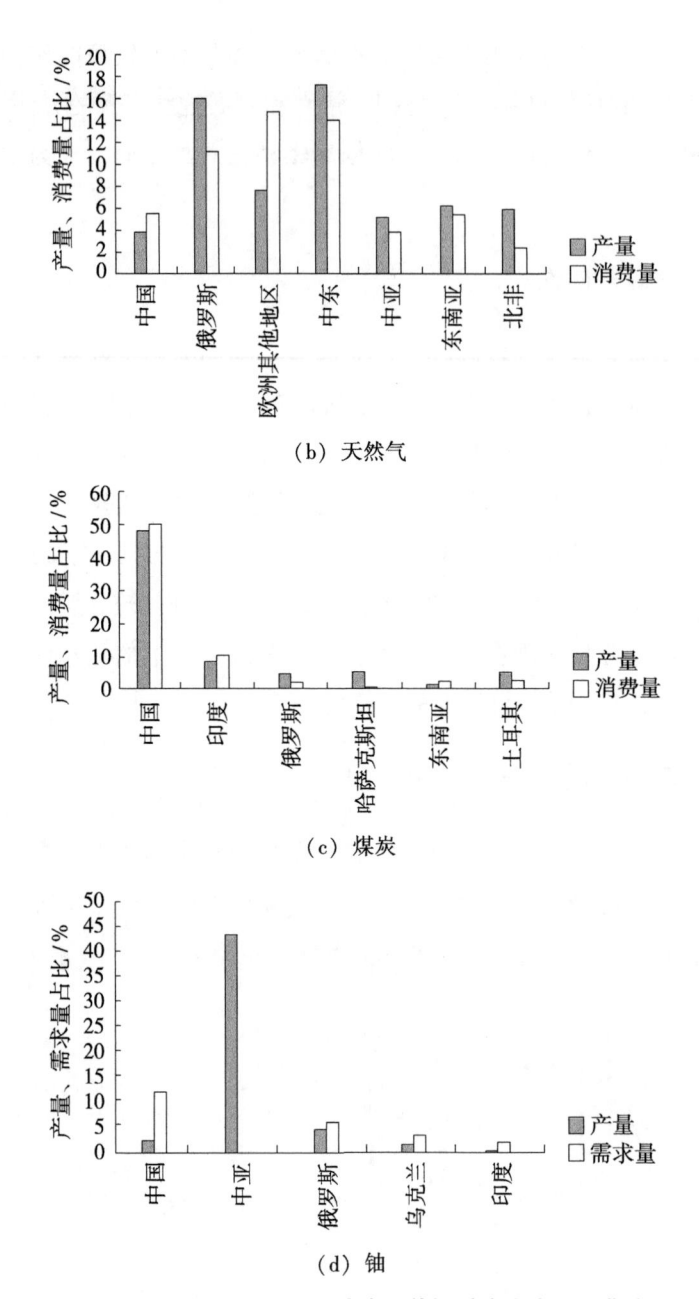

(c) 煤炭

(d) 铀

图 4-1　2015 年丝绸之路经济带沿线主要能源矿产生产和消费格局（续）

资料来源：国土资源部信息中心. 世界矿产资源年评（2016）[M]. 北京：地质出版社，2016.

从图 4-1（a）可以看出，世界范围内石油资源的分布主要集中在中东、俄罗斯等地区。2015 年，中东石油探明储量达到 1097.34 亿 t，产量增长 5.4%，占石油输出国组织（OPEC）石油剩余探明储量的 64.2%。俄罗斯石油产量为 5.41 亿 t，比 2014 年增长 1.2%。以哈萨克斯坦、吉尔吉斯斯坦、塔吉克斯坦、乌兹别克斯坦、土库曼斯坦和巴基斯坦为主要产油国的中亚地区，石油产量达到 0.95 亿 t。丝绸之路经济带北非地区石油产量为 1.24 亿 t。从图 4-1（b）可以看出，在天然气方面也有同样的分布格局。俄罗斯作为世界排名第二位的天然气产量大国，2015 年的天然气产量达到 5733.03 亿 m^3，占世界总产量的 16.2%。伊朗、卡塔尔、中国和沙特阿拉伯的天然气产量均居世界前十位。在煤炭方面，图 4-1（c）反映出中国是煤炭生产和消费的大国，2015 年煤炭的产量和消费量占世界比重分别达到 48% 和 50%。此外，全球 19 个煤炭主要生产国，有 4 个国家位于丝绸之路经济带沿线上，分别是中国、印度、俄罗斯和哈萨克斯坦。图 4-1（d）显示中亚地区铀产量遥遥领先，其中哈萨克斯坦是世界主要铀资源生产大国，2015 年铀矿山产量 23800 万 t，排名世界第一位，占世界总产量的 43.3%；俄罗斯和乌兹别克斯坦的铀矿山产量均在 2000 t 以上。

与能源矿产生产区位分布不同的是，丝绸之路经济带沿线的资源消费格局差异巨大，形成消费区与产区空间错位。具体而言，俄罗斯、中东、北非和中亚是主要的能源矿产出产国和地区，但自身的消费能力与生产能力之间存在着巨大落差。主要原因在于产业单一，结构不合理，油气等资源的深加工技术和能力落后。而欧洲其他地区、中国和东南亚却是能源矿产的消费主力。丝绸之路经济带的建立，为沿线国家和地区在产能和消费需求中间搭建了资源分配和合作开发的桥梁。以天然气为例，2015 年，丝绸之路经济带的天然气的供需差达到了 2075 亿 m^3。这意味着，其不仅能够满足国家和地区自身的发展需求，还能将富余的能源矿产用于外部供给。

资源上的互补性为资源由区内向区外交换奠定了基础。丝绸之路经济带能源分布集中，沿线国家在地理区位空间分布上享有天然的邻近优势，极大地减少了资源的交通运输成本。这与早期的区位理论观点一致，即规模报酬递增和运输成本是空间经济理论的两大论述核心。此外，丝绸之路经济带还是全球范围内金属矿产的主要分布地区。从表 4-1 可以看出，俄罗斯、印度和中东等国家和地区，在镍矿、铝矿和铬矿等稀有金属矿产方面储量丰富，中国的铁矿、锰矿、镁矿和铅矿等多种金属矿产储量居世界首位，为拉动丝绸之路经济带在能源矿产和金属矿产的多方面合作起到了突出的贡献作用。

表 4-1　2015 年丝绸之路经济带各国家和地区金属矿产产量占世界比重

（单位:%）

矿种	中国	俄罗斯	印度	中东	丝绸之路经济带沿线其他国家和地区
铁矿	42.1	3.1	4.4	0.5	1.5
锰矿	29.7	0.0	3.1	0.8	3.7
铬矿	0.0	1.9	8.8	19.3	4.9
镍矿	4.8	12.7	0.0	0.0	0.0
铜矿	8.6	3.7	0.0	2.9	1.7
镁矿	89.4	3.1	0.0	2.1	2.6
铝矿	22.8	2.3	9.2	1.6	0.0
铅矿	46.6	3.9	2.8	2.5	1.5
锌矿	35.9	1.7	6.2	2.4	2.9

资料来源：国土资源部信息中心. 世界矿产资源年评（2016）[M]. 北京：地质出版社，2016.

注：中国铁矿产量为原矿石产量。

丝绸之路经济带开展资源合作开发的内在逻辑是：资源分布集中，对资源就近开发和利用能使运输成本最小化。但对资源有效开发和利用，需要充足的资金、先进的技术和活跃的消费需求等条件。丝绸之路经济带沿线覆盖数十个国家，经济发展水平总体上呈现出"两边高、中间低"的特征，即位于两侧的东亚和欧洲经济发展水平更高，而中部的中亚、中东、北非则经济相对落后。丰富的资源储备与落后的技术水平、薄弱的需求量和巨大的消费量之间所形成的资源和经济格局，使得丝绸之路经济带的能源合作开发具有天然的经济互补性。

总的来说，在国际合作日益开放，合作方式丰富多样的背景下，大量资源，无论是独立发挥作用，还是与其他资源产生交互关系，其目的都是构建资源集聚网络体系，围绕资源进行开发，促使资源贸易流动，形成合理的国际分工，实现区域创新驱动发展。

2. 历史条件形成资源交互的延续性

在研究资源对区域创新驱动发展的作用时，很少着眼于分析区域独特的历史条件可能对资源后续表现产生的影响。大部分学者并不否认各个区域和国家有着不尽相同的历史背景，但他们认为历史条件与区域创新驱动发展的绩效并无关系。鉴于此，智慧专业化放大了历史条件作为潜在影响因素的作用，从而有效弥补传统区域创新政策中的缺陷，如创新政策局限于区域自身的创新发展和经济活动，缺乏国际视野；创新政策与实际市场的产业结构和经济结构脱节；片面追求高技术产业的发展，只关注高附加值产业而忽视甚至阻碍中低附加值产业的发展；盲目复制经济发展领先地区的标杆产业，落入挑选赢家（Picking Winners）的陷阱中。在一定程度上，模仿者通过效仿获得成功的机会并不大，甚至还会进一步扩大领导者和追赶者之间的差距，因为有些领导者的成功可能来自独特的历史条件。

某些企业、区域或国家发展可能在日历时间上，在特定行业或领域有着领先优势。但值得关注的是，获取和开发某些资源的能力在一定程度上会被它们所在的时间和空间所限制。例如，西班牙的安达卢西亚地区以航空航天产业闻名，而这主要得益于1926年开展的区域军事防御战略。悠久的航空航天实践历史为该地区发展相关产业集群提供了坚实的基础。2013年，安达卢西亚地区的航空航天产业集群包括120多家企业，其中中小型企业有80多家，营业额达到20亿欧元，占该地区工业总产值的35%。类似地，Barney所说的"时空依赖性资源"，如企业创建初期培养出来的有价值的组织文化或者形成初期培育的地域文化等，也是独特的历史条件赋予资源独有能动作用的具体体现。通过智慧专业化分析显示，独特的历史条件对资源外向性至少产生两方面影响。首先，先动者优势带来的辐射作用；其次，路径依赖带来的积累效应，即早期实践活动对后续活动有重要影响。

总的来说，资源外向性不仅在空间范围内体现出资源间的交互性，在时间序列上也反映出资源交互的延续性。智慧专业化资源外向性进一步解释了区域创新驱动发展的持续动力来源。

4.1.3 资源内存性和外向性的综合作用

智慧专业化是基于一个国家或地区的特色产业结构和知识基础，聚焦投资发展新的专业化领域，从而产生独特资产和能力的一种新的创新理论。由图4-2可以看出，从资源集聚角度分析，智慧专业化提供了一个区域创新驱动发展持续动力来源的解释逻辑。可以从两个方面对资源内存性和外向性的综合作用进行分析。

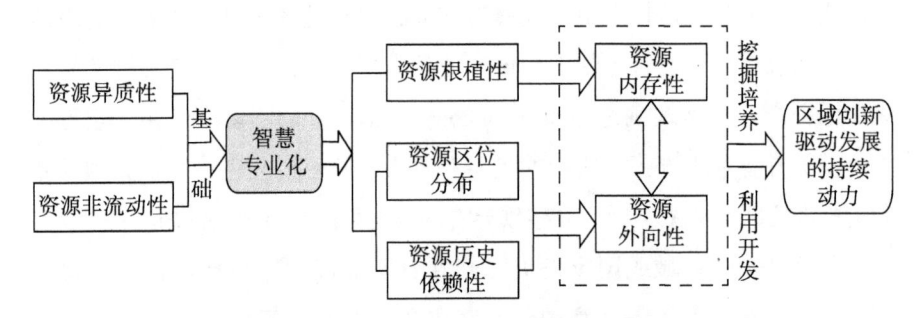

图4-2 资源内存性和外向性的综合作用

从资源内存性看，智慧专业化的资源结构分析体系是建立在前人的理论成果研究基础之上的。智慧专业化的资源根植性建立在资源异质性的基础上，强调内存性资源的不可分割性说明区域内自身资源是具有价值且稀缺的。在此，将具有资源内存性的资源定义为"内存型资源"，是指那些本身不带有经济效益，而是需要通过识别、利用和开发才能成为持续动力来源的资源类型。例如，美国硅谷的巨大成功使得很多国家政府和地方官员想要照搬"硅谷模式"。然而，硅谷的成功并不是单纯的创新资源集聚。诚然，美国政府的宏观政策，如移民政策、国防部研究经费等在很大程度上对硅谷的形成和发展有正面积极效应。但深究硅谷的发展轨迹，其成功是一大批对资源进行创新的教授、研究人员、科学家、学生、工程师、代理人和风险投资人等互动，产生了一波波市场浪潮所推动的，整个发展过程都在挖掘资源内存性，帮助地区获得竞争优势。

从资源的外向性看，内存型资源有着明显的内部演进路线，因此与其他各种资源保持着千丝万缕的联系。这是资源外向性的基础。根据智慧专业化逻辑框架，可以进一步将资源外向性的作用定义为资源间的交互性，进而从资源区位分布和资源历史依赖性说明资源交互的必然性和延续性。而在这种包含空间演化和时间递进的发展过程中，有大量的要素影响区域资源能否被全面、高效和可持续地开发，这些要素包括地方经济发展水平、基础建设设施、社会文化环境、法律法规政策、区域人才存量和结构等。这些要素可以被称为互补性资源和能力，即这些要素自身发挥作用的水平非常有限，但与其他要素通过分配组合，能为区域创新驱动发展提供持续动力。所以，在分析区域资源内存性和资源外向性的特征和结构的基础上，还要发挥两者的综合作用以促进区域创新驱动发展。

4.2 区域创新驱动发展的资源经济技术属性

诚然，并非所有资源都能作为区域创新驱动发展的动力来源。Barney在《资源基础理论》一书中指出，具备竞争功能的资源需要拥有四种属性：①资源是有价值的；②资源是稀缺的；③资源是不可被完全模仿的；④资源能够被组织开发利用。这些属性常被用来衡量某种资源对形成区域创新驱动发展持续动力的贡献程度。在资源观的逻辑里，企业具有竞争优势要满足两个条件：一是它比产业中的边际企业创造了更多的经济价值；二是其他企业无法复制这种战略收益。智慧专业化扩大了资源观论述体系中的讨论主体，认为区域创新驱动发展和企业获得竞争优势具有逻辑上的合理性、结构上的耦合性和实践上的递进性。智慧专业化对资源的理解并未局限于自然资源，而是扩展到社会文化、人力资源、科学技术和知识成果等多方面。基于智慧专业化对区域创新资源的界定和分类，可以从资源经济属性和技术属性两个方面解释区域创新驱动发展的资源动力。

4.2.1 资源经济属性

在资源经济学中，认为资源就是财富的来源。资源可以被定义为一种广泛存在于自然界和人类社会，能够被人类利用和开发创造物质财富和精神财富的客观存在形式。在社会经济发展活动中，各种各样的资源通过交换，相互联系、彼此制约，形成一个结构复杂的有机系统。在经济学研究中，资源是指生产过程中使用的投入，而这个定义很好地体现了资源的经济性，即资源的本质就是生产要素。这为智慧专业化强调的资源经济属性奠定了理论基础。图 4-3 所示为智慧专业化资源经济属性内涵发展演化图。

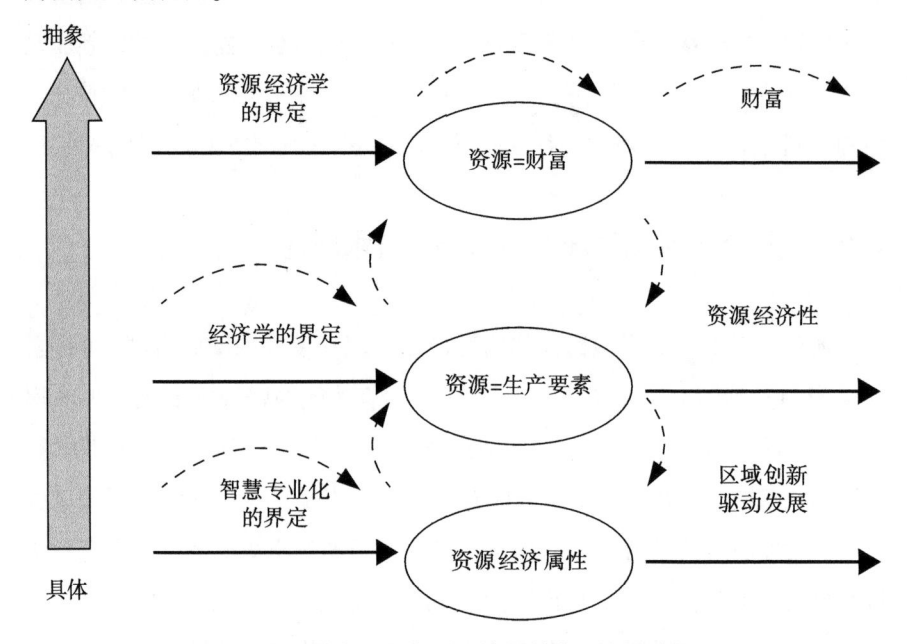

图 4-3　智慧专业化资源经济属性内涵发展演化图

欧盟委员会指出，智慧专业化的资源经济属性就是用新思路解释资源的经济价值。一般而言，资源根据性质分类，可分为自然资源和社会人文资源。而社会人文资源包括狭义上的社会经济资源，以及广义上的技术资源。社会经济资源是对经济发展产生直接或间接作用的影响因素，如人口、劳动力等。而广义上的技术资源对经济发展最直接的作用就是生产工具的改进。生产工具的改进直接取决于当代科学技术水平。资源的经济价值可以从资源性质分类出发，讨论资源本身的经济价值和资源转化的经济价值。前者是智慧专业化中强调的区域自身发展素质基础，如自然资源禀赋、行业类别和人力资源等；而后者是指资源通过"加工"产生的转换经济价值，带有较强的价值附加（Added-value）特征，能影响和决定区域参与全球价值链分工的地位。例如，葡萄牙对"符号资本"（Symbolic Capital）的运用和开发很好地体现了资源如何通过转化来实现经济价值。所谓"符号资本"，是指不能被轻易模仿或转移的非技术资源，通过贸易和服务等途径在全球范围内进行资源开发布局。葡萄牙的"符号资本"是指当地的航海历史、航海英雄及由此培育出来的航海文化。这种"符号资本"不仅极大地促进了当地旅游业的发展，使得旅游业成为葡萄牙国民经济的主导产业；而且得益于大航海时代的辉煌，葡萄牙的葡萄酒、软木塞等也远销全球，并在全球市场中占据重要份额，在全球范围内延伸和扩展了价值链。

对资源经济属性的分析有利于解释区域创新驱动发展竞争优势的来源。由图4-4可知，智慧专业化用经济租金的逻辑内涵解释资源经济属性如何通过获得竞争优势，实现区域创新驱动发展。超额的剩余价值与企业高效率的生产要素所创造的经济租金是相等的。为什么说超额价值可以被看作一种租金。首先，从租金概念出发，租金是指某种资源或者说某要素出让给他人使用，获得的收益超出机会成本的部分。这与智慧专业化在资源经济属性方面提出的"资源通过出让实现自身经济价值"的观点相吻合。其次，从租金的来源看，租金的获得主要由于资源使用效率上的差异，或者说资源在"被加工"过程中体现出来的效率差。从效率角度出发，出让资源本身就是资源所有者的权利，一些稀缺的能力和资源有助于资源所有者创造更多的经济价值。这与智慧专业化在资源经济属性角度上，提出通过加工实现资源转让经济价值的内涵一致。

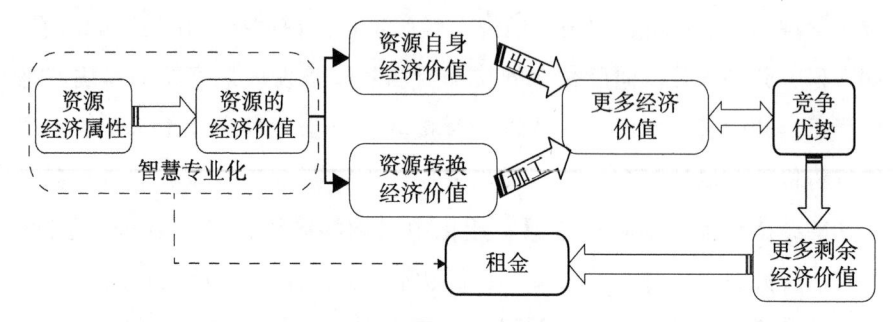

图 4-4　智慧专业化经济属性、竞争优势与租金的逻辑图

这些资源和能力所创造的额外价值可以被视为这些重要资源的租金，从某种意义上说，这个租金可以是资源的一种"回报"。而"回报"数量上的差异则来自资源使用效率上的差异。使用效率的差异会带来竞争优势，尽管这种竞争优势可能是短期的。但对于区域创新驱动发展来说，并不需要也不可能在各个方面都表现卓越。只要"租金"的获得方式来自资源利用效率的创新，就可以说资源的经济价值得到了发挥，就能为企业家发现提供挖掘潜在优势领域的信号，进而通过一系列智慧专业化战略，实现区域创新驱动的"定制化"发展道路。

4.2.2　资源技术属性

在智慧专业化理论中，资源的技术属性并不仅仅是对资源的技术含量进行评价，而是用属性定义资源的技术性，进而从资源技术属性的附着性解释技术掌握主体可以从中获得的效用。从企业竞争战略理论看，资源技术属性所带来的效用，同样是指其他企业无法复制的战略收益。智慧专业化资源技术属性的逻辑内涵是，了解区域科学技术水平、发展阶段和产业化程度，通过关联产业合作，补充产业链空缺，完善价值链，实现工业现代化融合。

智慧专业化是实现欧盟"地平线2020"计划目标的重要环节。OECD 在 2011 年成立了智慧专业化平台，帮助成员国及相关地区了解智慧专业化，实施智慧专业化战略。自平台成立以来，欧盟成员国及相关地区共推出超过 120 项以发展科学研究和优势领域为目标的智慧专业化战略，欧洲区域发展基金（ERDF）共投资超过 40 亿欧元，并提供了 65 亿欧元的配套投资。截至 2017 年 1 月，通过分析智慧专业化平台数据库 1300 多项创新战略，欧盟实施智慧专业化战略的主要优势领域集中在通用技术（KETs）方面。

根据 OECD 的定义，通用技术主要包括先进材料、先进制造系统、生物科技、光电子、微电子学和纳电子学（包括半导体）及纳米技术。从表 4-2 可以看出，通用技术占比将近 21%，16.28% 是与健康医药相关的行业，15.21% 涉及能源领域，还有 12.14% 关注数字化发展。进一步分析通用技术相关战略，具体集中在先进制造系统（36%）、先进材料（29%）和生物科技（18%）领域。鉴于 OECD 成员国及相关地区实施智慧专业化战略的主要领域相对集中，欧盟委员会以智慧专业化资源技术属性为基础，制订了一个工业发展重构计划（Restructuring the Industrial Process）（见图 4-5）。

表 4-2　智慧专业化战略实施主要领域数量分布

主要类别	战略数量/个	占比/%	涉及 OECD 成员国及地区数量/个
通用技术	272	20.89	140
健康医药	212	16.28	130
能源	198	15.21	118
数字化	158	12.14	100
现代农业	103	7.91	87
其他	359	27.57	69
总计	1302	100	204

资料来源：智慧专业化平台数据库。

注：大部分国家和地区的优势领域在智慧专业化主要领域归类方面存在交叉，故根据区域划分的类别有数量上的重复。

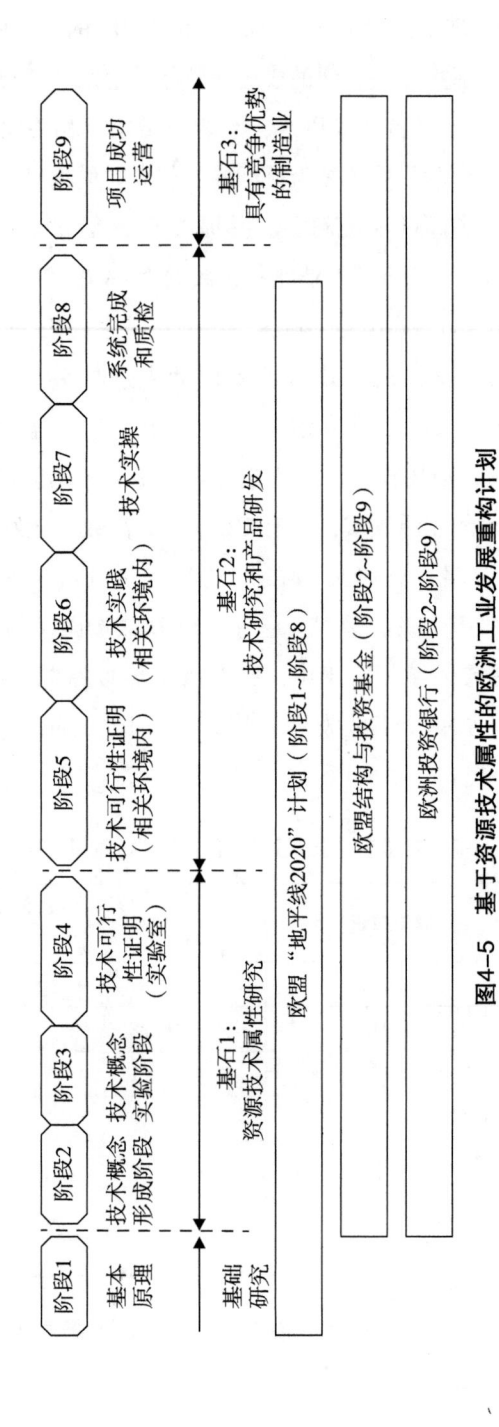

图4-5 基于资源技术属性的欧洲工业发展重构计划

欧洲工业发展重构计划基于智慧专业化技术属性的逻辑内涵，建立了以发展面向市场通用技术活动为目标的创新战略和投资体系。该计划分为三大基石、九个阶段和三层结构，具有明显的层次性、指导性和战略性。在第一阶段，以基本原理为基础，进行必要的基础研究，为技术实践提供理论指导。资源技术属性研究是第一个基石，主要包括研究资源技术属性，从技术概念构思到实验室检测讨论技术的可行性。第二个基石是技术研究和产品研发，包含在仿真环境里的技术可行性实验，以及系统完成和质检等阶段，该过程主要是研究和评估科研成果的转化程度。第三个基石是通过科研项目的成功运营，逐步形成具有竞争优势的高技术制造业。为保障技术从属性挖掘到可行性实验再到成果应用，最后实现成功转化的全过程，欧盟"地平线2020"计划、欧盟结构与投资基金，以及欧洲投资银行共同形成了重点重叠、首尾衔接的结构化投资支撑体系。整个计划沿着智慧专业化资源技术属性的逻辑内涵建设，打造了逻辑上具有持续性、技术上具有操作性、战略上具有配套性的完整体系。

不仅如此，在主题为"欧洲工业文艺复兴"的研讨会上，欧盟指出欧洲的中长期竞争力与欧洲工业把握新通用技术带来的机会息息相关。在资源禀赋带来的竞争优势日渐式微的背景下，大部分资源型地区需要降低经济发展的资源依赖度，打破"资源诅咒"，而技术创新是实现经济增长方式由资源依赖型向技术驱动型转变的重要手段。即使技术创新程度不高，但只要存在技术创新行为，也有利于地区差距的缩小。因此，掌握区域技术发展水平和产业发展现状成了欧洲工业当前面临的首要挑战。为了应对挑战，欧盟主要采取了两种方式。第一种是将通用技术发展纳入国家或区域层面的智慧专业化战略。通用技术一般都是技术和研究密集型，很多区域都能在与通用技术相关的活动中担任不同角色。智慧专业化战略框架能进一步提高区域间开展通用技术及其应用产品开发的合作概率。第二种是工业服务化（Servitisation of Industry）概念的兴起，即服务型政府的理念与工业化发展的结合。这得益于数字化技术的快速发展极大地提高了欧洲工业生产率。这种几乎遍布所有部门的改革型力量和持续增长的影响力重新定义了传统商业形式和生产方式，同时提供了一系列新产品和新服务的创新。

欧盟委员会将先进制造、清洁汽车和交通、生物技术产品、智能制造、生态材料和智能电网等跨界领域，列为具有资源技术属性的智慧专业化领域。这些技术一方面通过新方式提供新产品和新服务，提高能源利用效率、有效对抗气候变化，或者改善人口老龄化等社会新挑战，实现智慧、包容和可持续发展的目标；另一方面，这些技术本身就是很多行业研发、技术创新和产业聚集战略的组成部分，进而能快速匹配和适应欧盟委员会提供的配套支撑服务。例如，汽车制造、智能建筑、新能源和健康行业的快速发展等，都是通用技术得到广泛应用的典型例子。此外，为了给欧盟企业参与全球市场竞争提供一个更具支撑力的环境，加强企业间在全球价值链上的战略合作，欧盟委员会不仅鼓励欧盟成员国及地区对创新、技能培训和企业家精神培育等能带来工业变革和促进欧洲经济增长的领域进行投资，同时实施欧盟"地平线2020"计划，并联合欧盟结构与投资基金、欧洲投资银行，对通用技术研发全过程进行战略指导和投资扶持。

4.3 区域创新驱动发展的资源支持程度

智慧专业化的相关研究表明，企业实现战略目标需要资源支持，所有资源都有着或有过与之相对应的战略要素市场，而具有企业家精神的企业群体是挖掘新领域的主力，是区域创新驱动发展持续动力的来源。区域文化观念在一定程度上是通过潜移默化的浸润方式，影响企业家在战略形成、选择和实践方面的决策。政府公信力则是作为一种辅助推动作用，对创新主体间的作用机制产生影响。区域人才结构在存量和增量上的变化将会影响区域创新绩效。鉴于此，从智慧专业化出发考察区域资源的支撑程度，可以将其概括为区域文化、政府信任和区域人才结构三个方面。

4.3.1 区域文化作为资源支持程度的来源

文化与经济历来携手同行，相依相伴。自泰勒提出"文化"概念以来，"文化"一词的内涵得到了不断的丰富和发展，许多学者从不同的视角将文化作为一种潜在影响因子进行分析。智慧专业化从区域层面出发，将区域文化作为一种支持性资源，分析区域文化观念在区域经济格局形成和演变中的作用。区域文化是在漫长的时间积累中沉淀下来的。应该认识到每一个参与经济运行的活动主体都会受到区域文化的影响，而这种影响方式通过对区域创新主体产生递进影响，进而影响区域创新驱动整体发展。

区域文化是指沉积在特定的经济地理范围内，人们意识上、心理上自觉和不自觉产生的某种特征和性格。人类社会发展早期，由于交通不便、信息闭塞等，各具风情的区域文化得以形成。因此，长期积淀形成的价值观念、制度规范、思维方式、风俗道德和交往方式等区域文化，构成了一个地区经济格局的发展底色和背景风貌。根据区域创新系统理论，创新可以被理解为一个交互式学习过程（Interactive Learning），具有明显的社会和地域根植性，能融入当地文化和制度环境之中。输入这个概念，立足区域特色的创新活动，尤其是与区域文化环境有机耦合的创新活动，能提高智慧专业化战略在区域创新驱动发展方面的可操作性。概言之，区域文化是通过创新主体作为中介环节和传导媒介，渗透和参与区域经济循环，进而成为影响区域创新发展的重要能动因子。

图4-6描述了智慧专业化视角下区域文化对区域创新主体的影响模式。智慧专业化四螺旋中的区域创新主体，主要包括企业、政府、科研机构和民间社会。民间社会包含非常多的创新主体，扩宽了创新的边界，既有以个体为单位的公民，也有各种类型的经济机构和社区组织、非政府组织等社会组织，是一种全社会成员参与机制，是一种开放式的创新螺旋。作为"非经济人"，区域创新主体具有鲜明的行为特征。区域文化

通过个人估值和预设判断作用，影响创新主体对待新事物、新技术和新趋势的态度等，从而影响技术转化效率和科技贡献程度。

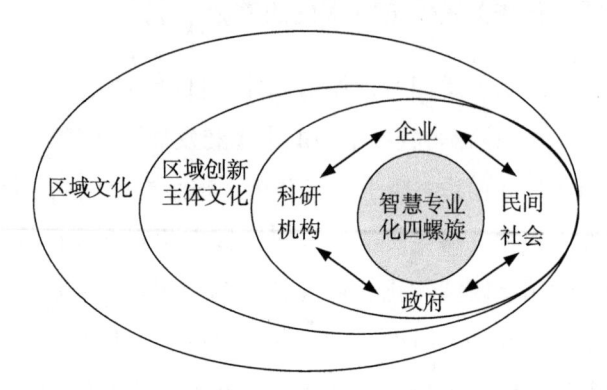

图 4-6　智慧专业化视角下区域文化对区域创新主体的影响模式

根据智慧专业化理论，区域文化对智慧专业化四螺旋中创新主体产生新的影响作用。就单个企业而言，区域文化对企业家精神的孕育、形成、发展和发挥有着潜移默化的作用。例如，温州地区受吴越文化的影响，企业家普遍重视开放性和实用性，强调发展实业，区域整体发展工商并重；珠江三角洲地区毗邻港澳，受岭南文化的影响，企业家精神普遍体现出强烈的进取性，同时注重传统保守性，重视和气生财。企业家精神决定企业家发现的意愿和能力，进而影响区域创新优势领域识别效率的高低。此外，区域文化还会影响企业文化的形成和发展，进而制约和影响企业的组织管理、运营模式、用人特点和技术创新等方面。

区域文化和科研机构之间的影响作用是双向的。对科研机构而言，大学和科研院所的发展离不开当地政府的支持和区域文化的熏陶；科研院所一方面强化区域教育文化，另一方面通过培养和输送人才，进一步在其他区域创新主体间扩大和延伸这种影响。而区域文化对政府的影响作用较为单一。首先，区域文化影响政府文化，从而影响政府制度创新和组织创新模式。其次，区域文化会渗透影响政府决策。这种影响力是通过政府推行新政策和新方案时，人们的反应和接受度来体现的。智慧专业化尤其强调民间社会在区域创新驱动发展中的支持作用。具体而言，民间社会与区域文化的互动关系主要通过中介性体现，即民间社会是区域创新区域发展的桥梁，对区域文化有着更为敏锐的感知度和客观的信息传递能力，具有广泛的社会服务特征，从而能有效地为其他创新主体提供辅助。

综上，区域文化并不能直接产出经济结果，其经济效果上的模糊性、影响机制上的隐蔽性，使得其在考察区域经济发展资源支撑作用时常常被忽略。区域创新驱动发展不能仅着眼于资金、技术等投入和引进，更要注重"落地生根"，才能"茁壮成长"。智慧专业化将区域文化作为一种资源，直接从"根部土壤"出发，考察区域文化对区域创新主体的递进影响，强调区域文化作为地方特色资源的一种体现，对区域创新驱动发展起到浸润和支持作用。

4.3.2 政府信任作为资源支持程度的来源

已有研究表明，国内学者主要从静态角度界定政府信任，例如，从心理认知角度界定政府信任（芮国强、宋典，2012），从信任对象角度进行界定（高学德、翟学伟，2013），从企业规模、政府重要性角度研究政府信任和企业政治行为相关性（姚晶晶等，2015）。而在动态视角方面，国内学者也有对政府信任进行界定的尝试。信任是一种社会资源，可以被开发和利用，可以将政府信任作为一种"资源集合体"，即建立在政府对公民利益诉求的回应程度，以及公民对政府回应的心理预期满足度的基础上（韩兆柱、何雷，2016）。智慧专业化在此基础上进行进一步的概念阐发，将政府信任作为资源进行分析，探究地方政府信任度与区域创新主体的关系，进而分析其对创新活动产生的介入作用，以及对区域创新发展动力机制形成的影响作用。在创新活动中，创新主体的彼此信任能有效减少活动交易费用，提高创新产出。在智慧专业化理论中，政府信任作为政府作用的"无形资源"，与其他创新主体存在交互响应关系，对创新活动全过程起推动和辅助作用，主要表现为以下三个方面。

（1）政府信任对企业家战略选择产生影响。信任是一个维度概念，不同区域拥有不同的文化，不同的文化环境下有着不同的信任半径。通过信任半径划分的信任维度可以称为信任环境，即社会成员对他人信任程度所表现出来的总体状态。在政治领域，普遍信任会促进政府信任的产生。换言之，一个区域的普遍信任程度较高，"熟人社会"影响力度较小，公民会赋予政府更多的权利和给予更多的威望，政府则可以更好地建设行之有效的法律体系和政策条例。这会在宏观层面影响企业家的战略选择。而对于企业家个体来说，企业家的个人认知和偏好会对企业战略选择产生巨大影响。这与 Hambrick 提出的高阶理论（Upper Echelons Theory）观点一致。可以说，企业家对政府的主观认识在一定程度上主导了整个企业的发展方向和具体的战略选择。而政府信任无疑会影响企业与政府关系的密切程度。当企业家认为政府信任是一种有利于创新活动的支撑条件时，能够获得来自政府的"无形利润"，那么企业会更倾向于在政治信任度高的地区开展经营活动。例如，深圳市政府以对创新的大力投资和帮扶力度，打造了坚实的政府信任基础，吸引了大量的创新公司，甚至是行业龙头企业入驻，并获得了他们的肯定和认可，从而逐渐成为我国一座璀璨的创新之城。

（2）政府信任对科研机构合作机制产生影响。这种影响主要表现为加快科技成果转化速率，提高产学研合作效率和为科技成果创新提供法律和规章保障。信任能减少交易成本。人们常用"从众"形容因为其他人在做一件事而跟着去做的行为。对于个体而言，对外部环境依赖性越强的组织，越容易发生从众行为。这对企业，尤其是对中小企业而言，更具解释性。规模较小的企业对环境的依赖程度越大，越容易与外部产生合作。同样的逻辑适用于分析科研机构合作机制，即科研机构在政府信任程度较高的地区更容易，也更倾向产生合作行为。因为合作模式、合作收益分配方式和合作技术转化过程都有较高信任度的政府参与或提供政策法规支持，从而能实现技术的结构化结合和资金的多方位投入，补充完善区域创新系统的功能作用，有利于碰撞和激发出更多的创新活动、理念、模式和产品。可以说，政府信任通过强化和规范科研机构的合作机制，为区域创新驱动发展提供了支撑。

（3）政府信任对民间社会的参与行为产生影响。当前研究主要是从绩效论和社会资本论两个角度对政府信任展开研究，并逐渐着眼于政府绩效、社会信任和社会参与行为三个影响因素（高勇，2014）。民间社会主要体现了社会参与行为与政府信任间的交互作用。可以说，民间社会参与，一方面提高了地方政府的创新工作绩效，另一方面提升了创新主体对地方政府的信任程度。现如今，能够独立完成全产业链行为的超大型企业已不复存在，可以观察到的是产业链分布在全球范围。这意味着竞争的加剧，越来越多的中介组织能活跃在创新活动中。一个地方的政府信任度越高，对民间社会参与创新活动的包容度和开放度就越充分，区域的创新"虹吸效应"越发显著，进而吸引更多的中介组织，激发区域创新活力，不断完善和优化区域创新驱动发展的创新主体结构。

4.3.3 区域人才结构作为资源支持程度的来源

创新驱动的本质是人才驱动。区域人才的存量结构和增量结构对区域产业结构的纵向演进和横向调整有着重要影响。可以说，区域人才结构存量是区域创新驱动发展的基础，区域人才结构增量则是关键。正如 OECD 在 2011 年发布的《欧洲高等教育现代化》报告中指出，区域和城市的经济、社会和文化发展离不开高等教育的现代化，而高等教育现代化的动力引擎作用是通过培养和输送人才实现的。为回应 OECD 发展诉求，智慧专业化强调大学等科研机构要承担更多"院墙"外的工作，走出象牙塔，走出学术界，走向更多有利于公共利益的社会事务，即为社会发展提供相应的人力资源，主要包括以下两个方面。

（1）区域人才的存量结构。可以将区域人才的存量结构看作教育投资的结果。得益于大学和科研院所的"贡献"，各个地区得以就地获得高技能人才，企业得以获得充足的人才储备库支撑，能够"放心"生产新产品，提供新服务，开展多样化的创新活动，实现企业家发现"成果"转化，进而带动行业创新，形成产业联动战略联盟，不断拓展和延伸产业链和价值链，继而影响区域创新发展政策和创新发展战略。这是一个双向互动、螺旋攀升的创新发展环路。进一步追溯区域教育基础的来源，需要认识到教育投资的"始动作用"，即教育投资对区域人才结构培育的前期影响。以中国教育投资为例，2016年中国国家教育投资达到3500亿元人民币。

从图4-7可以看出，2016年的国家财政性教育经费是各省（自治区、直辖市）教育投资的主体部分，平均达到80%以上，西藏、甘肃和新疆分别达到98.5%、90.4%和92%。数据反映出，教育投资尤其是国家主导的财政性教育投资是地方教育投入的主要来源，为区域创新驱动发展提供人力资本基础。此外，教育投资不能单纯依靠财政投资拉动，更需要投资主体多元化发展。2016年，教育经费社会捐赠经费占比在全国范围内排名前三位的是福建（0.53%）、江苏（0.38%）和广东（0.27%）。这意味着，福建、江苏和广东的社会各界人士参与教育活动的意愿较高，对教育的资助和捐赠力度较强，而这与《中国创新城市评价报告2016—2017》中的创新城市排名结果基本吻合，其中深圳、南京和苏州分别位列全国第二名、第五名和第六名。这说明教育投资对区域创新人才培养具有重要作用。

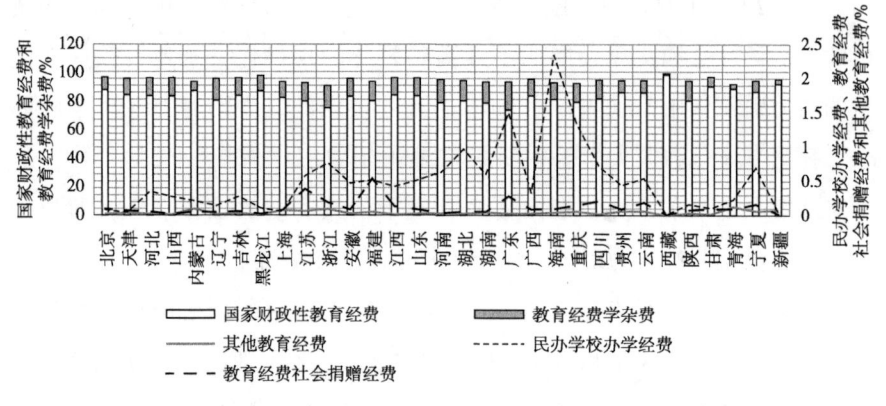

图4-7 2016年中国各省（自治区、直辖市）教育投资结构分布

数据来源：国家统计局数据。

(2) 区域人才的增量结构。区域人才的增量结构表征为区域人才结构的优化。扩大区域人才概念外延才能进一步丰富区域人才结构合理化发展。要将企业经营管理人才、科技人才、专业技术人才、农村实用人才和社会工作人才都纳入人才结构体系中。智慧专业化认为，区域人才的作用是通过"代理人"视角完成的。具体而言，如何界定具有发展潜力的知识密集型区域，要考虑到一些必要的"活动者"，包括科研人员、供应商、制造商、服务人员、企业家和用户等，还要关注他们与公共研究机构、产业和科学技术的联结度。这些活动者可以被看作代理人，即借助于代理人的人力资本、理念思想、学术和技术合作，扫描可能存在的经济和市场机会，探索技术利基市场，从而实现经济结构转型。

可以说，这些所谓的代理人就是区域人才结构优化的主要组成部分。从智慧专业化角度看，基于代理人视角的区域人才结构优化，一方面，要巩固和加强创新型人才的作用，同时通过政策支撑和系统引导，发挥创新型人才的能动性；另一方面，要发挥其他类型人才的比较优势，丰富人才培养体系，激发新兴农民、小微企业创业人员、科技技能人才和具有企业家精神的经营管理人员的积极性，实现人才结构在存量和增量上的双重增长，优化区域人才结构，实现区域创新驱动发展。

4.4 本章小结

智慧专业化的开放性维度有效支撑了区域创新驱动发展的资源集聚分析。基于智慧专业化开放性维度，从区域创新驱动发展的资源内存性和外向性、资源的经济技术属性及资源的支持程度三个方面，论述区域创新驱动发展的动力来源及动力的持续性，进而解释资源集聚对区域创新驱动发展绩效表现的影响作用。主要观点可概括为以下三点。

(1) 智慧专业化所描述的资源内存性是以资源禀赋基础为起点，强调内存型资源本身不直接具有动力作用，反而是对这些资源的体系化、战略化的挖掘和利用过程，使得这些资源能成为区域创新驱动发展的动力来源。而资源的区域分布和独特的历史条件决定了资源外向性表现为交互性。这为区域创新驱动发展的持续动力来源提供理论基础。资源的内存性和外向性对区域创新驱动发展起综合促进作用。

（2）资源经济技术属性进一步为区域创新驱动发展的持续动力来源提供了依据和支撑。智慧专业化的资源经济属性是用新思路解释资源如何转化为创新驱动力。从经济租金角度分析，资源的经济属性是通过出让自身价值和加工产生附加值，实现经济价值和价值增值。资源的技术属性则从其逻辑内涵出发，强调根据区域产业发展阶段和技术水平，完善产业链和价值链，实现工业现代化发展。

（3）资源集聚的作用不能简单地用内存性和外向性，或者资源的经济技术属性进行概括。智慧专业化从宏观层面补充完善了资源集聚对区域创新驱动发展的支撑作用，即从区域文化、政府信任和区域人才结构三个方面进行论述分析。

第 5 章 区域创新驱动发展的优势识别

科学技术是不断向前的历史，是唯一能够产生叠加式收益的进步力量。科技进步有利于带动产业实现创新发展。从区域层面看，发展区域竞争优势产业，能有效提高区域创新驱动发展的绩效水平。正因为区域创新发展不可能"全面发展"，那么势必面临选择问题。智慧专业化强调挖掘市场潜在机会，重点关注科技成果的市场价值，突出区域产业特色，鼓励区域差异化发展，并通过各层级带动发展，实现整体经济的包容性发展。智慧专业化的非中立维度在优势选择方面具有突出的偏好性和干预性特征，对区域创新驱动发展的优势识别具有较好的解释力。区域创新发展优势识别从市场机会优势、产业基础优势和价值链优势的"三角网络"结构展开（见图5-1），并在此基础上，从内外两个方面分析区域创新驱动的综合优势识别，为区域创新发展的优势选择提供分析框架。

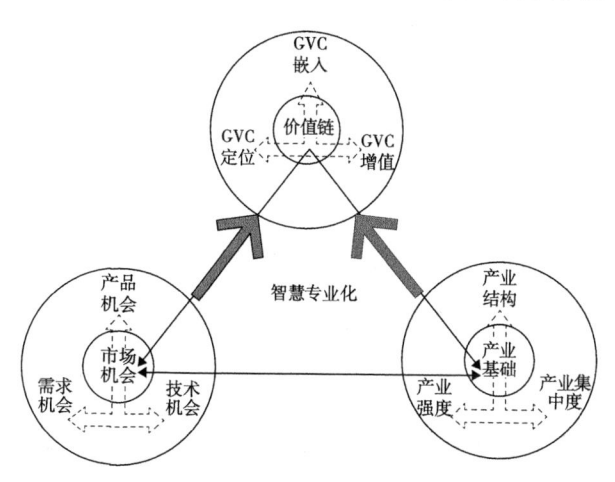

图 5-1 智慧专业化创新优势识别的"三角网络"结构

具体而言，市场机会识别是根据区域现有条件，对现行的经济活动和创新活动的"扫描"。可以用"企业家发现"来描述这种"扫描"过程，并认为具体可以通过产品机会、需求机会和技术机会综合体现。欧盟委员会在研究报告《区域创新驱动发展：智慧专业化的角色》中也强调关键通用技术的重要作用，即建设知识密集型产业以提高区域研发投资密度，实现区域创新循环发展。产业基础对智慧专业化视角下的创新优势识别具有设计指导和战略实施的双重作用。具体而言，通过产业强度、产业集中度和产业结构分析区域现存产业结构，识别区域优势资产。区域创新价值链需要和全球价值链（GVC）对接。一方面，任何企业价值链生产过程都可以通过FDI和外包等形式分布于全球价值链中。另一方面，全球价值链内涵日益丰富，如战略联盟、联合研发、协同发展，企业外包、搬迁、合并和收购，技术路演等，为区域内合作和区际合作提供了多种多样的方式。鉴于此，市场机会基于区域内在条件，产业基础立足于未来识别，两者耦合交叉，通过全球价值链的嵌入、定位，最终实现价值链的增值。

5.1 区域创新驱动发展的市场机会优势识别

在熊彼特最先提出"创新"概念后，国内外学者先后对创新进行了结构化、多层次的研究，成果丰富。智慧专业化强调企业通过创新可以获得战略优势，企业创新活动的主要动力来自利润刺激，这种激励在Katz和Shapiro看来是单方面的。"单项激励"被Cohen和Levinthal发展为"双重激励"，即企业研发投入作用是双重的。这个过程可以理解为，企业在创造新信息的同时，又增强了自身吸收和利用信息的能力。从微观角度看，智慧专业化描述的区域优势识别实际上是市场机会优势识别。进一步讲，可以将其理解为市场需求优势、产品机会优势和技术机会优势，三种优势有机结合，相互作用，共同构成市场机会优势网络格局。

5.1.1 市场需求优势

在知识经济时代，传统"委托—代理"模式下的逻辑惯性并不能有效指导区域创新发展。在创新驱动已经成为共识的背景下，大多数区域的创新驱动发展一般呈现出"火锅"模式，泛而不精，缺少战略性眼光和创新性选择。具体表现为两个方面：一是"破碎化"，即过于细分生产流程而忽略价值增值，无法获得规模效应；二是"盲目复制"，导致产品同质化、产业同构化和技术重复化等问题，缩小了市场需求的容纳度。究其原因，由政府（国家或地方）主导推行的技术预测或者关键技术调查，往往会产生同样的优先次序。这种从上到下设计出来的发展次序，并没有经历地方本土化的"消化吸收"，因而很容易"水土不服"。智慧专业化并未一味寻找区域经济份额占比较高的行业，而是旨在为不同发展阶段的区域建立定制化的发展战略。

"需求"主要指一种不平衡状态，对需求的满足过程就是价值创造的过程。需求可以分为个体需求和市场需求。前者是指满足个体对某种商品的需要，后者是指社会全体对某种商品需要的总和。区域优势建立的核心在于满足市场需求。这里以阿尔卑斯山脉区域的旅游行业为例。依托阿尔卑斯山脉的自然风光，旅游业成为阿尔卑斯山脉地区的主导产业。随着通用技术的不断发展和广泛应用，一批新的市场需求正在孕育。具体表现为传统旅游业与科技创新潮流的有机结合，一方面改善旅游服务业的整体流程；另一方面也丰富扩大旅游供给，吸引新的异质资源，培育和服务新的市场需求。在此背景下，许多企业瞄准阿尔卑斯山脉的旅游服务市场进行了专业化开发，提供景区介绍、交通接泊、酒店住宿、休闲餐饮、文化体验、租车自驾、无线网络租赁和定制导游等旅游服务，提高了游客信息搜索的整体性和旅游感官体验的连续性。整个过程类似于给植物"嫁接"，既保留和完善了旅游本身的业态资源，又延伸和提升了旅游价值链，极大地刺激和扩展了阿尔卑斯山脉地区的旅游市场需求，形成了显著的市场优势。

智慧专业化理论认为要深入认识市场需求优势，必须从微观层面研究"创新主体"的行为逻辑。企业家是区域创新主体的核心部分，理想的企业家发现能及时识别市场需求，有效分析需求结构，通过与纳米科技、生物科技和通用技术等"热门"技术的有机结合，精准满足差异化的市场需求。市场需求是企业创新发展的主要动力。具体而言，创新活动是追求利润的活动，企业创新的出发点是不断满足市场需求，而市场需求能够诱导技术创新，区域技术创新水平在一定程度上决定区域创新驱动发展的竞争优势。概言之，市场需求的引导和制约对区域创新发展具有重要影响，市场需求优势的识别和培育离不开企业家对市场活动的敏锐洞察和对市场规律的精准把握。

5.1.2 产品机会优势

当前，价值链分工有两个特征事实，首先是大量中间品贸易，其次是大量要素跨区域流动。价值链分工的演化路径体现出明显的产品内分工特征（黎峰，2015）。周任重将产业链分工体系的演变进一步概括为，横向上分离出不同的工种，纵向上体现出不同的层次。出现这种趋势的主要原因是，在全球化背景下，跨国公司将非核心业务外包，一方面能降低企业的运营成本，另一方面能享受外部专业化分工带来的高效和利益。这为处于价值链低端的加工制造区域提供了增值机会。智慧专业化捕捉到这种趋势，认为大量中间产品的生产和流通与市场上现存产品和新产品，或产品用途改进升级之间存在"缺口"时，产品机会就会出现，区域得以依托产品机会培育区域竞争优势。例如智能穿戴设备的流行、智能家电的普及等都是满足产品需求"缺口"的体现。Jonathan 和 Vogel 进一步构建 SET 因素模型，将产品机会的影响因素分为社会（Society）、经济（Economic）和技术（Technology）三个方面，认为只有正确掌握和理解这三个影响因素，企业才能提供符合期望值和市场需求的产品。概言之，弥补产品需求"缺口"就是挖掘和培育产品机会优势。

产品机会优势是区域价值链嵌入高端层级的关键环节。产品品质的垂直化差异是产品内分工的主要特征，即高品质产品伴随着大量附加值的增加，能够更顺利地嵌入价值链高端。一般而言，生产的每个环节创造的价值是不等量的，要保持企业的竞争优势，关键是掌握价值链上的战略环节。从更宏观层面看，企业的竞争优势决定了企业在价值链条上的具体环节，国家的比较优势进一步决定了各个环节的空间布局。例如，在讨论高端医疗设备制造中心的全球范围分布时，瑞士一定是其中的代表性国家。《智慧故事：智慧专业化实施案例》报告中用骨折内固定术作为案例，进一步说明产品机会优势对区域创新驱动发展的重要影响。1985年，六名瑞士外科手术医生，在骨折治疗方案方面发动了一场"技术革命"，即利用骨折内固定术进行治疗。随后，他们在瑞士达沃斯建立了骨折内固定研究学会，面向欧洲所有的医学院和医院推广该技术。随着骨折内固定术的普及，市场上对高质量螺钉和金属板的需求不断增加。一家金属加工厂老板发现这个产品需求，经过两年的研发和创新，终于开发出适合市场需求的高质量医用螺钉和金属板，成功填补了市场上对该产品的需求"缺口"。这家金属加工厂抢占了产品需求满足空缺，获得产品机会优势，发展为第一家进入高端医用器材制造的Mathys公司，毫无疑问地成为该领域的领军企业。

5.1.3 技术机会优势

技术机会优势主要是指，技术创新和技术进步给创新主体带来的"先动优势"，有利于创新主体在竞争中获得主导地位。从产业组织理论角度看，技术机会优势可以进一步看作技术创新所带来的策略性技术提升。技术机会优势是进行创新活动的主要动力，这种优势的获取主要依赖技术研发投入。企业在把握技术机会方面的优势得天独厚，从而毫无疑问地成为技术研发投入的主体。一个企业超出竞争对手的研发投资可以获得适当回报（如垄断势力、市场定价权等），这种投资竞争是市场竞争的替代形式。根据国家统计局数据，2011—2015年中国企业的研发经费外部支出从389亿元上涨到579亿元，涨幅达到48.8%。这表明企业间研发合作频繁，技术交流意愿程度较高，是推动技术发展的主要动力。区域创新发展也遵循同样的发展路径（见图5-2）。

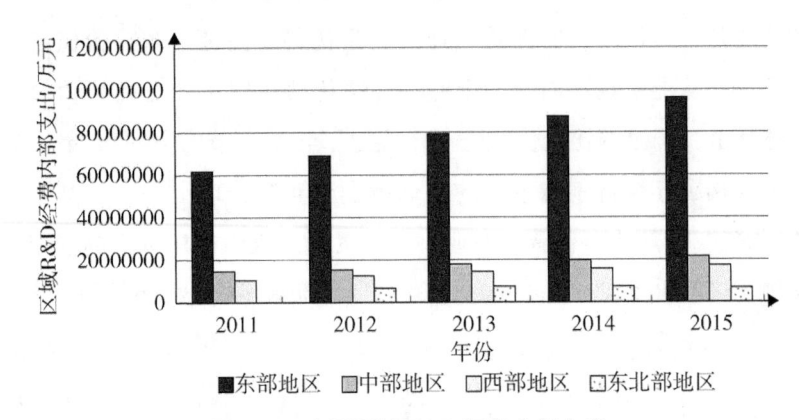

图5-2 中国区域R&D经费内部支出

资料来源：根据国家统计局官网数据整理所得。

总体上，东部地区、中部地区和西部地区研发经费内部支出逐年提升，说明相关地区内经营企业的研发意愿和研发投资程度也呈现出区域差异。东部地区投资力度最大，获得的创新回报也最为突出。通过技术购买、技术引进和技术消化等方式，获取技术机会优势，成为创新浪潮中的"掌舵人"；中部地区的投资略微高于西部地区，但两者投资力度差距并不明显，说明中西部地区"你追我赶"趋势明显。东北部地区的R&D经费投入虽然较少，但也在缓慢波动上升。

值得强调的是，技术机会优势对不同发展阶段的区域来说，其作用也不尽相同。国内外学者根据不同的分类标准，对区域发展阶段进行了研究和划分（见表5-1）。总体上，学者们的研究表明，区域经济增长体现出明显的阶段性特征。区域不平衡是经济地域运动中存在的客观规律。区域发展阶段的差异性需要"区别对待"，明确区域所处的具体发展阶段，掌握区域发展的趋势和演进规律，了解不同区域发展阶段的目标，是精准挖掘技术机会优势的重要前提。具体而言，对处于不同经济发展阶段的区域，应采取不同的技术机会培育机制，使各类技术供给与区域所承载的经济要素相适应，以更好地满足区域的主体功能对技术机会优势培育的合理需求。

表 5-1　区域经济发展阶段划分

分类指标	区域经济发展阶段划分
生产发展阶段	(1) 未开化阶段；(2) 畜牧阶段；(3) 农业阶段；(4) 农工业阶段；(5) 农工商阶段
(1) 产业结构；(2) 制度背景	(1) 自给自足经济阶段；(2) 乡村工业崛起阶段；(3) 农村生产结构转换阶段；(4) 工业化阶段；(5) 服务业输出阶段
(1) 主导产业；(2) 制造结构；(3) 人类追求目标	(1) 传统社会阶段；(2) 为起飞创造前提阶段；(3) 起飞阶段；(4) 向成熟推进阶段；(5) 高额消费时代阶段；(6) 追求生活质量阶段
(1) 空间结构；(2) 产业特征；(3) 制度背景	(1) 前工业阶段；(2) 过渡阶段；(3) 工业阶段；(4) 后工业阶段
人均 GDP 占地区水平百分比	(1) <75% 欠发达地区；(2) 75%~90% 转型地区；(3) >90% 发达地区
(1) 制度因素；(2) 产业结构；(3) 空间结构；(4) 总量水平	(1) 传统经济阶段；(2) 工业化初级阶段；(3) 全面工业化阶段；(4) 后工业化阶段
(1) 区域经济增量；(2) 区域经济结构；(3) 区域空间结构；(4) 区域开放水平；(5) 区域创新水平；(6) 区域福利水平	(1) 初期发展阶段；(2) 发展中期阶段；(3) 发展完善阶段；(4) 全面发展阶段
(1) 区域比较优势；(2) 区域经济联系；(3) 区域产业分工	(1) 协同发展初级阶段；(2) 协同发展中级阶段；(3) 协同发展高级阶段
(1) 人口社会结构；(2) 经济增长；(3) 产业结构；(4) 就业结构	(1) 缓慢积累期；(2) 加速成长期；(3) 高速发展期；(4) 平稳成熟期

5.2　区域创新驱动发展的产业基础优势识别

拥有成熟产业基础的区域往往能够产生"标杆效应"，形成辐射范围广泛的"磁场"，吸引其他区域相继模仿。但直接复制标杆区域的产业布局和基础建设，并不能因地制宜地给模仿区域带来同等效用。事实上，大部分标杆区域的产业基础优势只具有示范性，不具有复制性，即产业基础优势并没有提供"处方信息"（Prescriptive Information），无法直观地从区域产业发展现状了解其发展演变的全过程。资源基础理论认为，资源的所有权优势主要体现在垄断性，稀缺、独特、可持续的资源和能力，以及管理者能力三个方面。产业基础作为资源基础的一种升级类型，对所有权区域赋予垄断能力、吸引能力和管理能力。大部分挖掘、识别和培育产业基础优势的产业政策，其目标都是利用产业集群的空间聚集效应，形成规模经济。智慧专业化指导下的区域创新产业基础优势识别可以看作产业集群理论的延续和突破。其延续表现为智慧专业化立足"本土"的生产结构和生产能力，突破体现为智慧专业化关注产业发展的"前期状态"，尤其注重产业基础集聚和演变的"前期征兆"。具体而言，可以从产业结构、产业强度和产业集中度三个方面分析区域创新驱动发展的产业基础优势。

5.2.1 区域产业结构

在新的时代背景和全球化趋势下，需要重新定位政府、市场和企业之间的关系和结构，运用市场化的方式释放生产力。可以观察到产业失衡、产能过剩、金融错配等结构性问题是经济扰动的具体体现。究其原因，并不是宏观经济出现问题，而是产业结构出现问题，尤其是区域产业结构同质化的问题。以中国产业结构现状为例（见图5-3）进行分析。2011—2015年，中国产业结构发生了一定变化，第一产业三次产业贡献率一直控制在5%以内，说明"去产能"成果突出。2015年第三产业三次产业贡献率明显提升，达到54%左右，服务业没有下滑，反而增势强劲。但从国际上看，中国服务业产值占GDP的比例还不到世界的平均水平（世界平均水平是70%）。其中，美国服务业2015年的产值占美国GDP总量的78%（见表5-2）。

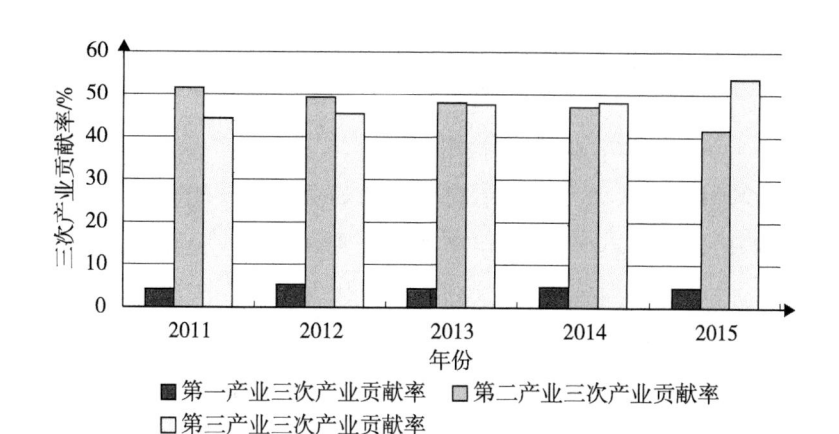

图 5-3　2011—2015 年中国三次产业贡献率

资料来源：根据国家统计局官网数据整理所得。

表 5-2　中国与一些发达国家服务业增加值占 GDP 比重

（单位:%）

年份	2011	2012	2013	2014	2015
美国	78	78.2	77.9	78	78
加拿大	68.9	69.4	69.3	—	—
新加坡	73.7	73.6	75	74.5	73.6
日本	73.8	73.8	73.8	73.4	—
德国	68.6	68.5	68.9	68.7	68.9
瑞士	72.7	73.1	73.2	73.6	73.8
法国	78.3	78.5	78.5	78.7	78.8
中国	44.2	45.3	46.7	47.8	50.2

资料来源：根据国家统计局官网数据整理所得。

林毅夫认为，经济发展本质上就是技术、产业不断创新，结构不断变化的过程。而产业结构调整是国家，尤其是后发国家加快经济发展的本质要求。国家经济结构改革的重点是区域产业结构改革。所谓区域产业结构，是指某一区域内各产业的构成及各产业之间的联系和比例关系。一般而言，区域产业结构变动是向"优化"和"升级"两个方向发展的。

区域产业结构变化并不等于区域产业结构优化。从效率理论看，区域产业结构优化应该表现为区域产业整体效率的提升。整体上，区域产业结构优化需要满足区域产业结构合理化和高度化两个基本点。

产业转移理论认为，产业结构升级就是由低到高的发展过程。区域产业结构升级是区域价值链高端移动的重要表现。这种升级过程是建立在区域产业结构合理和协调的基础上。具体表现为，区域产业结构的整体素质和效益向更高层次进化，即产业结构由简单到复杂、由低级到高级、由小规模到大规模、由刚性结构到柔性结构。智慧专业化有促进经济结构变革的作用，任何形式和类型的创新活动最终都会引起一定程度的结构革新，在创新活动的刺激、推动和引导下，区域产业结构应该遵循"需求引导化—产品多样化—技术现代化—完全成熟化"的发展路径。概言之，区域产业结构是区域创新产业基础优势识别的重要前提。

5.2.2 区域产业强度

对产业相互作用的研究，主要集中在强度和方向两个方面。一般而言，方向表现为产业对区域经济发展的拉力或推力，而强度则体现其对区域经济影响力的大小。区域内和跨区域的生产要素自由流通，全球价值链的纵深推进、科学技术发展引起的"时空收敛效应"，都在一定程度上丰富了产业关联的可能，刺激了产业间的相互作用效果。

"强度"一词一般用于由修饰语和中心语组成的偏正结构，常用于能源研究、力学研究等领域，如碳排放强度、土地开发强度、页岩强度等。用"强度"修饰区域产业，是反映高强度产业区域对周围地区的辐射能力，也体现周围地区对高强度产业辐射能力的接受程度。区域产业强度越大，说明产业关联活跃度越高，外向辐射波动面越广（庞弘邇，2015）。根据报告《智慧专业化：基于跨区域合作的增长研究》，区域现存的和潜在的产业优势，是通过区域内现有产业能力支撑的。在这个方向上，可以将区域产业强度描述为具有内在紧密性、外在联络性的创新生态系统（见图5-4）。

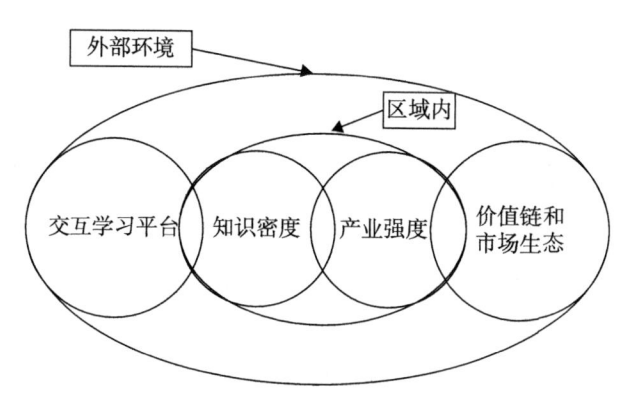

图 5-4 区域产业强度创新生态系统

在这个创新生态系统中，区域产业强度就是内核。具体而言，知识密度和产业强度交叉构成区域内生态系统的内生动力，区域内知识密度受"知识提供者"，即大学、高技术企业、知识密集型企业、教育培训机构等的数量和结构的影响。外部环境包含交互学习平台，以及价值链和市场生态。所谓交互学习平台，是指区际合作交流产生的外部交互行为，通过自发积累和政策引导形成，主要为区域产业强度提升提供专业化平台服务。而市场生态建设主要靠企业家群体。具体讲，新的经济增长点需要不断探索，而这种探索的动力还是来自于企业界。技术和资本的共生关系可以用"追逐"一词描述，表现为技术和资本结合的主动和被动关系。技术追逐资本阶段逐步发展为资本追逐技术阶段，会出现很多资本和技术的结合，产生非常多的新现象，对新现象系统的挖掘过程就是新经济增长点的培育过程。概言之，分析区域产业强度就是分析区域创新产业基础优势的辐射转化能力。

5.2.3 区域产业集中度

产业聚集是开放经济环境下的一种普遍现象，在发展中国家或处于经济转型阶段的国家最为突出。马歇尔较早论述了聚集经济的外部效应，即专业劳动力的汇聚、中间产品的规模经济和地方性的技术外溢。研究聚集经济主要有三方面视角：①地区专业化水平，用来衡量地区经济结构与其他地区差异化程度；②产业集中度，用来描述区域产业在空间上的聚集程度；③整体经济聚集水平，用来说明所有产业活动的空间聚集程度。资源在特定空间的集聚和有限行业的集中，也是现代经济增长理论评价产业现代化的重要标准之一。从全球范围看，美国硅谷、印度班加罗尔、芬兰赫尔辛基、荷兰埃因霍温都是高端科技产业聚集的代表。产业聚集一方面能够提供一个混合劳动市场，为专业技术劳动力提供就业机会；另一方面能够提高分工水平，提升劳动生产率。

在讨论产业聚集时，产业集中度是最常用的指标。产业集中度是表示市场结构最综合的指标，常用来衡量某一产业的竞争和垄断程度。产业集中度量化研究一直是一个活跃的研究领域，一般分为绝对集中度指标和相对集中度指标。绝对集中度指标，主要考察行业内体量最大的企业所占市场份额的大小，如市场集中度。而相对集中度指标，如洛伦兹曲线、基尼系数和赫尔芬达尔—赫希曼指数等，主要用来描述企业规模分布情况。产业集中度在一定程度上能够刻画区域产业集聚水平和企业竞争状况，但对区域创新驱动发展的解释力度不够，即产业集中度如何体现创新的外部效应。

智慧专业化强调拓展产业集中度的解释范围。产业集中形成的聚集经济能够产生"技术的外部性"（也称溢出效应）和"金钱的外部性"（Scitovsky，1954）。金钱外部性是指当一个新的产品机会能够吸引大量企业进行生产制造时，规模经济的外部性效益才能得到实现。技术外部性能在有限的空间内较好地解释科技园区、大学等高度专业化集群产生的原因。但在解释创新的外部性效益时，藤田昌久认为，"交流的外部性"更能体现其本质。应该认识到，艺术和科学与经济活动一样具有创造力，都可作为区域创新发展的动力来源。例如，纽约城的服装区、金融区、珠宝区、广告区等地区，与哥伦比亚大学或者纽约大学一样，都是产业集中度较高的智力中心。产业集中度是区域经济集聚的重要体现，但智慧专业化强调的区域产业集中度为区域创新驱动发展提供了更广泛的研究对象，即在用产业集中度判断区域经济聚集程度时，评价对象不能仅局限于高科技产业或者"热点"产业，任何基于企业家发现的创新活动，尤其是"跨界合作"产生的"新火花""新思潮"或者"新模式"，都应该被纳入研究范畴。

5.3 区域创新驱动发展的价值链优势识别

智慧专业化是实现欧盟"地平线2020"计划目标的关键部件。欧盟委员会也将区域智慧专业化水平作为申请2014—2020年欧洲区域发展基金的评价基准。鉴于此，越来越多的欧盟成员国和地区都纷纷开始制定智慧专业化战略。需要注意，"盲目复制"其他区域发展模式，或照搬区域创新驱动发展战略，易导致发展破碎化、协同增效潜力降低，最终影响区域创新能力。智慧专业化战略强调的是模糊区域行政边界。换言之，各区域可以突破行政区划，通过系统的比较分析挖掘自身优势。这个过程可以在全球范围内，通过标杆管理、路径学习或者差异化研究等方式实现。在产业链全球分布的背景下，任何地区都能够与其他地区建立产品、服务和知识等联系。对于发展中的区域，尤其是落后区域，这种通过建立联系学习到的技术和方法更为直接。区域创新价值链在这个语境中尤其值得关注和研究。具体而言，可以从全球价值链嵌入、全球价值链定位和价值链增值三个方面展开研究。

5.3.1 全球价值链嵌入

价值链沿产业链布局，包含产品和服务，可以在一个企业内或多个企业间完成。全球价值链（Global Value Chain，GVC）突破地理空间约束，在全球范围内完成价值链生产过程。常见的嵌入全球价值链的主要方式是FDI投资，在当地建立代工厂等配套设施和企业网络。这种模式被视为发展中国家在新的全球化格局中实现专业化发展的一种有效途径。值得注意的是，这种嵌入方式在起步初期有利于承接初级产业的区域快速捕获初期经济收益，但在工业化发展高端转移的过程中容易遭受"俘获"和"锁定"。发展中区域在寻找嵌入全球价值链的窗口时，往往抱有急切的"融入心理"。初期的代加工厂环节是低附加值环节，而后期从技术引进，到学习和吸收，再到自主创新的价值链攀升过程，很容易受到跨国大购买商和跨国公司的双重挤压和阻碍，进而被限制于低附加值、微利化的价值链低端生产制造环节。

在世界市场形成以后，发达国家成为世界的中心并掌握着市场的主动权，发展中国家往往处于被动地位。这里得到的启发是，不同国家融入世界经济体系过程中得到的收益和付出的成本是有差别的，嵌入全球价值链不能一味地单纯强调融入世界经济体系。区域价值链（Regional Value Chain，RVC）研究顺势而起。区域价值链的核心在于缩小范围，强调地理邻近区域的合作，其目标是实现区域产业升级和高端演进，本质是跨区域性的企业网络组织。随着创新对区域经济发展的推动作用愈发明显，创新价值链研究也成为一个活跃的研究视角。Klewitz 和 Hansen 构建的"创新价值链模型"描述了创新价值链发展的三个阶段，即创意的激发、转化和应用，通过创意产生、创意转化和创意扩散三个阶段表现出来。创意产生阶段是创新价值链的开端，一般来源于部门内或者跨部门合作碰撞出的新想法、新灵感；创意转化阶段是创新价值链的核心环节，通过技术可行性筛选新想法或新产品；创意扩散阶段是面向市场进行产品推广，是创新价值链增值的冲刺环节。这三个阶段是创新发展由抽象变为现实的具体过程，是创新链条的增值过程。

智慧专业化将区域价值链和创新价值链有机结合形成区域创新价值链。具体来讲，区域创新价值链是将创新过程与价值链生产过程有机对接，强调创新在价值链中的"串联"作用。嵌入全球价值链是顺应全球化发展的潮流，创新价值链优势识别的重点在于改变单一的嵌入方式。基于智慧专业化，区域创新价值链通过掌握区域价值链的研发、品牌、营销等核心关键，掌握"微笑曲线"的高附加值区，进而有选择、有针对性地嵌入全球价值链生产分工体系。相较于区域价值链包含的研发、生产、销售和回收处理等过程，创新价值链突出相关生产环节中的创新过程，以及创新推动下"由点及面"的发展潜力，从而实现全球价值链嵌入方式的转型。

5.3.2 全球价值链定位

价值链上不同环节的资源彼此间具有不可替代性，价值链定位的重要性在于对稀缺资源的掌握，决定了价值链关键环节控制权的归属派分，进而可捕获其他环节转移的超额利润。价值链分工是对生产过程的拆解，即生产工序、区段或零部件组合的活动，强调生产过程空间上分散化和流程上片面化。当企业选择拆分其生产流程，并在不同区域组织和执行相应的独立生产活动，就形成了垂直投资。事实上，这种利用生产空间拆分而形成的企业内部分散化，旨在充分利用不同地区资源禀赋、技术结构和要素价格等方面的差异。

企业内部分散化在地理层面的拆分，是全球化多面进程的一个重要体现，"全球制造"是全球价值链生产的生动写照。一条全球价值链可能包含来自美国的设计人员、印度的软件编程人员、亚洲的制造商和欧洲的系统集成商。跨国公司在全球范围内生产活动的分解是影响一个国家或地区全球价值链定位的重要因素。具体来讲，跨国公司基于成本最优原则，在全球范围内布局每个生产环节，形成了多主体参与的全球生产网络。承担不同生产环节的区域在全球价值链中就自然处于不同位置。主流的全球价值链定位研究主要着眼于出口产品单位价值，而在全球制造这个现实背景下，这种计算方式显然不符合全球价值链分工的特征。区域竞争能力不能单纯靠区域工业一体化发展程度衡量，更多是靠精准谋求全球价值链定位。

智慧专业化强调内生本土企业的作用，即基于区域内部市场和自主创新，鼓励和倡导本土企业掌握价值链的关键或核心环节，实现价值链利益最大化。智慧专业化创新价值链旨在实现价值链增值和价值链攀升。在考虑从全球价值链获益的可能性时，像欧盟这种区域共同体更容易吸引全球价值链中领头企业（Lead Firms）的关注。在这个方向上，智慧专业化认为区域创新价值链要与周边区域形成结构化的区域联盟，扩大区域共同体的吸引力度，同时要积极嵌入领头企业的全球价值链生产分解环节，从而吸收全球价值链带来的"浸润"和"导向"作用。这个发展过程中的关键是领头，因为领头产业在全球价值链中的定位对区域产业结构基调有重要影响。领头企业通过建立战略联盟，实现对区域内关键资源的把控，通过完善配套企业形成强大的产业聚集和规模效应，构建从初加工到深创造的产业价值链。领头企业在全球价值链中，对个人、企业和政府机构传播的是品牌，销售的是品牌产品，推广的是品牌体系。这里以空客 A350 机翼的全球组装流程为例进行介绍。图 5-5 展示了空客 A350 机翼的全球组装流程。其中，以 Spirit AeroSystems 为代表的龙头企业，通过发展智慧专业化战略，形成专业性极强的产业集群，因而能够占据区域价值链的高端，成为主导区域价值链运行的核心。概言之，积极参与全球价值链分工体系，识别领头企业的核心带动作用，并构建与之相适配的专业化产业体系，形成区域创新价值链优势，实现区域创新能力和品牌建设能力的综合提升，是通过全球价值链定位提升区域创新驱动发展能力的内在逻辑。

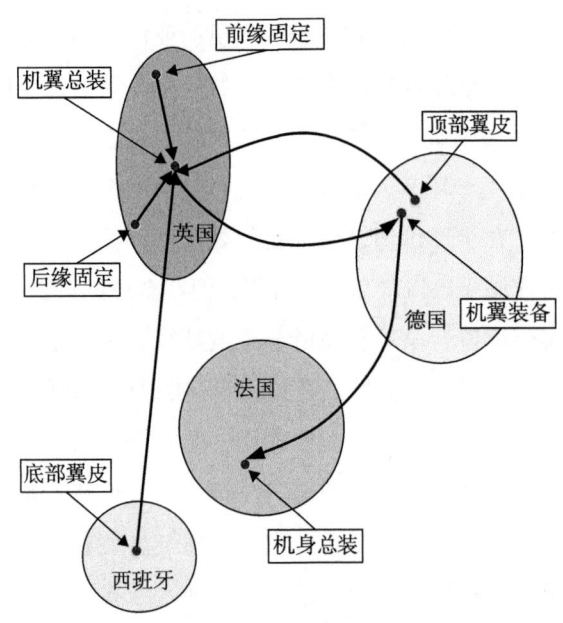

图 5-5 空客 A350 机翼的全球组装流程

资料来源：根据空客官网资料编辑整理。

5.3.3 价值链增值

外溢是创新的一个重要特征，创新的大量收益都是以外溢的形式流向其他非创新主体。创新外溢是报酬递增及经济持续增长的根本原因。随着网络信息技术的发展，创新外溢作用进一步加速为价值链增值提供了新机会。实施智慧专业化要将加入全球价值链作为目标，更为重要的是识别嵌入全球价值链后，区域贸易带来了多少工作岗位、经济收益、技术扩散和可持续发展等方面的价值捕获。融入全球价值链分工的路径成为决定各经济体国际分工地位的关键因素。不同国家参与国际分工与贸易的广度和深度，决定了其在全球价值链中的相对位置，集中体现为对外的获利能力。例如，中国贸易规模不断扩大、贸易顺差积累量逐年攀升（见图5-6），但中国出口企业从中获取的是有限的加工费。

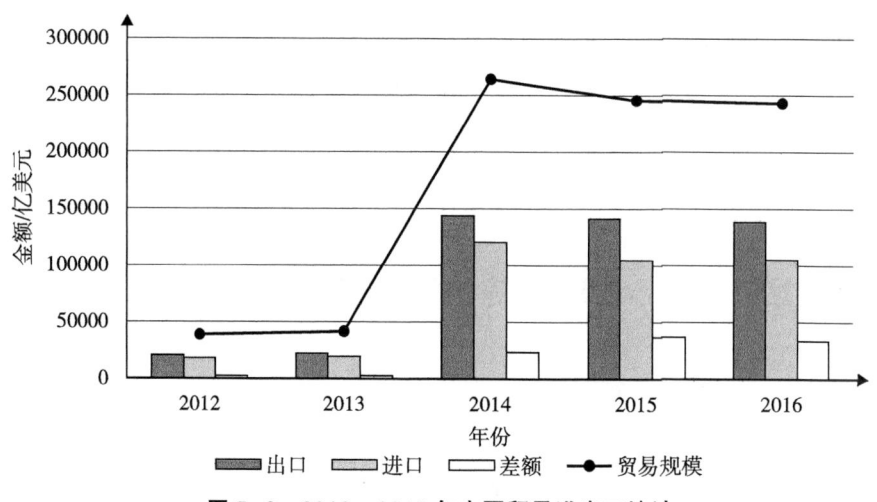

图 5-6 2012—2016 年中国贸易进出口统计

资料来源：由《中国对外贸易形势报告（2016年春季）》和《中国对外贸易形势报告（2016年秋季）》综合而成。

这种贸易规模和贸易获利能力的"错配"是全球价值链分工给中国贸易活动带来的巨大挑战。究其原因，可从内部因素和外部因素两个方面来分析。从内部因素看，中国劳动力成本的攀升削弱了劳动密集型生产环节的成本竞争优势，大量跨国公司将该生产环节转移到越南、罗马尼亚、柬埔寨和土耳其等劳动力成本更低的国家和地区；从外部因素看，欧债危机余温仍在，全球经济增长速度放慢，国际市场需求疲软，中国依靠FDI投资嵌入价值链低端环节的弊端被进一步放大。可以说，被动地参与国际分工容易导致价值链低端锁定和路径依赖等问题。

鉴于此，2015年3月，国务院审议通过《中国制造2025》，提出坚持"创新驱动、质量为先、绿色发展、结构优化、人才为本"的基本方针，坚持"市场主导、政府引导，立足当前、着眼长远，整体推进、重点突破，自主发展、开放合作"的基本原则。需要强调的是，通过创新驱动获得创新优势的经济效益，远高于资源禀赋带来的资源优势和投资驱动获得的效率优势。根据智慧专业化，区域价值链增值的关键点在于创新，而创新的核心主体是企业，尤其是企业家精神指导下的市场搜索过程，即企业家发现带来的创新培育点是价值链增值的核心。在这个过程中，政府应该通过合理有效的政策引导，促进龙头企业发挥引导示范作用和合作带动作用。同时，区域价值链上下游协作企业要在政策引导下形成良好的知识溢出和技术转移互动，提高区域专业化发展的"智慧程度"。

5.4 区域创新驱动发展的综合优势识别

智慧专业化的实践不仅仅局限于区域创新发展战略，在国家层面同样具有适用价值和可操作性。区域创新驱动发展的综合优势识别可以分为外部识别和内部识别两个方面。

5.4.1 创新优势外部识别

基于智慧专业化，创新优势的外部识别是指区域创新发展战略与国家发展战略有机契合。战略契合度表现为战略方向上的一致性，战略内容上的衔接性和战略实施上的地域性。事实上，大多数地区在创新发展过程中存在目标模糊等问题。智慧专业化创新优势的外部识别强调与国家宏观战略的匹配，是一种更高程度的战略耦合。智慧专业化创新优势识别强调与欧盟"地平线2020"计划形成多角度、多结构的有机体系。例如，欧洲区域发展基金要求各区域在申请基金项目时，要有具体的智慧专业化战略计划，以评估区域创新驱动发展战略的完备性；智慧专业化强调加强研发和创新，尤其注重强化信息通信技术的市场转化质量和效率，而这与欧洲区域发展基金所要求的11个立项主题中的2项相吻合，即以研发为目的和以技术为目的。

以中国创新驱动发展战略为例。中国创新驱动发展战略的内在要求与智慧专业化创新优势的外部识别内容是相适应的，即智慧专业化创新优势识别满足差异化发展、可持续发展和包容性发展三大主题。首先，智慧专业化创新优势识别的本质就是避免区域发展同质化问题，精准应对未来经济发展的需要，这与差异化发展具有内在一致性。其次，智慧专业化通过区域创新优势识别，为政策制定提供有针对性的创新投入，从而提高资源利用效率，发展低碳经济，为参与国内市场和国际市场竞争提供机会，是实现可持续增长的有效途径。最后，智慧专业化创新优势识别能够在区域内和区际实现资源的有效交流，如"一带一路"等区域联合政策和渐进式的区域经济结构改革，重点关注技术发展和社会创新等方面的资本投资和政策扶持，通过层级带动和示范帮扶等途径，通过多样化的合作方式实现整体经济的包容性增长。

5.4.2 创新优势内部识别

创新优势的核心是竞争优势。一般而言，区域发展由于资源禀赋和发展水平不同，体现为"波浪式"的推进发展，技术转移具有显著的梯度性特征，整体上表现为"阶梯式"的经济发展模式。在智慧专业化逻辑中，区域创新驱动发展优势识别基于内部结构体系，体现为市场机会、产业基础和价值链三方面的协同配合程度，但并不能为各个区域提供"统一创新结构配置"。例如，有的区域产业基础优势最为突出，而有的区域的市场活动特别活跃，区域市场机会优势最为明显。鉴于此，构建智慧专业化创新优势识别协同配合度测算公式，以有效评估区域创新优势的内在结构。

这里采用 Caragliu 的定义，即某区域在其具有比较优势的行业内，如果能表现出高于其他区域的产业专业化水平，那么这个区域可以被看作处于智慧专业化过程中。假设 i 代表区域，$i=1,2,\cdots,m$，j 代表行业，$j=1,2,\cdots,n$，时间指数 0，t 和 T 代表三个不同时间段。$CA_{i,j,t}$ 表示行业 j 在区域 i 中在时间 t 阶段劳动生产率竞争优势，如果 $VA_{i,j,t}$ 是行业 j 在区域 i 中在时间 t 阶段生产的附加值，$VA_{N,j,t}$ 则是行业 j 在国内 N 在时间 t 阶段生产的附加值，$L_{i,j,t}$ 表示行业 j 在区域 i 中在时间 t 阶段的雇用率，$L_{N,j,t}$ 表示行业 j 在国内 N 在时间 t 阶段的雇用率。

$$\Delta CA_{i,j,t-0} = \Delta(VA_{i,j,t}/L_{i,j,t} - VA_{N,j,t}/L_{N,j,t}) \qquad (5-1)$$

式（5-1）可以表示区域产业结构在动态经济环境中的变革过程。事实上，传统的"一刀切"政策忽视了区域经济发展阶段差异。例如，GDP 中的 3% 要用于研发投资的这类创新政策，实际上对于不同区域来说并不都行之有效。式（5-1）体现出产业持续增长的比较优势对企业家来说是市场活动的"信号"。因此，可采用 $SPEC_{i,j} = EMPL_{i,j}/EMPL_j$ 描述行业 j 在区域 i 中的就业比例，$\Delta SPEC_{i,j}$ 表示就业比例随区域产业专业化在时间 t 到 T 的变化。因此，根据智慧专业化概念，可以用式（5-2）表示产业智慧专业化程度。

$$S_{i,j,T} = \Delta SPEC_{i,j,T-1} - \Delta CA_{i,j,t-0} \qquad (5-2)$$

即 $S_{i,j,T}$ 表示在时间 t 至 T 期间，区域行业 $i-j$ 在拥有竞争优势时，其增长速度超过国内其他区域平均水平的程度。因此，在不考虑区域经济和科学技术发展水平的前提下，可以假设每个区域都能在经济活动中进行专业化发展，从而在全国或全球范围内表现出一定程度的竞争能力。式（5-1）和式（5-2）都特定于产业。在一个经济表现更聚合的层面，将式（5-1）和式（5-2）结合起来，可以用来表述区域层面的智慧专业化程度。

$$S_{i,T} = \sum_{j=1}^{n} w_j S_{i,j,T} \tag{5-3}$$

其中，w_j 代表权重。大多数的智慧专业化程度评价围绕科技行业展开。McCann 等学者认为，知识密集型产业和技术产业专业化发展的"智慧化"程度更为突出，因此通过赋权差异可以较好地测度这种观点。区域智慧专业化的发展程度能够为创新优势识别提供合适的评价环境。根据智慧专业化创新优势识别的"三角网络"结构（见图 5-1），可以构建一个评价内在协同配合度测算公式（5-4）。设 $SIA_{i,T}$ 表示智慧专业化优势识别内部匹配耦合程度。

$$SIA_{i,T} = \alpha_i MO_i + \beta_i IF_i + \gamma_i VC_i + \delta_1 S_{i,T} + \varepsilon_i \tag{5-4}$$

MO_i、IF_i、VC_i 分别代表区域 i 的市场机会优势、产业基础优势和价值链优势，α_i、β_i 和 γ_i 分别为对应各自变量的权重。δ_1 是区域智慧专业化程度 $S_{i,T}$ 的权重。ε_i 是控制变量，指上述自变量以外其他没有考虑到的影响因素。式（5-4）可以用来测算市场机会、产业基础和价值链的影响程度，从而能够分析区域智慧专业化优势识别内部匹配的紧密程度。

一般情况下，区域创新驱动发展的三种优势识别应该呈现出参差不齐的发展程度。对不同区域来说，市场机会优势、产业基础优势和价值链优势的均衡发展是理想状态，三种优势协同配合度高，创新优势识别内在结构紧密，属于"紧密协同配合型"。常见的发展模式应该是主导优势明显，整个内部结构为主导优势提供支撑，这种结构下的区域创新发展缺少一定的稳定性，属于"带动支撑配合型"。"松散被动配合型"常见于发展落后地区，即市场机会、产业基础和价值链都处于初期发展阶段，三者之间没有形成拉力和吸引力交织的创新网络，经济发展缺乏持续动力。需要指出的是，区域创新驱动发展优势识别的内在协同配合度测算公式只是提出一个新的分析工具，三种分类是一种理想状态下的逻辑推论，现实经济生活中可能存在更为复杂和多变的实证结果。

5.5 本章小结

智慧专业化非中立维度有效支撑了区域创新驱动发展的优势识别分析。基于智慧专业化非中立维度，从区域创新驱动发展市场机会优势、产业基础优势、价值链优势和综合优势四个方面，层层递进，解释具有偏好性的支撑框架与优势选择之间的必然关系。主要观点可概括为以下四点。

（1）区域创新驱动发展的市场优势识别与企业家发现密切相连。市场需求优势、产品机会优势和技术机会优势共同构成市场优势识别的具体内容，三种优势在结构上有机结合，在影响机制上相互作用，共同构成市场机会优势识别的网络格局。

（2）智慧专业化战略可以看作产业集群政策的延续和突破。延续表现为智慧专业化立足"本土"的生产结构和生产能力，突破体现为智慧专业化关注产业发展的"前期状态"，尤其注重产业基础聚集和演变的"前期征兆"。产业基础优势是区域创新驱动发展的重要基石。主要是从产业结构、产业强度和产业集中度三个方面影响和决定区域产业基础。

（3）价值链布局沿产业链分布。价值链的优势识别有利于构建区域创新网络。任何地区都能够和其他地区建立产品、服务和知识等联系。对于发展中的区域，尤其是落后区域，这种通过建立联系学习到的技术和方法更为直接。在这个语境中，价值链优势识别从全球价值链嵌入、全球价值链定位和价值链增值三个方面，为不同发展阶段区域提供参与全球竞争的新思路。

（4）区域创新驱动发展综合识别从外部角度，分析与国家政策耦合的必要性，为区域创新驱动发展提供了一个良好的宏观环境。从内部角度，基于智慧专业化的非中立性，尝试提供一个测算三种优势的内在协同配合度测算公式，并提出理想状态下区域创新驱动发展三种优势的结构类型，即紧密协同配合型、带动支撑配合型和松散被动配合型，为区域创新驱动发展的优势识别提供一个整体描述。

第6章 区域创新驱动发展的目标定位

如何分析和利用区域创新优势识别结果，把握方向，找准定位，有机整合，科学合理地实施区域创新驱动发展战略，是结构分析环路上的重要一环，是保持区域创新优势持续演化的重要导向。根据智慧专业化方向性维度内涵，应该意识到区域创新驱动发展是一个系统的发展过程，是关于经济运行的系统工程，是社会经济技术系统的升级演化。与之相匹配，区域创新驱动发展的目标同样需要进行系统化定位，以适应区域创新驱动发展的系统化特征。从系统化发展出发，对目标定位的内涵和预期结果进行分析，可将其拆解为结构目标和功能目标两个方面。系统本身是随着时间演化的，具有显著的阶段性特征，逻辑上自然引发从时间序列角度研究目标定位的阶段性问题。鉴于此，可以从结构目标、功能目标和阶段目标三个方面分析区域创新驱动发展的目标定位。

6.1 区域创新驱动发展的结构目标

智慧专业化是一个恰当的经济政策，尝试将两个看似矛盾但又非常关键，且需要兼容发展的内容结合在一起，即以纵向逻辑确定优先级，同时保持市场力量持续发挥作用，以揭示应该选择优先级的领域。沿着这个脉络，智慧专业化的主要目标，不是要求各个区域对技术做同质化处理或单一栽培，也不是单独促进一些优势产业发展，更不是限制区域经济发展的路径。与之相反，智慧专业化目标涵盖三个方面的内容：①促进具有丰富创新和溢出效应潜力的新活动出现，并在其成长初期提供辅助；②通过制定新方案使区域创新系统多样化发展；③在多样化的系统内产生达到质变的体量，形成关键网络和关键集群。可以说，智慧专业化描述的目标具有内涵上的结构特征和发展阶段上的递进特征，为区域层面的战略制定传达了一个相当强烈的信号，即区域创新驱动发展的目标要形成递进的结构体系，进而为区域创新提供有效且持续的方向指导。

6.1.1 知识经济贡献率的持续增长

传统的经济增长理论认为，劳动力、原材料、能源和资本决定生产效率，进而影响经济发展，而技术和知识是影响生产的外部因素。但是，可以观察到的是，"物质稀缺资源"和"边际收益递减"带来"经济增长的极限"，使得人们开始思考工业经济时代的前景和未来。知识经济这一概念逐渐开始孕育。知识经济（Knowledge Economy）或者以知识为基础的经济（Knowledge-based Economy），强调的是知识作为一种新的影响因子对社会经济发展的作用。在区域创新驱动发展背景下，发展和实施知识经济战略已成为共识。值得强调的是，知识经济的发展不能满足于时间上的瞬时效应，应该注意保持知识经济贡献率的持续增长，具体可以着眼于构建有效的评价指标体系和合理的创新要素结构两个方面。有效的评价指标体系能保持知识经济在科学系统中不断发展，这是其贡献率持续增长的保障；而合理的创新要素结构能保证知识经济内部体系的稳定性，这是其贡献率持续增长的动力。

1. 评价指标体系

20世纪90年代初期，由于区域发展差异化显著，国家创新系统概念对区域经济发展的解释能力日渐式微，OECD在1996年提出"知识经济"这一概念，并将其定义为建立在知识和信息的生产、分配和使用基础之上的经济，用于指导技术和科学的发展，补充国家创新系统的不足，并进一步将知识经济概念拆解为"对知识的投入"和"基于知识的产业"。前者是一个纯数据概念，即对知识的投入就是对研发、高等教育和软件投入的总和。而后者本质上是基于高技术密度指标的综合概念，具有三个显著特征：①对创新的高水平投资；②对应用技术的高密度使用；③拥有受教育程度高的劳动力，用于促进知识经济的发展。概言之，知识经济是以创造性脑力劳动为主体，核心是知识生产的经济，是一个不同于农业经济和工业经济的相对概念。与传统实体经济不同，知识经济为脑力劳动者参与经济活动提供了新渠道，为市场活跃发展提供了新需求，为经济增长提供了一个新方向。可以说，在知识经济概念从萌芽到普及，从抽象到具体，从理论到实践的不断发展过程中，知识创新逐渐成为推动经济发展的主要力量。

紧随 OECD 步伐，各个国家和地区逐渐开始实施知识经济战略。中国在知识经济战略实施方面有大量尝试，但各个阶段的战略路径各不相同。从教育改革到科技强国，从产业结构知识化到高技术产业发展战略。显然，大力发展知识经济能够显著影响知识经济的贡献率。鉴于此，OECD 根据知识经济概念提出了五类建议指标，即投入、存量和流量、产出、网络、学习，形成了一个雏形框架。随着知识经济内涵逐渐丰富，OECD 构建了知识经济评价指标体系（见表 6-1），从知识经济基础指标、通用信息技术发展指标、科技政策指标、全球一体化指标，以及投入和产出指标 5 个方面，30 个具体指标对知识经济的发展进行测度。

从知识经济概念出发，在研究知识经济的贡献度时，大部分学者都希望能从指标体系中找到体现知识经济概念核心的解释指标，即知识和信息的生产（Production）、传播（Distribution）和扩散（Diffusion）。OECD 的知识经济评价指标在一定程度上提供了一些具有解释力的指标类型，例如通过研发、人力资源和专利等指标反映知识和信息的生产能力，但对于知识和信息的传播和扩散能力反映较少。在此基础上，OECD 结合国家创新系统中的知识流评价指标，通过重组、合并和扩展指标类别，如将"科技政策"指标和"投入和产出"指标合并为"知识创新和扩散"指标，构建科学技术发展评价指标体系（见图 6-1），又称为科学技术发展记分牌（STI Scoreboard）。

表 6-1 知识经济评价指标体系

目标层	准则层	指标层
知识经济评价指标体系	知识经济基础指标	知识和资本投资
		受教育人力资源
		国内研发总支出
		基础研究投资
		企业研发数量
		制造业研发数量
		服务业研发数量
		风险投资
	通用信息技术发展指标	通用信息技术占国民生产总值比重
		电脑使用数量
		互联网和电子商务
		通用信息技术企业数量
		通用信息技术的创新
	科技政策指标	公共研发占国民生产总值比重
		研发的社会经济目标
		公共研发份额
		行业间研发资金流
		研发的公共支撑程度
		按规模划分的企业研发数量
		税收补贴
	全球一体化指标	海外研发数量
		专利所有权数量
		技术联盟数量
		合作创造发明数量
	投入和产出指标	学术论文发表数量
		专利数量
		生产率
		知识产业增加值份额
		高科技技术贸易额
		技术收支平衡

资料来源：OECD, *The Knowledge-based Economy: A Set of Facts and Figures*, 1999.

事实上，不论是知识经济评价指标体系，抑或是科学技术发展评价指标体系，其目的都是用经济数据展示和解释知识经济对经济发展的贡献作用。知识经济成长力之于经济，正如适应力、进化力之于生命，知识经济在整个发展周期阶段，亦需要培育和关护，需要充裕的资源和服务供养，更需要不断的监护以帮助知识经济发展跨越滞涨期障碍。对评价指标结果进行归因分析，可以认识到，得益于有效的指标评价体系，知识经济对经济发展的持续贡献能力得以不断强化和完善。概言之，保持知识经济贡献率的持续增长，是区域创新驱动发展的不竭动力。

```
┌─────────────────┐    ┌─────────────────┐    ┌─────────────────┐
│ 知识流评价指标体系 │ => │ 知识经济评价指标 │ => │ 科学和技术       │
│                 │    │                 │    │ 发展评价指标     │
└────────┬────────┘    └────────┬────────┘    └────────┬────────┘
         ↓                      ↓                      ↓
┌─────────────────┐    ┌─────────────────┐    ┌─────────────────┐
│   产业联盟指标   │    │  知识经济基础指标 │    │   知识创新和     │
├─────────────────┤    ├─────────────────┤    │    扩散指标      │
│  企业和大学      │    │   通用信息技术   │    ├─────────────────┤
│   合作指标       │    │    发展指标      │    │   信息经济指标   │
├─────────────────┤    ├─────────────────┤    ├─────────────────┤
│ 企业和科研机构   │    │   科技政策指标   │    │   经济活动       │
│   合作指标       │    ├─────────────────┤    │ 全球一体化指标   │
├─────────────────┤    │  全球一体化指标   │    ├─────────────────┤
│   技术扩散指标   │    ├─────────────────┤    │   经济结构和     │
├─────────────────┤    │  投入和产出指标   │    │  生产效率指标    │
│   人才流动指标   │    │                 │    │                 │
└─────────────────┘    └─────────────────┘    └─────────────────┘
```

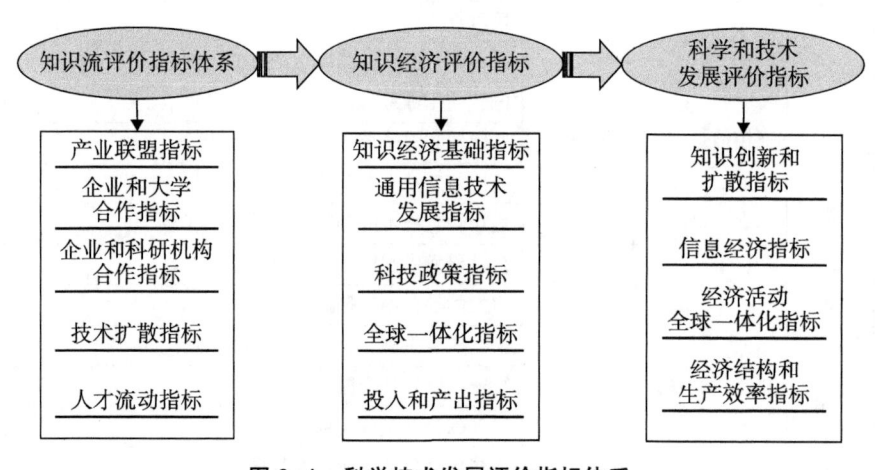

图 6-1 科学技术发展评价指标体系

资料来源：OECD, *STI Scoreboard: Towards a Knowledge-based Economy*, 2001.

2. 创新要素结构

单纯要素增加无法实现知识创新，只有创新结构和知识创新能力相互匹配、对接和耦合才能提升创新效率。研究结构的学者们也持类似观点，即创新绩效的提升离不开创新要素利用效率的提高，而创新结构的合理安排对创新要素的利用效率具有重要影响。可以说，发展知识经济就是合理安排科学和技术两种创新要素结构。

通用信息技术的演化发展详细诠释了科学和技术在合理结构下产生的"爆炸式"创新。2012—2015 年，中国、韩国、美国和日本四大经济

第6章 区域创新驱动发展的目标定位

体开发了全球排名前 20 位的通用信息前沿技术的 69%～98%。其中，除美国在该领域依旧保持领军地位，中国的表现也令人瞩目，尤其是在光模块和控制技术方面十分活跃。图 6-2 揭示了以通用信息技术及相关领域技术为代表的技术爆炸在 2000—2014 年发展的先后顺序、加速程度及持续时间长短。

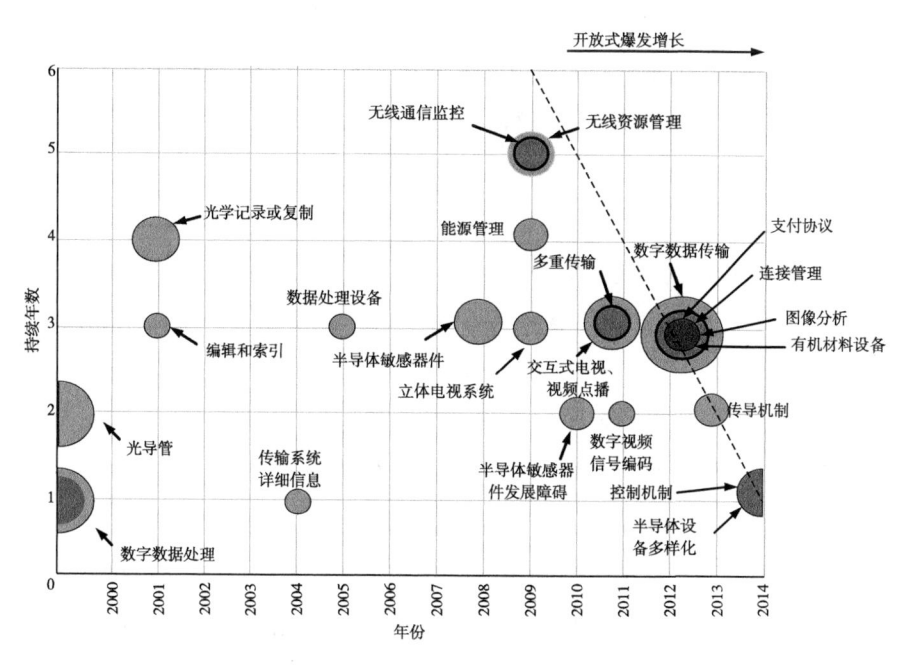

图 6-2　2000—2014 年通用信息技术及相关技术的发展情况

资料来源：*OECD Science, Technology and Industry Scoreboard* 2017：*The Digital Transformation.*

图 6-2 生动描绘了 21 世纪通用技术及相关技术发展的"生命周期图谱"。图中气泡的大小表明技术爆发增长的强度，即技术加速发展的速率。气泡颜色的深浅表示不同的技术同时开始爆发增长。横轴代表技术爆发的年份，纵轴表示技术停止爆发并且缓步增长持续的时间。例如，能观察到光学记录或复制相关的专利技术在 2001 年开始加速发展，并保持增长 4 年后才开始降速发展。此外，位于图中右侧斜虚线上的气泡代表开放式爆发增长技术，指截至样本统计年份 2014 年仍处于加速发展时

期的技术。可以看出，在2012年开始快速发展的通用信息技术中，数字数据传输、有机材料设备和图像分析相关技术发展最为突出，且数字数据传输技术占比最大。

总体上，21世纪初期，数字数据处理和光学记录领域的科技活动最为活跃。随后，半导体设备和无线通信系统发展迎头赶上。根据OECD统计数据，2012年以来，数字数据传输领域的发明专利在五大知识产权局里的申请数量，以前所未有的速度持续增长，仅2012—2014年就达到了约24000个IP专利族群。在样本观察年份后期，通用信息技术呈现出开放式的爆发增长。具体表现为：在有机材料研究、图像分析、连接管理和付款协议等领域开展形式繁多、灵活多样、实践性强的技术合作。与之前观察到的技术爆发周期相比，通用信息技术的爆发持续时间更长，技术创新和产品研发等发明推陈出新，体现出愈发旺盛蓬勃的生命力。

综上，通用信息技术及相关技术的发展是科学和技术两种创新要素结构耦合对接的产物，是知识经济战略的核心要素，是保持知识经济贡献率持续增长的内在驱动力。合理安排创新要素结构，刺激知识经济系统的自我成长，有利于实现知识经济增速发展。从系统理论角度看，知识经济系统的自我成长过程始终与传统经济系统相联系。一方面，通用信息技术及相关技术的发展得益于传统经济系统提供的要素基础。另一方面，借助与其他产业构筑的联系和互动模式，提高产品的附加值和劳动生产率，发挥增加高技术产业利税额、增加高技术工作人员人数和工资等社会功能，并依靠结构性力量，完成传统经济系统重塑和系统改造工作。在两种影响力量的推动下，知识经济对经济发展的持续贡献表现为促进传统经济系统结构演化升级和系统效率的逐步提高。

6.1.2 创新参与主体的多元化

将创新驱动发展直接等同于科技驱动发展是不全面的。对于大多数区域来说，不是只有发展高技术产业才是最佳的发展路径。一个有价值的战略能够从现存的产业结构中衍生出来，提供一系列"战略文件夹"供需求者选择。诚然，科技研发和创新无处不在，但相对于作为生产对象本身，科技研发和创新在更多情况下应该作为一种有利于工业现代化，或者是传统产业多样化发展的工具，成为促进产业结构调整和经济发展方式转变的重要手段。可以说，将创新驱动发展内涵直接缩减等同于高科技政策是不恰当的。事实上，研发和与创新相关的活动，对任何参与经济活动的主体来说都是相关和重要的。创新的驱动作用已得到普遍认可，创新范式的演化得以不断横向发展。不论是广为接受的"三螺旋"，还是增加新参与主体的"四螺旋"，抑或是仍在发展阶段，引入环境因素的"五螺旋"，探索和解释创新参与主体多元化发展，是促进创新范式沿革的必经之路，是区域创新驱动发展结构目标的重要组成部分，是以横向运作为核心的创新治理的必要条件。

对比科研机构、科技园区和大学这三种类型相似创新主体的功能差异，可以进一步揭示其对区域创新驱动发展目标定位结构化发展的重要作用（见表6-2）。一般来说，科研机构和科技园区在特征上有许多相似性，如两者都具有战略和发展模式多样性的特征，以及由此衍生的在资助目标、活动类型和活动规模方面的相似性。因此，在讨论区域创新发展目标时，需要着重区分两者在其中所扮演的角色。具体来看，科技园区更着眼于园区范围内的公司，帮助园区内公司构筑网络联系，同时对新公司成立和发展提供辅助和支撑作用。相比之下，科研机构的主要任务是在研发与创新之间牵线搭桥，因此更侧重于服务整个区域内的各种类型公司的创新需求。诚然，有的科研机构会选址在科技园区内，但通常情况下是作为租客。当然，也存在一些大型的科研机构开发建设科技园区的案例。例如英国汽车工业研究协会（Motor Industry Research Association，MIRA），围绕其现有的企业科研中心建设配套科技园区。

表6-2 科研机构、科技园区和大学在创新中的功能对比

服务功能	科研机构	科技园区	大学
研究服务	有	无	有
知识交换	有	有限	有
咨询服务	有	无	有
产品生产	常常	无	少量案例
商业支持	稀少	有	部分案例
物业服务	少量案例	有	部分案例
技能培训	有	有限	有
人力资本	在特定领域有	无	有

传统的区域创新政策更多将大学视为促进知识形成的主要基础设施。大学在创新中的功能更多是通过拓展教育职能边界实现的。在一些国家，大学本身也能开展科技园区建设，如湖北武汉的华科科技园、武大科技园，以及瑞士洛桑联邦理工的创业公园等。相较于科研机构，尽管大学在基础研究和技能培训方面的作用更为突出，但在技术产业化发展程度和深度上，以及以市场为导向的管理模式上，是无法与大型的科研机构相比的。鉴于此，就宏观需要和微观行为的关系而言，科研机构从大学中脱离出来，以独立身份参与创新是科技成果转化效率提高诉求下的必然结果。例如比利时鲁汶大学分离出来的微电子研究中心（Interuniversity Microelectronic Centre，IMEC），经过30多年的发展，在微电子、纳米技术及通用信息技术方面成为欧洲领先的独立研究机构。

智慧专业化强调，创新参与主体的多元发展并不会稀释区域内的创新价值。恰恰相反，创新参与主体在三螺旋范式上的增量是创新价值形成的增赢过程，是"生物性演化"在创新主体参与多元化中的生动体现，其重要特征可以用"生长"一词概括。具体而言，在创新三螺旋范式下，创新成果转化是严格按照"研发—产业化—市场化"的道路发展，生产者和使用者被排除在创新主体边界外，即研发环节与生产和应用环节是脱离的。而在创新四螺旋范式下，工业4.0时代下的创新主体内涵被扩大

了，无论是科研人员、生产人员、企业家、投资人、消费者，都能参与到创新活动中。而每增加一个创新主体，其边际收益都会递增，创新总价值也将增加。这也是欧盟提出创新2.0的重要特征之一，即共同创造价值。创新参与主体的多元化发展，改变了创新三螺旋范式下，创新投资以物质性投资为主的不变资本投资模式，增加了创新活动中可变资本，如人力资本、资金、知识、技术等无形投入，既能增加资本存量，又能产生"美第奇效应"，即资本交互带来的创新指数化增长。概言之，创新参与主体的多元化发展，有利于实现区域内可变资本的增加，带来创新总价值的乘数级增值。

例如，阿里巴巴最早也是以BBS论坛的形式，为小微企业牵线搭桥，然后在淘宝的基础上，形成支付宝，再依次发展扩大为天猫、淘宝联盟，以及由此衍生出来的物流、网拍模特、淘宝原创商铺、后台模板、买家秀、买家评论等整个线上线下的"商业巨国"。百度的发展也具有同样的说服力。从最初单纯的搜索框，发展到百度贴吧、百度百科、百度百家和百度网盘，同时借助百度账号串联起来的客户数据，发展百度外卖、百度钱包等产品和服务。可以观察到，不同产业和不同领域的理念、创意相互碰撞，相互刺激，创新参与主体显著增加，能激活大量创新痛点、盲点，培育新的创新领域，提高创新速度，缩短创新周期，其效用远远超出任何单一主体的效用。

6.1.3 创新孵化培育机制的完善与优化

欧盟"地平线2020"计划在其成员国及泛欧洲地区得到了广泛的宣传和实践。各个国家和地区也希望通过制定与欧盟"地平线2020"计划对接的国家战略和区域战略，弥补现行战略政策的不足，缓解经济危机和社会危机带来的冲突。由此可见，要实现功能完善，结构完备的区域创新驱动发展目标定位，不能只依靠保持知识经济贡献率的增长和创新主体的多元化参与，还需要依靠创新孵化培育机制和制度的保障、推动、规范和优化。创新孵化培育机制是建立在区域创新体系涵盖要素基础上，促进企业沿着生物演化路径发展的一种支撑和辅助系统。

1. 下奥地利地区：创新孵化培育机制的完善

在没有明确主导部门的地区，如何通过政策组合实现区域科技产业可持续发展，完善区域创新孵化机制，下奥地利地区的发展经验能够提供一个详细答案。下奥地利地区的创新战略举措可以追溯到 1997 年。1999—2008 年，下奥地利地区第一个区域创新发展战略出台。"下奥地利经济战略 2015"是第二个战略计划，包括创新战略升级、政策组合规划，以及针对创新、科技、质量、合作、全球化、创业和可持续发展领域制定财政预算。

总体上，下奥地利地区对三个主要创新主体进行了三个层次的控制和评价，从而在功能上完善区域创新培育机制（见图 6-3）。第一层是项目层，考察个人投资、政府干预等活动对区域内公司在投入、产出等方面的直接影响。第二层是规划层，考察达成目标协议合同数量。根据平衡记分卡和每五年一次的公司调研，评价中介组织和公司的总投入和总产出水平，通过目标管理对目标实现情况进行评估。第三层是区域层，

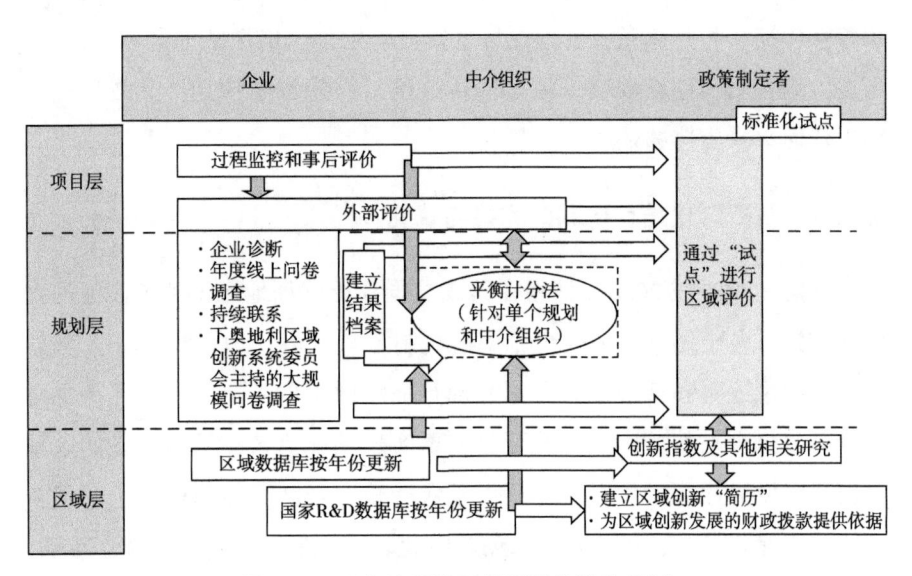

图 6-3 下奥地利地区创新孵化培育机制

包括经济目标协定、区域创新政策和政府干预活动的影响。以 R&D 调研、社区创新调研、公司专业评估为基础,对区域创新发展情况进行数据分析和比较。

概括起来,下奥地利地区创新孵化培育机制的完善带来的启示可概括为三个方面。第一,注重区域内和区际的合作。下奥地利地区能够充分利用靠近本国维也纳及捷克、斯洛伐克和匈牙利的地理区位,开展知识密集型产业合作,同时注重和上奥地利地区合作,借助协同增效效应,为本地区企业扩大市场。第二,灵活运用数据和评价方法。区域创新战略的制定不仅是定性分析和定量分析决定的,也不限于是区域内部和外部条件决定的,而是数量分析、性质分析和内外部条件分析的综合作用。第三,综合运用数据和评价方法的结果,构建区域创新"简历",从而形成"定点孵化、定向培育、精准支撑"的创新孵化培育机制。

2. 芬兰:区域创新孵化培育机制的优化

芬兰本身是一个创新程度和规模都处于国际领先地位的国家,创新孵化培育机制相对比较完善,其优化发展是沿着产业集群战略向智慧专业化战略演化。受传统工业政策的影响,其产业集群政策也是一种自上而下的制定方式,地方政府各部门相互竞争,以吸引有限的流动资金、管理和知识资源,导致知识库同质化、重复浪费和潜在的集聚经济系统性耗散。可以观察到,在传统集群政策下,大部分区域的创新绩效并不理想。由于结果重复、非生产性的均质性、缺少创造力和愿景,各个区域在高价值资产获取和保持自身资源方面仍然不具有吸引力,也无法与其他区域竞争。在创新孵化培育机制上也是"大同小异"。另外,智慧专业化涉及一个基本识别过程,即发现当地的知识基础和其独特性是如何形成的,从而推动相应的能力发展和集群的产生。而这些能力和集群在知识驱动型经济中可能是独一无二的。

芬兰创新孵化培育机制优化的核心是构建创新主题平台。从图 6-4 可以看出,芬兰创新孵化培育机制的优化是在"市场拉动""产业推动"

和"政府驱动"三重动力共同作用下实现的。芬兰区域创新孵化培育机制的优化是对国家宏观战略主题，在区域特定环境下的拆分和消化。整个过程建立在国家创新战略、就业和经济合作战略、芬兰国家技术创新局 Tekes 年度报告和区域创新战略之间形成的联系基础上。区域研讨会是芬兰区域创新孵化培育机制不断优化的主要手段。为了准确、详细地理解国家宏观创新战略，芬兰在 2008 年一共开设了 18 场区域研讨会，每场有 15~20 名来自不同大学的专家学者、地方政府官员、技术人员和企业家，以及 300 名左右的政策制定者参与其中。例如，《Tekes 战略报告（2008）》在对 5000 多名来自不同领域和部门的调查对象进行访问后，通过数据处理和分析，提出了 8 个国家发展战略主题和 6 项交叉竞争能力和技术，明确了芬兰各区域研究和创新的未来发展方向。借助研讨会的形式，一张张区域简历得以被详细刻画，一个有着自我完善和规划升级的创新孵化机制得以形成。

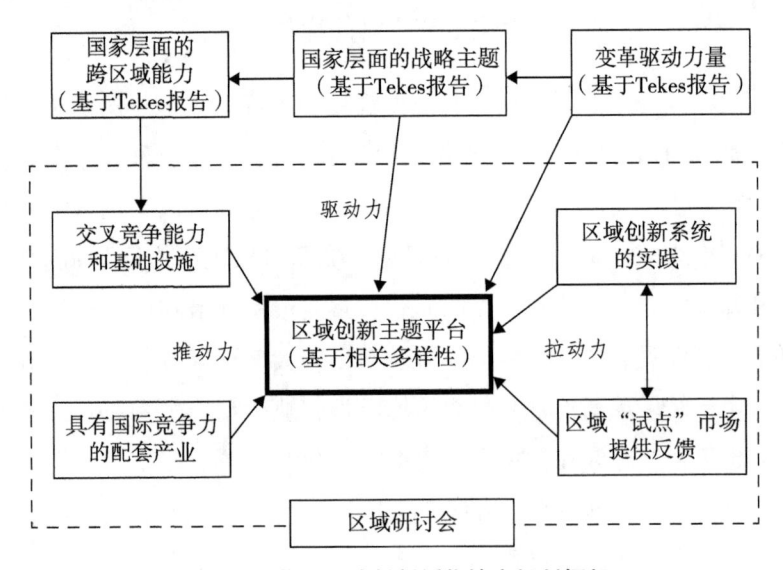

图 6-4 芬兰区域创新孵化培育机制框架

从芬兰区域创新孵化培育机制的优化路径，可以总结出三个方面的经验。第一，放弃"标准化"战略集群，这也是智慧专业化的第一阶段，是创新孵化培育机制的优化基础。第二，注重实用性哲学与专业领域的结合，能够极大地提升创新孵化培育机制优化的可能性。第三，区域创新孵化培育机制应该和处于不同发展阶段的地区相适配。

6.2 区域创新驱动发展的功能目标

功能是系统运行状态、发挥的作用或效能的表征，即系统所具有的功能、向环境释放的能力及其所起到的作用。区域创新驱动发展应当追求和达到什么目的与结果是目标定位的核心问题。区域创新驱动发展不仅要有结构目标，还需要层次丰富、系统全面的功能目标提供实践性解释。区域创新驱动发展所追求的具体目标、亟待解决的具体问题、需要承担的具体任务是复合多元的。因此，还需要在四个方面进一步明确界定和强调区域创新驱动发展的功能目标。

6.2.1 国家创新驱动发展战略目标是基本功能目标

国家创新驱动发展战略目标与区域创新驱动发展目标在内容上高度关联且相互交叉，两者的基本关系可以简单概括为：国家创新驱动发展战略目标是区域创新驱动发展目标的集中体现、高级形态和有机整体；而区域创新驱动发展目标是国家创新驱动发展战略目标的具体化和特殊化。虽然区域创新驱动发展目标不能直接等同于国家创新驱动发展战略目标的简单拆分，但却必须以国家创新驱动发展战略目标作为基本条件和合理框架，因此要明确界定区域创新驱动发展的功能目标，必须将国家创新驱动发展战略目标作为基本功能目标。

在国家整体战略中，创新驱动发展战略实施的效益与水平，对整个战略体系实施的有效性产生直接影响。例如，中国的《国家创新驱动发展纲要》将创新驱动发展战略目标分为三步走，即进入创新型国家—跻身创新型国家前列—世界科技创新强国，以实践性、阶段性的战略目标，提升创新驱动发展的策略选择性和实际效益。而中国各省（自治区、直辖市）在国家创新驱动发展战略目标框架下，纷纷出台具有地方特色的创新战略目标，以匹配形成系统有效的国家创新驱动发展体系。

《湖北省国民经济和社会发展第十三个五年规划纲要》中明确指出，推进创新湖北建设，通过加强科技创新能力建设、加强企业创新主体地位、促进科技成果转化、同步推进商业模式创新，实施创新驱动发展战略，进一步推进创新强省建设。安徽省则选择深入实施国家创新驱动发展战略目标，以合芜蚌为依托，着重进行全面系统改革实验，建设合肥综合性国家科学中心等具有重要影响力的综合性国家科学中心和产业创新中心。青海省则将创新驱动发展的目标聚焦在培育发展新动能、提升创新基础能力、打造专业技能人才和管理人才，倡导创新创业精神，解决扼制经济发展的创新环境欠佳、创新支撑能力薄弱、人才瓶颈制约和科技与经济发展脱钩等问题。

深圳市作为国家创新型城市，创新驱动已经成为经济发展主引擎。其创新驱动发展目标在创新程度、创新深度和创新广度上具有显著的领航特征。深圳市在已经形成的阶梯型现代产业布局体系的基础上，围绕突出创新、质量、互联融合、均衡协调、绿色地毯、开放共赢、共建共享、文化强市、依法治市和市场导向等发展关键词，通过设立强化企业创新主体地位、完善综合创新生态环境、提升创新发展能级和构筑人才高地等目标，放眼全球，建设国际领先的创新型城市。

6.2.2 科技创新是经济功能目标

创新驱动具有显著的经济效应，能促使经济发展由投资驱动迈向创新驱动，对上层建筑产生拉力作用和显著影响。正如波特对竞争优势来源的四阶段划分所述，经济发展的驱动力要经历要素驱动、投资驱动、创新驱动和财富驱动。不可否认，创新驱动是经济发展动力理论的重要研究内容，创新驱动发展核心是促进经济发展的动能转换。具体表现为，从以资本、劳动力、土地矿产等资源要素为动能的传统经济发展模式向以知识、技术、人才和信息为主导动能的创新发展模式转变。在创新驱动的新经济转型过程中，科学技术是第一生产力。将科技创新作为区域创新驱动发展的经济功能目标,是发展知识经济的必要条件,是放大科技驱动作用力的重要保障,是实现产业结构调整和经济发展方式转变的内在要求。

需要认识到,科技创新大部分不是凭空出现的,也不是被计划出来的。恰恰相反,科技创新绝大部分来自"遗传的因果时刻"(Foray,2014)。事实上,科技创新的形成和发展原因不尽相同,推动科技创新出现的力量也与促进科技创新发展的力量不同。换言之,不存在一种始动力贯穿科技创新发展全过程。然而,现实给予的挑战是科技创新的产生,尤其是新科技创新的初始条件很难被发掘。虽然利用因果知识帮助决策已较为常见,例如,作息时间不规律会导致身体机能紊乱,因而人们会有意识地养成良好的作息习惯;废气排放会导致全球变暖,影响生态平衡,人们就会注意不随意排放废气或者使用替代能源等新能源。但是,事物之间的因果联系不一定都是显性或直接的,因为有的因果联系在时间上不具有连续性,有的因果联系可能需要严密的推算才能找到相关性。鉴于此,用"遗传的因果时刻"来描述促使科技创新产生的原因,能很好地解释初始条件难以被发现这一实际情况。

在智慧专业化逻辑里,将科技创新作为经济功能目标能够刺激探索这个"遗传的因果时刻"。例如,欧盟研究与创新发展战略将目标定为开放创新、开放科研和面向世界。其中,开放科研强调利用数字和网络等协作技术,提高科技创新过程中知识传播的有效性和及时性。有别于以学术论文成果为知识传播媒介的传统方式,开放科研侧重发挥科技创新的时效性,强调利用开放式平台、集成式数据云搭建、丰富的专家库等过程创新,实现知识经济系统的快速更新。此外,将科技创新作为发展目标,有利于进一步明确技术发展趋势和走向。例如,欧盟委员会将微/纳米电子、光子学、纳米技术、工业生物技术、先进材料和先进制造系统定义为欧洲六项关键应用技术。《中国制造 2025》也将新一代信息技术、高档数控机床和机器人、航空航天装备、海洋工程装备及高技术船舶、先进轨道交通装备、节能与新能源汽车、电力装备、农机装备、新材料、生物医药及高性能医疗器械确定为十大重点发展领域。

6.2.3 创新环境培育是文化功能目标

创新环境培育是创新价值观在文化语境中的具体体现。将创新环境培育作为区域创新驱动发展的文化功能目标,是提升区域创新水平和创新能力的基础保障。需要明确的是,科技创新成果转化不仅是经济价值的体现,文化价值、社会价值和实用价值都可以涵盖其中。按照科学的划分标准,科技创新成果价值划分应该分为实用价值和认知价值。前者能直接转化为经济效益,或者说,转化为经济效益的成本较低、周期较短、过程更为简便直接。而后者更多体现为对创新环境的孕育作用。创新不只包括技术创新、科学创新,还包括观念创新、文化创新、制度创新和组织创新等其他同样具备驱动动能的因素。为便于区分,可以将科技创新以外的创新驱动因素统称为创新环境。

应该认识到创新环境的关键作用和重点地位。目前普遍存在的现象是,重科技创新而忽视创新环境培育,大量的投资都流向了研发投入(见表6-3)。例如,中国31个省(自治区、直辖市)研究与试验发展(R&D)经费支出占国内生产总值比重在规划期内逐年上升。就全国总体比重而言,到2020年,R&D经费支出占国内生产总值比重达到2.5%;到2030年,该比重预期达到2.8%。诚然,研发投入带来的资本刺激对创新活动的影响是直接且显著的,但创新环境的优渥与否同样不可忽视。

强调重视创新环境的关键作用,重点在于培养文化体系中创新价值观的形成。正确的创新价值观是确保创新驱动持续平顺发展的重要保障。McCloskey更是把过去人类发展经历的两个世纪称为"创新主义"而非"资本主义"。正确的创新价值观是指,需要认识到不同的创新活动具有不同的价值属性,不能一味地推崇发展科学技术,要清醒地意识到技术发展最终是为人类需求服务的。例如,人工智能的开发利用在不断突破技术边界桎梏的同时,要持续与人类社会进行交叉反馈,注重道德规范和文化约束,才能不断拓宽技术的应用领域和使用方式。以人工智能的集中载体机器人为例。日本最初开发服务机器人是为了解决日本严重的人口老龄化问题，日本机器人已经从产业机器人向服务机器人扩展，例如运用机械外骨骼技术，开发出穿戴式机械外衣，帮助虚弱病人或行动不便的老人行走活动。该项技术除了家庭使用，更广泛的功能在于军事领域，通过机械外骨骼，使得士兵力量成几何倍数地增加，从而打造"超级战士"，适应未来现代化战争或者国防需要。

表6-3 中国各省（自治区、直辖市）R&D经费支出占国内生产总值比重

（单位：%）

地区	"十二五"时期（实际）	"十三五"时期（预期）	地区	"十二五"时期（实际）	"十三五"时期（预期）
北京	6	6	湖北	1.9	2.2
天津	3	3.5	湖南	1.4	2.5
河北	1.14	2.5	广东	2.5	2.8
山西	1.19	2.5	广西	0.74	2
内蒙古	0.7	2.2	海南	0.5	1.5
辽宁	1.59	2.5	重庆	1.53	2.2
吉林	0.95	1.5	四川	1.63	2.5
黑龙江	1.2	2	贵州	0.62	1.2
上海	3.7	3.5	云南	1	1.5
江苏	2.55	2.8	西藏	0.31	0.6
浙江	2.33	2.8	陕西	N/A	N/A
安徽	2	2.3	甘肃	1.1	2
福建	1.5	2	青海	0.8	1.5
江西	1.06	2	宁夏	0.92	2
山东	2.23	2.6	新疆	N/A	N/A
河南	1.19	2			

数据来源：根据中国各省（自治区、直辖市）国民经济和社会发展第十三个五年规划纲要总结整理。

概言之，科学技术是一把双刃剑，待其运用到市场、面向社会时，需要一个健康有效的创新环境影响和把控这个工具，如更健全的激励创

新的政策法规、更严格的知识产权保护、更开放和积极的创新创业价值取向。这些创新环境中间接的、隐形的、长期的影响因素，都应该与技术发展带来的直接的、现实的和短期的影响进行价值性耦合，形成渐进的组合模式。

6.2.4 创新体制机制是政府功能目标

欧盟系统规范、配套完善的创新体制机制经验是值得学习和借鉴的。例如，欧洲创新委员会推出"领航计划"（Pilot Project），旨在通过提供资金、咨询和网络平台，支持一流的创新人员、企业家、中小型企业和科研工作者的创新活动。他们或拥有前瞻性理念和想法，或具有野心实施规模化发展的创新计划，主要包括资金支撑、商业辅导、互联平台建设、奖项激励和评价管理五个方面。

在资金支撑方面，领航计划提供多样组合搭配模式，以便创业者找到适合的资助项目。2018—2020年，该计划预计提供27亿欧元投资具有突破性和面向市场的创新项目。整个投资计划分为四种投资项目（见表6-4）。该计划明确划分了各投资项目的具体申请条件，其中对于工业实体的定义主要包括两条，即将60%的预算分配给董事会中的行业从业人员，或者行业从业人员要占董事会成员总人数1/2以上。

在商业辅导方面，领航计划提供包括战略制定、组织架构、组织管理、财务管理及技术评估和商业化等咨询辅导服务。具体表现为：每一个中小企业都会获得由领航计划指派的一名来自欧洲企业联盟（Enterprise Europe Network）的客户经理指导企业运营活动。客户经理必须亲自实地调研，了解所服务企业情况，以分析的需求结果为基础，提供一份专业指导人员名单，最终人员选择由公司自主决定。

通过互联平台建设，提供企业加速服务，为企业获得资金资助的优先权，同时创造企业间联系网络，促进相互合作。该平台提供与世界领先公司的配对渠道、参与贸易展销会和投资者会议的邀请函等。此外，领航计划还提供针对初创企业间的互联网络搭建项目和合作伙伴搜索服务，以提高区域内和区域间的合作效率和准确度。

表6-4 欧盟领航计划四大投资项目

政策工具	中小型企业扶持计划		创新快速通道	未来和新兴技术	领航计划奖项
	阶段一	阶段二			
申请条件	至少1~2个成立在欧洲境内的中小企业		3~5个欧洲境内实体企业（尤其是工业实体）	至少3个欧洲境内实体企业	至少1个实体获得欧洲其他奖项
最大投资额	5万欧元	250万欧元	300万欧元	350万欧元	奖金随奖项波动
总投资额	1.63亿欧元	14.21亿欧元	3亿欧元	8亿欧元	4000万欧元
资助重点	探索商业计划可实践性（0~6个月）	突破式创新和全球性增长（12~24个月）	面向市场的创新	全新的科学技术	六大主题

资料来源：根据欧盟创新战略投资官网公布的资料整理所得。

在奖项激励方面，领航计划聚焦社会问题，设立六大面向社会需要、人类福祉和可持续发展的奖项，引导创新活动和科学技术的应用发展。主要包括用于人道主义救援的可负担高科技技术（500万欧元）、来自太阳的燃料——人工光合作用（500万欧元）、新能源汽车的电池创新（1000万欧元）、传染病的早期识别（500万欧元）、社区公益区块链（500万欧元）及低成本太空发射（1000万欧元）。

在评价管理方面，领航计划拥有一套不断完善和自我发展的项目评价体系。通过定期吸收来自不同领域和地域的评估人员，成立评估小组，审查评估商业计划，决定项目资金分配。包括在欧洲和全球范围内成立创新企业并实现规模化发展的企业家，来自银行、风险投资、商业天使投资和众筹等领域的投资者，以及来自商学院、科研机构、综合大学、企业创新中心和企业加速器等部门的参与创新生态系统构筑的专家。

根据欧盟推出的领航计划，应该意识到区域创新发展在大多数情况下是来自创新的自我生物演变。因为技术的不可逆和碾压性的发展趋势，决定了创新驱动发展的推动力是惊人的,而且一定是前进的。在非逆向技术演进的推动下,创新体制机制的规范和支撑作用显得尤为重要,它决定了技术发展最终的价值走向。鉴于此,将创新体制机制的建设作为政府功能目标,是完善区域创新驱动发展目标结构的缺失环节。

6.3 区域创新驱动发展的阶段目标

目标是战略实施的预期结果,是战略制定和实施的最终归宿点,是检验战略有效性的重要指标。事物是动态变化的,目标制定也不可能一成不变,而应该根据外部环境的阶段性特征、内外资源的配置现状、决策者的价值取向和战略偏好等影响因素进行调整。结构目标和功能目标在时间演化的推动下,呈现出阶段性特征。按照阶段性发展规律,区域创新驱动发展目标可以分为近期目标、中期目标和长期目标三个阶段。基于阶段性目标内涵,可以将其特征概括为战略性、时效性和应用性。从图6-5可以看出,近期目标体现出显著的时效性,在应用性方面也拥有较强的特征表现;而中期目标在战略性、应用性和时效性三个特征方面分布较均衡;长期目标虽缺乏时效性,但具有突出的战略性。

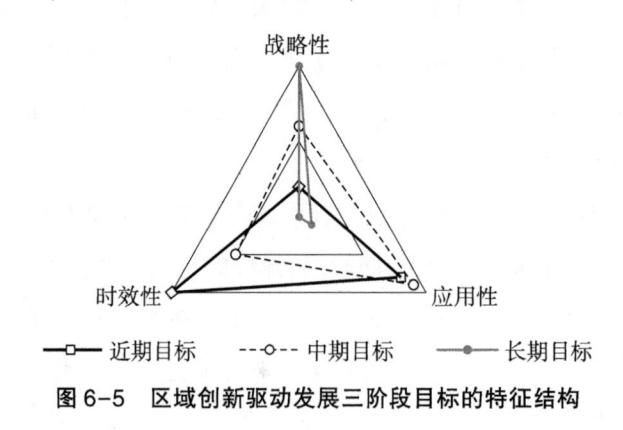

图6-5 区域创新驱动发展三阶段目标的特征结构

6.3.1 近期目标

一般来说,近期目标具有较强的可实践性,即近期目标的实现是为了尽快解决经济生活发展的现实问题和面临的挑战。不可否认，区域创新驱动发展近期目标的制定，要把握和理解区域中长期发展目标。例如，欧盟提出"新工业政策"就旨在帮助欧洲的工业复苏，把发展工业实体经济作为优先目标。欧盟委员会认为，欧盟现在比以往任何时候都需要扭转工业地位下降的态势和促进实体经济的发展。当然，欧盟的再工业化不是简单的重复，而是借由先进创新技术带动的新型工业革命。智慧专业化就是作为近期目标，在欧盟"新工业政策"框架下的一种手段和一种政策组合。

近期目标要求设定具体的完成时间，时效性特征突出，且由于目标周期较短，可供调整和更改的空间更大，能够较好地匹配环境变化和市场挑战。例如，印度的年度科技计划，中国各省（自治区、直辖市）每年公布的《政府工作报告》，美国、俄罗斯、菲律宾等国家每年发布的《国情咨文》等。区域创新驱动发展作为一个运行复杂的系统结构，应当允许适当"拉伸"时间周期，以满足项目计划实践需要的必然诉求。梳理大部分国家和地区制定的战略目标周期，可以将五年内的规划目标作为一个较为恰当的近期目标周期。

在全球范围内，仅有中国和印度从20世纪中期至今，一直沿用五年计划（Five Year Plans）作为国家干预和调控社会经济发展的重要手段。可以说，五年计划是两国政策、规划和计划的总体安排和基本框架。中国的五年计划始于1953年，"十一五"后改为五年规划。具体而言，"一五"计划奠定中国工业化发展的初步基础；"三五"至"五五"期间，形成了比较完整的工业体系；"十一五"计划的实施，实现了从中等收入国家到上中等收入国家的跨越；而"十三五"阶段，大力实施创新驱动发展战略。中国的五年计划与国民经济发展的阶段性特征紧密耦合，持续调整规划内容适应国家经济发展的不同历史阶段。

五年规划涵盖国民经济发展的方方面面，印度的科技创新规划同样适用于五年规划发展。在1951—2017年60多年的发展过程中，印度的科技创新规划经历了从"一五"到"十二五"的发展路程，除了1990—

1991年因为国内经济危机进行结构调整，导致"八五"计划在"七五"计划两年后才开展。整体上，印度从"一五"到"十二五"期间不断通过科技创新政策五年计划，持续发展科技创新。这种改变不仅体现在章节篇幅和排名上，也体现在与此配套的财政划拨力度上，科技所占章节排名在"一五"期间为第 28 名，"十二五"期间则上调为第 8 名，财政拨款也从"八五"期间的 938.8 卢比上升为"十二五"期间的 12043 卢比。表 6-5 总结了印度科技创新政策目标的演化过程。

表 6-5 印度科技创新政策五年计划主要目标概述

计划	起止年份	主要目标
一五	1951—1956	整合印度 38 个国家级研究所
二五	1956—1961	着重建立大学和其他科研基础设施
三五	1961—1966	重点发展农业、原子能和工程研究，探索科技成果商业化运用
四五	1969—1974	重点发展农业领域绿色革命（印度大饥荒时期）
五五	1974—1979	优先领域优先发展，促进科技成果转化
六五	1980—1985	重视科学转为重视技术
七五	1985—1989	政府财政资助研发，采取税减措施，推出产业研发促进计划
八五	1992—1997	鼓励外商投资放松管制，注重科技研发对产业的推动作用
九五	1997—2002	开展产学研合作和跨国合作，注重人才资本培育
十五	2002—2007	创新生态系统建设，大力发展制造业
十一五	2007—2012	
十二五	2012—2017	创新驱动发展，科技创新政策与经济政策全方位对接

资料来源：根据印度科技管理年度报告整理。

可以看出，印度科技创新政策目标历经 12 个五年计划的推动发展，从国内科研基础设施建设到放眼国际合作交流，从单一的科技创新政策到与经济政策全面耦合的系统化发展，从严格把控发展内容到面向市场放松管制，这是目标层层推进与现实发展实际情况相互作用下的产出结果，也是近期目标时效性特征的突出体现。

6.3.2 中期目标

中期目标需要依托近期目标，而近期目标的设定需要在中期目标框架下展开。相较于近期目标突出的时效性，中期目标不仅是对近期目标的层次化总结，也是对长期目标的阶段性验证，其更显著的特征在于综合体现应用性、时效性和战略性。一般而言，中期目标是可实行的，有比较明确的执行时间，对目标的描述要有较明确的定性和定量语言说明。在时间周期上，中期目标一般跨度为 5~20 年。例如，重庆两江新区发展总体目标周期为 10 年，计划 10 年内成为现代产业支撑强劲，能够带动西部发展，具有国内示范效应和一定国际影响力的新区。印度出过四套中期科技政策，从"科学政策决议"（1958 年）到"技术政策声明"（1983 年），再到"科学技术政策"（2003 年），现如今为"科学技术和创新政策"（2013 年），主要目标从国防军事科技，到高科技外包承接服务，再到知识经济下的高科技研发，发展为包容性创新、绿色创新和开放式创新，不断与国际接轨。

放眼全球，德国 2020 高技术战略、欧盟"地平线 2020"计划、美国国家创新战略、日本科技创新立国战略和中国制造 2025 等，都生动地说明中期目标设定对各个国家和地区创新发展的重要作用。德国是世界创新型国家典例，在高科技领域成果显著，故选取德国 2020 高技术战略为例，进一步说明科学合理的中期目标对区域创新驱动发展的重要促进作用。

德国的高科技战略最早可以追溯到 2006 年。2008 年的全球经济危机同样重创了德国经济，另辟一条具有经济增长潜力的发展道路成为当务之急。在此背景下，德国高技术战略应运而生。2010 年制定的《德国 2020 高技术战略》是在此基础上进一步完善的成果。《德国 2020 高技术战略》引入现阶段发展亟待解决的问题和面临的挑战，以思想、创新和增长为指导原则，更新和补充原有战略的不足。该战略包含气候和能源、健康和营养、移动工具、安全及通信五大关键领域，能源供应的智能化改造、再生原料和石油的可替代性研究、定制医疗、营养类保健措施、老龄社会的应对措施、工业4.0、安全的通信网络、信息通信技术领域的低能源消耗、全球知识数字化及应用，以及新兴职业预测共十大未来项目。与此同时，德国在每一具体的需求领域，整合科技、产业和教育行业的力量，形成配套的行动纲要和创新规划。2006—2009年，德国高技术战略总投资达到147亿欧元，其中有120亿欧元用于17个关键技术领域的研发和新技术开发，其余的27亿欧元则作为资本投入流向技术交叉领域。有数据显示，2010—2013年，该战略总投资额达到了270亿欧元。

自德国2020高技术战略实施以来，德国在科技创新方面迎来了"生机勃勃的春天"，科技创新水平显著提高，创新能力和全球竞争力得到了快速提升。例如，在交通运输方面，德国曾预计在2020年拥有百万台电动车，并在汽车互联网同步导航等导引信息系统中处于领先地位。在劳动力结构方面，进入德国的高技术工人和高素质人才数量显著上升。根据德国《2016—2017年移民报告》，2009年高技术工人和高素质人才约为1.6万人，而2017年这一数字上涨至3.8万人左右。[1]

6.3.3 长期目标

长期目标的显著特征是战略性，由于跨越周期一般在30年以上，故缺乏一定时效性。长期目标更多表征为一种奋斗目标，是一个民族发展和人类共同体未来情景的描绘，也是一个愿景、一种期待和一项伟大事业，需要通过几代人的努力才有可能实现，如中国"两个一百年"奋斗目标。长期目标主要通过定性语言描述，以激励和坚定理想信念为主。不可否认，长期目标的实现往往具有革新性、突破性变革力量，与短期目标和中期目标相比，其释放的巨大效能将是指数级别的。

之所以给长期目标设定较长的时间周期，主要在于目标达成的艰巨性、复杂性和系统性。例如，日本曾在《国家第二期（2001—2005年）科学技

---

[1] 根据德国政府官网资料整理。

术基本计划》中提出"50年取得30个诺贝尔奖"的目标。纵观日本获得诺贝尔奖的历史，日本共获得过25个诺贝尔奖，其中22个为诺贝尔自然科学奖，成为仅次于美国的"诺奖收集者"。诺贝尔自然科学奖的获奖数量意味着日本基础研究能力得到世界认可。再对日本经济发展阶段进行解析，可以发现，日本恰恰是在"失去的20年"期间获得了18个诺贝尔自然科学奖（见表6-6）。这意味着，在日本经济衰退的表象下，隐藏着一个科技成就巨大的日本。必须认识到，日本50年内30个诺贝尔奖的目标宏大且具有挑战性。但这一长远目标对日本科技发展的刺激和对社会创新能力的催生作用是无可比拟的。愿景激励是变革型领导的突出能力，能够为员工勾画清晰的"未来蓝图"，从而产生正向激励作用。这同样可以解释长期目标的愿景勾勒能力，对区域创新驱动发展的刺激作用。

表6-6 日本18个诺贝尔自然科学奖获奖名单

年份	奖项	获奖者	年份	奖项	获奖者
1949	物理学奖	汤川秀树	2008	物理学奖	南部阳一郎、益川敏英、小林诚
1965	物理学奖	朝永振一郎		化学奖	下村修
1973	物理学奖	江崎玲于奈	2010	化学奖	根岸英一、铃木章
1981	化学奖	福井谦一	2012	生理学或医学奖	山中伸弥
1987	生理学或医学奖	利根川进	2014	物理学奖	赤崎勇、天野浩、中村修二
2000	化学奖	白川英树	2015	物理学奖	梶田隆章
2001	化学奖	野依良治		生理学或医学奖	大村智
2002	物理学奖	小柴昌俊	2016	生理学或医学奖	大隅良典
	化学奖	田中耕一	2019	化学奖	吉野彰

数据来源：根据诺贝尔自然科学奖获奖名单整理。

当前，世界处于经济危机后期的深度调整期，经济增长速度放缓通常可以归因于周期性因素和结构性因素的叠加。不论是单因素作用，还是双因素叠加起效，在经济全球化的浪潮下，技术和人才才是"通关证明"，技术话语权和产业链的掌控力才是硬实力。诚然，日本面临着人口老龄化这一突出的社会结构问题，但日本技术创新，尤其是医疗领域创新，如索尼与奥林巴斯联合研发的内窥镜技术、日本核电业务的靶向小苗癌细胞的阳子技术，以及家用机器人和消费机器人等人工智能服务领域的科技成果，恰恰缓解了日本产业体系面临的劳动力紧缺问题。

"创新"和"发展"实际上是两个概念，在其中起连接作用的就是"驱动"。可以说，长期目标的制定就是对创新内涵的全面升级，要敢于制定长期目标，不应该被时间周期束缚创新计划的力度和程度。值得强调的是，长期目标并不是对经济系统进行约束。在完全封闭的经济系统中，条块规划模式是可行性的。然而，与规模化、标准化和集中化的传统生产方式不同，创新是定制化、个性化和分散化的发展模式。正如科技创新是在不断试错中产生的，创新也是在试错中探索前行的。应该勇于从创新内涵再定义、全链条设计、创新服务系统架构、创新活动快速响应机制、季度和年度多层次工作机制、精准化和差异化资助模式，以及创新管理简化措施等方面，全面铺设长期计划的目标内容，走着力于创新、落脚于发展、关键依靠驱动的发展道路。

6.4 本章小结

智慧专业化方向性维度有效支撑了区域创新驱动发展的目标定位问题。基于智慧专业化方向性维度，从区域创新驱动发展的结构目标、功能目标和阶段目标三个方面，阐述区域创新驱动发展如何进行目标定位。主要观点可概括为以下三点。

（1）区域创新驱动发展的结构目标要以发展知识经济为核心，重点是要通过有效的评价指标体系和合理的创新要素结构，保障知识经济贡献率的持续增长和稳定增长。创新参与主体的多元化发展是区域创新驱动发展结构目标的重要环节，是区域创新驱动发展战略具体内容的补充完善。而创新孵化培育机制的完善与优化则对知识经济发展和创新参与主体多元化发展起保障、推动和规范作用。

（2）区域创新驱动发展的功能目标是对结构目标在实践层面的具体阐释。面对复杂多样的区域发展需求和实际条件，坚持以国家创新驱动发展战略目标为基本功能目标、以科技创新为经济功能目标、以创新环境培育为文化功能目标和以创新体制机制为政府功能目标，能较详细地回答区域创新驱动发展目标定位的功能问题。

（3）事物的阶段性发展是必然的。区域创新驱动发展的目标定位在满足结构和功能作用的同时，要与社会经济发展阶段保持同步更新。从战略性、时效性和应用性三个特征分析区域创新驱动发展的近期目标、中期目标和长期目标的内在特征结构，有利于对区域创新驱动发展的阶段性目标划分层次和脉络梳理，从而有效指导区域创新驱动发展的路径选择。

第7章　区域创新驱动发展的路径选择

多样化发展路径和专业化发展路径是围绕区域创新驱动发展路径选择的两难问题。单独的多样化发展路径易导致产业结构涣散、创新目标模糊和管理体制混乱等问题；而纯粹的专业化发展路径易产生全球市场竞争能力薄弱、产业结构过于单一和管理体制僵化等问题。传统"二分法"无法有效解释区域创新驱动发展的路径选择困境。在智慧专业化逻辑下，区域创新驱动按专业化路径发展具有内生性，即特定的历史条件和发展惯性形成了区域专业化发展的路径依赖，而区域要素资源差异和固有的行政体制差异，为区域创新驱动的多样化发展提供了条件。成功多样化发展的关键在于探索相关多样性，而相关多样性是鼓励区域基于竞争优势进行专业化发展。具体是通过重构区域本土的知识库，形成与之相近或相似的新组合、新结构和新系统，从而建立区域竞争优势。总体上，智慧专业化为区域创新驱动发展的路径选择提供指导原则和新的路径选择。在此基础上，进一步分析区域创新驱动发展路径选择过程中应该注意的问题。

7.1　区域创新驱动发展的路径选择原则

与传统单体化的产业演化路径建设相比，区域创新驱动发展的路径设计是基于垂直一体化深化发展、知识经济贡献率持续增强、要素自由流动趋势显著及创新服务功能逐步完善的集合演化。从智慧专业化角度看，任何区域创新驱动发展的路径选择都要以交互性、区域驱动和共识共享为基础特征（Boschma，2014）。这是由于，创新过程日益成为一种社会的集体努力。在这种努力中，区域经济发展和企业的成功取决于组织间及时有效地吸收、产生和交流知识的能力。诚然，区域发展中存在国家和超国家一级等集体社会发挥作用，但区域一级是这一进程中的基石。鉴于此，区域创新驱动发展路径选择应充分体现区域驱动、交互性和共识共享特征，并以此为基础，遵循本土化原则、差异化原则、包容发展原则和合作开放原则。

7.1.1 本土化原则

本土化概念与国际化、全球化概念融合不同，它一方面是经济全球一体化趋势下的必然结果，另一方面也是全球扩张战略适应区域特征的重要手段。本土化原则是区域驱动特征的突出体现，是分析和评估区域创新驱动差异潜力的核心。具体表征为：借助多样化的分析方法认识区域现状，了解区域发展需求，明晰区域发展亟待解决的问题，为区域创新驱动路径提供本土化发展依据。主要聚焦两个方面：①分析区域中小型企业创新过程中的需要和障碍；②评估区域创新培育发展的环境和机制，从而确定中小企业隐性需求与隐性支持之间的不匹配，并且反映现有支持的有效附加值，进而形成明确"区域创新缺口"。智慧专业化平台在研究报告《基于智慧专业化的创新和研发战略纲要》中指出，"区域创新缺口"恰恰揭示了智慧专业化强调本土化原则所能带来的最大价值。

不可否认，文献研究、大规模问卷调查、多形式访谈及专家咨询等结构化方法，能够极大满足区域创新的需要。但是这些方法对创新的看法过于线性，常冒着自给自足的风险，对确定特定市场或优势领域方面的政策理解过于狭隘。事实上，该问题的集成化解决方案并不存在。鉴于此，基于智慧专业化，在方法运用上学习吸收本土化原则，可以根据四种从纯粹定量到更定性的研究方法，挖掘以知识经济为基础的区域创新缺口。

1. 科学技术专业化分析

该方法是指按领域开展研发投入、学术论文和引用，以及专利申请和应用的专业化分析。该方法的优点是数据可以交叉对比，缺点是分析结果反映的是科学技术潜力，而不是其商业价值或创新前景。鉴于许多学科和技术存在互通互联关系，因此需要思考如何利用这种分析方式将科学领域与技术领域，以及生产部门关联起来。然而，现有的行业分类标准对科学技术专业化分析是一个掣肘。因为它基于相当过时的产品进行定义，并且与当前的产品组合耦合错位。例如，联合国仍使用1971年颁布的《全部经济活动国际标准产业分类索引》作为统计各国国民经济的统一口径，该索引直接将经济活动分为十大类，各个国家也是参照这份索引制定国民经济行业分类与代码。而在现实经济环境下，很难直接划分环保产品的归属行业，新兴的电子竞技也只能暂且归为体育竞技类。但随着时间的推移，计算科学技术指数的变化更有意义，可以展望区域科学和技术变化的发展趋势。这是本土化原则的重要显性作用。

2. 区域经济专业化分析

以就业（或附加值）数据为基础的定量分析可以计算区域经济的专业化程度。常用区位商衡量的是，与其他地区或国家相比，某一区域经济中某些部门的代表性是否过高。这有时可以等同于"集群存在"，即相关指标只捕获集群的一个基本特征——聚集效应，而不是交互作用。专业化指数只表明存在大量关键创新活动，而不体现创新活动间的相关联系。换言之，专业化指标只反映聚集效应而不体现聚集价值，即当地区仍过于专注发展衰落的非竞争性活动时，此时的聚集因自身的自我强化特性，会积累出制约区域创新发展的阻力，故将专业化数据与附加值、出口等性能指标进行匹配是非常重要的。在时间因素影响下，经济专业化的分析可能会带来比静态分析更具洞察力和说服力的要素。这是本土化原则的动态体现。

3. 深入研究集群案例和开展同行评议

该方法有助于从囿于提供可供比较数据的思路中抽离出来，拓宽区域智慧专业化活动的界定范畴。这是本土化原则带来的隐形作用。欧盟联合研究中心着重强调创新可能出现在任何地方，以不同形式出现。具体分为：①包括服务业、公共部门及制造业的创新，这是目前大多数政策的目标；②基于区域知识库异质性产生的两种创新模式，即 STI 模式和 DUI 模式。STI 模式是指科学、技术和创新（Science，Technology，Innovation）模式，主要分析知识和基础研究，依靠科学推动或供应驱动方法，强调产品和过程创新。DUI 模式是指干中学交互（Doing，Using，Interacting）模式，主要借助用户驱动下综合知识的应用研究，强调能力建设和组织创新。Neffke 和 Henning 认为，可以通过一个比较新颖有趣的方法，即揭示技能的相关性（Revealed Skill Relatedness，RSR）描述区域知识流图谱，从而进一步刻画本土化原则的区域驱动特征。该方法基于网络分析不同行业之间人才流动变化数据，显示出不同行业在技能方面的相似性，从而衡量行业间对某种共享技能的需求程度，它被视为集群间知识转移的一个重要工具。

4. 前瞻性预测

通过捕获现有专家智库资源，分析未来发展趋势，并在现行决策制定过程中引入专家参与。群体智能具备较高势能，能够将知识效应转化为改革动力。前瞻性预测的作用是阐明未来可能的发展路径，以便就此展开讨论。该方法具有结果导向、面向未来、参与性强和学科交叉等特点。最具代表性的前瞻性预测是专家小组论坛和多回合德尔菲调查。对智慧专业化而言，最理想的前瞻性研究是集合区域本土专家和国际专家，从而获得更广阔的研究视角。这是本土化原则与全球化发展的对接。

7.1.2 差异化原则

差异化原则是区域驱动特征对比研究的基础，是智慧专业化解释区域"创新差距"时提出的一个重要原则。"创新差距"一般是指欧盟与美国在创新绩效上的差距。在国际环境下，也可以指与其他创新领先国家之间的差距，如日本及韩国。尽管近几十年来欧盟致力于提高创新竞争能力，在一定程度上缩小了与美国的差距；但欧盟内部出现了另一个现象，即欧盟成员国之间的内部创新差距逐渐突出。这种差距可以用不同的地缘政治术语来描述，例如东欧和西欧之间的差距、欧盟新旧成员国在海上安全系统之间的差距，以及北欧和南欧之间的差距。

OECD各区域过去和现在的经验表明，在差异化原则的指导下，根据不同分类维度划分区域发展类型，不仅有利于各区域明确其产业结构和竞争优势，摆脱产业结构趋同带来的创新效益低下、发展定位模糊和耦合对接涣散等问题；而且能提高政策支撑的有效性及资本的激励促进作用，防止创新"高频"区域产生创新资源虹吸效应，导致"诸侯经济"或对重大基础设施的"独享其用"，亦可减缓创新资源分散可能产生的资源耗散。以智慧专业化为指导框架的区域创新驱动发展，最需要且最重要的任务是了解区域知识库构成。根据欧盟发展机构协会（European Association of Development Agencies，EURADA）细分的区域知识库构成（见图7-1），可以得到以区域知识库结构差异为标准划分的三种区域类型，即以科学研究为核心的"研究型"、以技术研发为核心的"应用型"和以服务设计为核心的"功能型"。

具体表征为：①研究型知识结构区域聚焦于"为什么"，如药物开发研究，强调运用科学规律，发展新的知识系统，知识理论及概念在不同研究领域内相对稳定，强调科学知识、模型和推演，注重研究机构内和机构间的合作，拥有系统化、抽象度高和通用性强的知识体系；②应用型知识结构区域重点研究"怎么样"，如机械工程，强调传统方式的新应用或者新结合，知识理论概念随研究领域变化而变化，以解决问题、定制产品和经验归纳为主，注重与顾客和供应商之间的交互学习，知识体系以部分编码为主，隐形知识成分较高；③功能型知识结构区域主要解决"通过谁"，如文化产品设计和品牌制造，强调创造新的意义、欲望、审美标准和情感，是一种过程创意，主要在工作室和项目团队中展开，理论内涵因研究领域或性别不同而差异巨大，注重文化知识的传播和符号价值的提升。

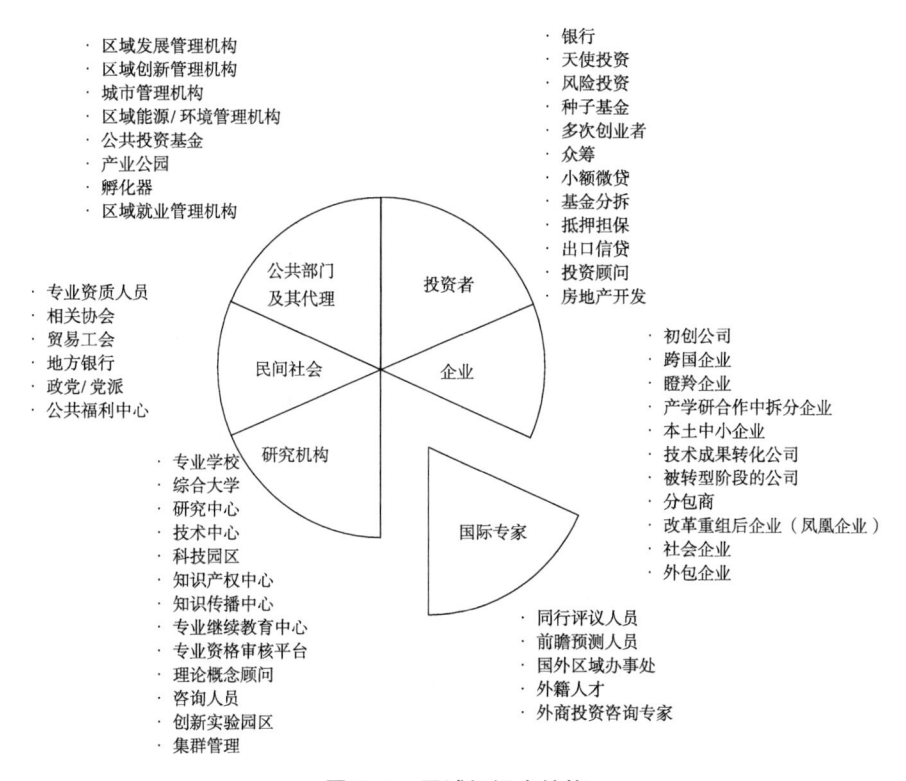

公共部门及其代理：
· 区域发展管理机构
· 区域创新管理机构
· 城市管理机构
· 区域能源/环境管理机构
· 公共投资基金
· 产业公园
· 孵化器
· 区域就业管理机构

投资者：
· 银行
· 天使投资
· 风险投资
· 种子基金
· 多次创业者
· 众筹
· 小额微贷
· 基金分拆
· 抵押担保
· 出口信贷
· 投资顾问
· 房地产开发

民间社会：
· 专业资质人员
· 相关协会
· 贸易工会
· 地方银行
· 政党/党派
· 公共福利中心

企业：
· 初创公司
· 跨国企业
· 瞪羚企业
· 产学研合作中拆分企业
· 本土中小企业
· 技术成果转化公司
· 被转型阶段的公司
· 分包商
· 改革重组后企业（凤凰企业）
· 社会企业
· 外包企业

研究机构：
· 专业学校
· 综合大学
· 研究中心
· 技术中心
· 科技园区
· 知识产权中心
· 知识传播中心
· 专业继续教育中心
· 专业资格审核平台
· 理论概念顾问
· 咨询人员
· 创新实验园区
· 集群管理

国际专家：
· 同行评议人员
· 前瞻预测人员
· 国外区域办事处
· 外籍人才
· 外商投资咨询专家

图 7-1　区域知识库结构

资料来源：European Association of Development Agencies.

在智慧专业化框架下探讨区域创新驱动发展路径，一个重要维度就是要根据区域类型选择发展路径，这是差异化原则的核心。需要强调的是，区域知识库结构差异对区域组织的知识强度产生影响（见图7-2）。在此基础上，欧盟"地平线2020"计划根据区域组织知识强度，将区域发展类型分为知识区域、工业生产区域和非科学技术驱动区域。具体而言，研究型知识结构区域势必推动区域朝着知识中心方向演化，形成以知识经济为核心的区域经济体系；而知识经济的外溢作用，引发知识流动和扩散，进而影响技术型区域的创新范式。可以说，科学知识和技术研发互为对方的间隙，两者交织成为紧密的创新网络，推动区域创新驱动发展路径的改革。同样值得关注的是，以功能型知识结构为主的区域，可能暂时面临一定的发展差距鸿沟，但也能开辟一条独有的创新发展路径。在垂直一体化分工不断发展和完善的背景下，非科学和技术驱动的区域能更好地扮演"辅助"角色，优化完善产业链布局，在科学和技术双驱并进的主轴发展道路旁，另辟蹊径开展辅轮驱动，搭建区域创新立体网络结构。

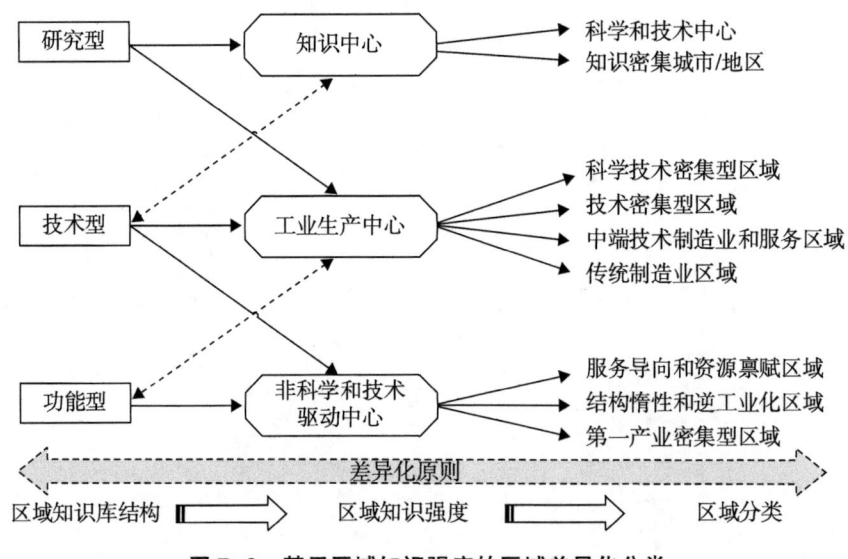

图 7-2 基于区域知识强度的区域差异化分类

欧盟的创新差距研究同样可以解释中国区域发展差距的实际情况。例如，东部和西部之间的差距、长江中下游地区和珠江三角洲地区的差距、环渤海经济区和粤港澳大湾区之间的差距等。区域创新差距的客观存在，对区域创新驱动路径选择提出了要求，即在分析区域特点和创新潜力的基础上，从国际角度和整体角度，实事求是地看待本地区的地位是十分重要的。概言之，不同于趋同发展和同质化发展，差异化原则尊重区域创新差异现实，有利于指导不同区域因地制宜开展创新驱动的路径选择。

7.1.3 包容发展原则

包容发展原则以共识为基础。发展经济学认为，包容发展是真正的发展，是以人为中心，强调人际、人与社会、人与自然的和谐发展。从全球范围看，包容发展强调在享受全球化和区域经济一体化带来利好的同时，要关注经济发展趋势成果惠及所有国家和地区，重点关注弱势群体和欠发达国家和地区。将包容发展作为刺激经济发展的一剂"良方"，是让经济发展回归增长本意，是适应所有国家和地区及人民的需要，是经济发展方式转变的基本内涵。而包容发展原则就是突出发展的包容性这一特征，避免混淆"增长"和"发展"两种内涵，为区域创新驱动发展路径选择提供指导。

欧盟将以"蓝色增长"为核心的海洋经济作为优先发展领域，能够生动说明包容发展原则指导下区域经济如何谋求创新发展道路。2012年8月签署的《利马索尔宣言》确立了"蓝色增长"概念，旨在利用欧洲海洋尚未开发的潜力，有效支撑了欧盟"地平线2020"计划中的海洋议程。正如Eikeset等指出，传统的部门分类方式无法充分支持海洋经济活动，一项活动的海洋性或非海洋性并不能完全由欧盟产业分类体系，即NACE代码决定。事实上，活跃在海上或近海的经济部门，在复杂价值链中和其他部门是相互作用的。基于此，欧盟从海洋功能出发，基于行业间在海事功能上的交互关系划分海洋功能模块，完美地避免了海洋活动性质界定问题。图7-3展示了海洋经济六大功能模块。这些海事功能被进一步划分为27个海事经济活动和子功能。在适当考虑到个体经济活动相互依赖性的情况下，细分海洋模块功能是必要的，能够便于进一步详细分析六大主模块，描绘出一幅更为完整的"蓝色增长"图景。

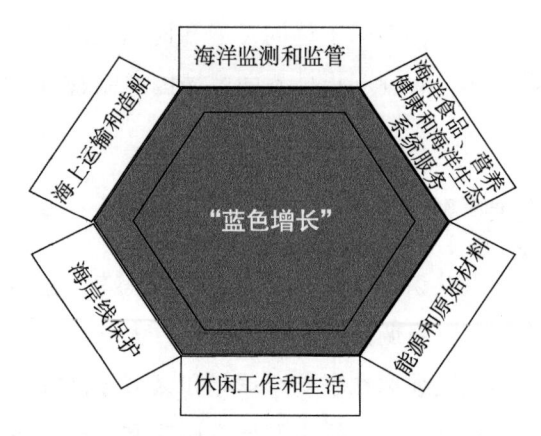

图 7-3 "蓝色增长"海洋经济六大主要功能模块

"蓝色增长"体现出显著的包容发展原则，具体表征为三个方面。①从经济发展现状看，欧盟 75% 以上的境外货物贸易是依靠海运的，而全球化进程使得海运的重要性得到提升。❶ 对拥有较长海岸线的国家而言，如西班牙、葡萄牙和荷兰等，这个比例显然更高，因而能有效带动海岸线国家经济发展。②从可持续发展角度看，海洋运输被视为一种相对可持续的运输方式，尽管在改善环境性能方面还面临巨大挑战。一个更突出的数据事实可以进一步解释海洋经济潜力。旅游业在 2015 年对欧盟 GDP 的贡献率超过 4%，创造了近 800 万个就业岗位，其中海洋旅游提供了约 300 万个就业岗位。❷ 而远洋邮轮等新型旅游方式的迅猛发展，快速提振了波罗的海和地中海沿岸区域经济。③从欧洲航运历史沿革看，漫长的海上航运史催生海洋贸易、海洋运输，以及从保险和中介到分类和检查再到教育和研发等海洋服务功能相对强劲的发展。此外，港口还承担起货物装卸、交通枢纽和劳动力雇佣等重要功能。而船运作为基本运输方式也为欧洲工业，尤其是船舶船体建造和船舶航运装备制造等，提供了必要的制造需求，拉动了欧洲造船业及其相关制造业的发展。

---

❶ 根据欧盟统计局数据库统计。
❷ 根据欧盟统计局数据库统计。

7.1.4 合作开放原则

合作开放原则是对全球一体化发展趋势的积极响应。在一个全球化的经济环境中，区域实现追赶发展甚至赶超发展，需要利用外在的知识、技术和全球网络体系。合作开放是区域创新驱动发展的重要部件，是智慧专业化在全球一体化背景下应该遵守的原则，具体可概括为三个方面。①智慧专业化强调注重合作开放，不仅直接体现为产品出口和国际直接投资，还包括战略联盟，联合研究，合作开发，外包，企业搬迁、合并和收购，知识产权授权和技术展示等内容。②浸润在国际化的宏观环境中，区域谋求创新发展路径势必坚持合作开放原则。需要认识到，识别特定的利基领域和市场，确定当前和未来的竞争优势，明确创新型产品、服务和知识流动趋势，才能整合创新模式，与其他区域开展合作。③智慧专业化发展过程与产业集群、社会创新和科研基础建设发展是同步进行的，这是合作开放带来的必然结果。

诚然，存在学者质疑智慧专业化过分强调合作开放原则的广泛作用。全球化本质上是分散的国家经济体和社会之间日益增长的联系过程，这种看法简单地将全球化理解为战略设计过程、战略选择过程和单个经济活动三个方面，与各个公司、国家、区域和全球经济体之间联系日益增多和多样化的现状脱节。概言之，狭隘理解合作开放原则易导致脱离创新价值链，固步于业务合作及联合开发等非常具体和狭窄的应用层面。事实上，完整的创新价值链是从知识收集到知识转化再到知识开发的全过程，合作开放原则从上游创新活动，如研究和开发贯穿至全球价值链和国际直接投资等下游创新活动，突出区域研发和创新活动与外部环境间的互补性及杠杆作用。

合作开放原则不仅适用于区域层面和区际的创新范式整合，在企业经营发展方面同样具有解释指导作用。跨国公司对提高区域知识和技术能力，捕获市场需求具有重要作用。而实现技术升级，应该基于区域实际研发水平和创新能力，同时借由外商直接投资和研发互联网络嵌入全球价值链。然而，外商直接投资和嵌入全球价值链的影响作用差异巨大，即外商直接投资对提高区域生产效率和增加出口量的刺激作用是直接且显性的，但其外溢作用的辐射范围仍然是局部的。具体而言，通过外商直接投资和研发网络体系，合理搭配区域研发创新与知识外部效应，需要"因地制宜"。例如，有些地区本身就与世界前沿技术接轨，在自主研发和同其他全球价值链创新活动之间保持着独有的"平衡感"。这些地区在创新价值链上游积极展开活动，并在研发和制造业生产供应总量方面建立了广泛的战略合作伙伴关系。而有些地区主要集中发展创新价值链下游，通过建立分支机构、产业外包、项目分包等方式嵌入全球价值链。显然，像德国巴登-符腾堡州，在工业、高科技和科研等方面是欧盟创新力最高的地区，其合作开放的方式和程度，是处于全球生产网络之外的罗马尼亚不能比拟的。

7.2 三种区域创新驱动发展的路径分类

根据经济发展周期理论，科技系统运行要符合国民经济大系统的运行。同理，在科技系统发展这个子系统的推动下，区域创新驱动发展路径作为基点对象，要与处于不同发展阶段的目标区域对接。区域创新差距和创新需求缺口源于特定的社会经济环境。换言之，区域发展所处的路径位势是历史选择动态演化的结果。路径发展既是一种状态，也是一种多重动态均衡过程。

例如，欧盟认为区域创新驱动发展的路径选择方案并非单一的，而是存在多种可选方案或可搭配的路径组合（见表7-1），即可以按区域知识强度和区域类型，在保持区域现有优势发展路径、促进社会经济结构转型发展路径和追赶发展路径中，按优先级搭配合适的发展路径方案。吸收欧盟基于区域知识强度和区域类型的区域创新驱动发展路径方案，在智慧专业化逻辑下，提出以区域优势为核心的三种区域创新驱动发展新路径：①以优势产业为"抓手"的一元产业主导发展路径；②以优势产业及"共荣产业"为重点的多元产业并存发展路径；③以竞争优势为产业链布局核心的产业互联网络发展路径。

表7-1 区域创新驱动发展路径方案

区域类型	主要路径方案		
	基于现有优势	社会经济结构转型	追赶发展
知识中心			
知识和技术中心	●	◎	○
知识密集型城市/地区	●	◎	○
工业生产中心			
科技密集型生产区域	●	◎	○
技术密集型区域	●	●	○
中端技术制造业和服务区域	◎	●	○
传统制造业区域	○	◎	●
非科学和技术驱动中心			
服务导向和资源禀赋区域	◎	◎	●
结构惰性或逆工业化区域	◎	●	◎
第一产业密集型区	○	◎	●

注：○表示低优先级，◎表示次优先级，●表示高优先级。

资料来源：Smart Specialisation Platform. Guide to Research and Innovation Strategies for Smart Specialisation Strategies [R]. 2012：48.

7.2.1 一元产业主导

在智慧专业化框架下的一元产业主导发展路径，是指基于区域特征和区域情景，突出优势产业的核心带动地位，以缩短价值链、打造多功能和高质量产品为特征，在本土化原则和差异化原则指导下，结合新营销形式概念的重新本土化发展，为区域创新驱动发展提供"抓手"。一元产业主导发展路径特别适合处于创新发展初期阶段的城镇、农村和城乡结合地区。根据OECD的划分，其表现为非科学和技术驱动中心区域。创新的驱动作用得到了广泛且全面的认可，但其突出的带动和辐射能力对位于创新发展初期阶段的区域而言较为薄弱。事实上，处于创新驱动发展初期阶段的区域变化是一种极其复杂且微妙的现象，这种变化往往是由许多先入为主或不准确的概括性因素主导，如缺乏主动性、创造性、创新性，或者过度依赖文化等不合时宜的刻板印象，从而导致消极认识落后地区的创新潜力和能力。需要认识到，位于创新驱动发展后段区位上的地区具有产生创新解决方案的深层能力。该观点在英国《国家科技艺术基金会调查报告》（National Endowment for Science Technology and Arts，NESTA）中也有所体现。该报告指出，落后地区和边缘地区（Lagging Regions and Peripheral Areas）的创新活动增长需要各级政府给予更多注意，具体可以通过综合利用自然资源，或将历史遗产与新技术相结合，满足新的和正在出现的社会需求。

这里提供一个非常有趣的关于美国肯塔基州小葡萄园的案例。该案例描述了该地区如何形成以葡萄园为核心的一元产业主导发展路径。肯塔基州葡萄园产业成为主导产业，得益于美国农业部门的战略目标转移，即由烟草生产转为寻找替代作物。早在18世纪，肯塔基就是美国许多酒庄的所在地。1920年的禁酒令导致了葡萄园的衰落和烟草的扩张。随着人们对于健康的日益关注，当地生产者不得不寻找其他收入来源，葡萄酒产业得以再次增长。工业体制结构和需求结构的变化，改变了重获新生的葡萄酒产业所面临的挑战，即在新技术结构和市场需求的推动下，势必要坚持企业家精神，提供差异化产品，挖掘利基市场，开发以消费者为导向的供应链，从而创造更高的价值，获得市场竞争优势。肯塔基州的葡萄酒产业采取多样化经营方式，如向当地餐厅提供农场自酿葡萄酒，从其他农场购买产品和配料，组织游客参观葡萄园，提供葡萄园全景、野生动物和日落游览等项目。同时，提供"渗透式体验"的纪念品店和品酒室，让参观者了解农场历史、当地食物的特点和传统，进一步强化葡萄酒和食物完美结合。此外，以"原产地销售"为卖点，采取品牌战略，将企业价值观和文化坚定植根于当地社区。总而言之，受益于缩短价值链，以及技术、管理、流程和文化的创新，小葡萄园成功建立了基于区位特征的一元产业主导发展路径。

中国特色小镇和特色小城镇的实践也是一个生动有趣的案例。2017年12月，国家发展改革委、国土资源部、环境保护部、住房城乡建设部四部委联合发布《关于规范推进特色小镇和特色小城镇建设的若干意见》（以下简称《意见》），精准定义"特色小镇是在几平方公里土地上集聚特色产业、生产生活生态空间相融合、不同于行政建制镇和产业园区的创新创业平台"。换言之，特色小镇以聚集特色产业为核心，空间上要求生活和生态相融合，体现形式灵活，发展类型多样（见表7-2）。特色小镇的产业核心在于突出清晰的产业定位，要有明确的产业主线，这与智慧专业化逻辑下的一元产业主导发展路径具有惊人的一致性。

将上述案例与大量文献中所述的有关农村发展理论和政策思考的演变轨迹进行比较是十分重要的。从理论层面出发，以农村为代表的落后地区发展创新驱动综合模式，应该支持从以农业为基础的发展方式向以农村和区域为基础的更加一体化的发展方式转变，借助创新方式激发生态发展与农村社会经济发展结合的潜力。新农村发展模式的一个关键特征是重新配置地方资源的双重社会生态过程，同时扩大和深化与国家和国际经济间的相互作用（Esparcia，2014）。换言之，可以通过增加与外部经济的互动，同时最大化地在农村空间中固定更多的经济和社会价值，重建农村差异化发展道路。在这个方向上，一元主导产业发展路径为农村等边缘地区和落后地区实现创新驱动发展提供了实践路径。

表7-2　中国特色小镇发展主要类型及案例

序号	产业类型	代表性案例
1	特色产业型	浙江诸暨大唐袜艺小镇、浙江嘉善巧克力甜蜜小镇、浙江桐乡毛衫时尚小镇、广东东莞石龙小镇
2	新型产业型	江干东方电商小镇、余杭传感小镇、福山互联网农业小镇、黄浦知识小镇、菁蓉创客小镇、秀洲智慧物流小镇、德清地理信息小镇

续表

序号	产业类型	代表性案例
3	历史文化主题型	贵州凯里西江苗寨、四川汶川羌族水磨镇、云南楚雄彝人古镇、浙江桐乡乌镇、龙泉青瓷小镇、山西平遥古城、茅台酿酒小镇、河北永年太极小镇
4	高端制造型	浙江萧山机器人小镇、浙江宁海智能汽车小镇、浙江长兴新能源小镇、浙江宁波江北动力小镇、浙江新昌智能装备小镇、山东陈阳动车小镇
5	创意农业依托型	河北邢台牡丹小镇、浙江丽水茶香小镇、河北邯郸馆陶粮画小镇
6	金融创新型	浙江义乌丝路基金小镇、杭州西溪谷互联网金融小镇、杭州拱墅运河财富小镇、北京房山基金小镇、广州万博基金小镇
7	生态旅游型	浙江宁海森林温泉小镇、杭州湾花田小镇、海南万宁水乡小镇、琼海龙江碧野小镇、云南丽江玫瑰小镇
8	城郊休闲型	浙江临安颐养小镇、海南琼海博鳌小镇、贵州安顺旧州美食小镇、北京小汤山温泉小镇、吉林通化龙溪谷健康小镇、广州钟落潭健康小镇
9	艺术主题型	河北衡水周窝音乐小镇、云南丽江古城区九色玫瑰彩色小镇
10	边境风情型	中俄边境·内蒙古满洲里风情小镇、中老边境·云南磨憨风情小镇、中蒙边境·内蒙古都拉边境风情小镇
11	影视IP型	浙江东阳横店影视主题小镇、华谊兄弟长沙电影小镇
12	主题娱乐型	上海迪士尼小镇、深圳欢乐谷金矿小镇、青岛灵山湾旅游度假区冰雪童话小镇
13	交通枢纽型	浙江萧山空港小镇、福建建德航空小镇

资料来源：陈青松，任兵，通振远，等. 特色小镇实操指南：策划要点 运营实物 落地案例 [M]. 北京：中国市场出版社，2018：13-16.

值得注意的是，一元主导产业发展路径优势产业重点突出，打造"小而全"和"精而美"的本土产业体系，通过缩短价值链以减少竞争环节，从而提高资源配置的有效性和灵活性，因此能较好地适配创新"低频"区。需要强调的是，农村等创新落后地区和边缘地区创新发展路径的重点在于，从支持部门获取补贴的方式向以地方为重点的综合投资方式转型。不可否认，新技术的影响作用在很大程度上取决于当地的体制和治理系统，以及不同行动者之间接触的性质。鉴于此，一元产业主导发展路径的挑战在于，如何更好地理解当地经济各个组成部分的相互作用机制，以及本土能力如何发挥作用。这不仅仅是通过市场机制实现的，还需要重新构筑创新参与主体组合和重新确定资源和基础设施网络，沿着垂直一体化产业链开辟新的多样化利基，以便可持续地生产商品和提供服务。

7.2.2 多元产业并存

应该思考，以优势产业为"抓手"的一元产业主导发展路径，向以主导产业及"共荣产业"为重点的多元产业并存发展路径转变的机制是什么？可以概括为两种解释：①产业垂直分工细化促进价值链延长，即共生机制下"共荣产业"的产生；②价值链分布突破地理、技术和管理等边界，即协同进化推进全球价值链的形成与发展（见图7-4）。两者结合在一起，改变了区域创新驱动发展路径的方向和模式。多元产业并存发展路径中的主导产业及"共荣产业"，如同无数个并行运算的CPU，能快速读取区域创新需求"指令"，并通过顺序控制、时间控制和操作控制等功能，极大提振区域创新驱动发展效率。多元产业并存发展路径以全面覆盖价值链为主要特征，重点在于发挥主导产业的辐射优势，引导、推动和协调"共荣产业"在其设计的产业链上下游动，从而支撑、延伸和加强价值链。正如OECD指出，价值链包含分散的、模块化的、投入产出的市场活动，以及相互关联的工业过程。基于价值链定义，可以将"共荣产业"视为游移和围绕在产品服务设计，原材料供应，产品和服务的生产、销售和配送，向消费者提供售后服务等价值链环节的产业。

"共荣产业"与主导产业是共生机制下的协同进化，从而构成多元产业共存发展路径。所谓共生机制，是生物学中描述两种不同生物间形成的紧密互利关系。这同样可以解释多元产业并存发展路径。具体而言，主导产业为"共荣产业"提供有利于生存的帮助，同时获得"共荣组织"提供的帮助。此时区域创新驱动发展路径正由一元产业主导向多元产业并存转轨，大部分共荣产业只是在主导产业的需求外包下，获得了发展机会，其显著特征为"共生共存"，发展重点在于如何与主导产业互动以获得生存机会。事实上，主导产业确定哪些活动要在内部进行，哪些环节要在其他组织的控制下外部化，并不知道自己作为"养分"正在帮助"共生组织"。对主导产业而言，只是选择了对自身最有利的生存方式，或者说最有效率的资源配置方式和创新效益的最大化。作为营养给予的主成分，主导产业的战略选择一方面推动产品/服务的专业化和定向投资；另一方面导致价值链的碎片化，多个供应链进入和退出组织，多个价值链在不同阶段通过组织行为不断交叉。对于"共荣组织"而言，这是创新演化推动下产业自然选择的本能行为。

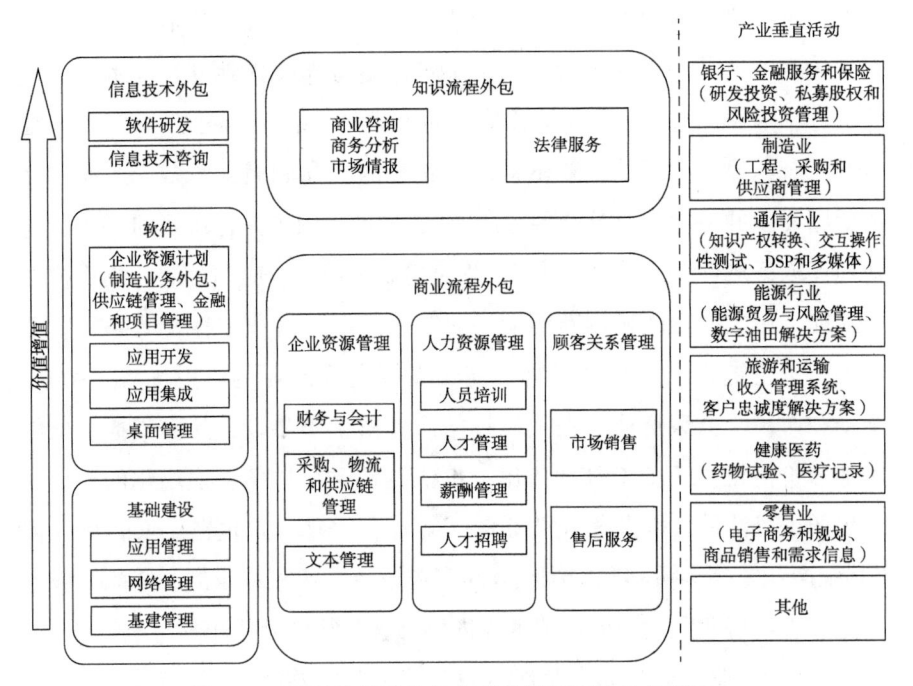

图 7-4 基于价值增值的全球价值链离岸外包服务

资料来源：FERNANDEZ-STARK K, BAMBER P, GEREFFI G. The offshore services value chain: upgrading trajectories in developing countries [J]. International Journal of Technological Learning, Innovation and Development, 2011, 4 (1-3): 206-234.

如果说在共生机制作用下，区域创新驱动发展开启由一元产业主导向多元产业共存的转向进程，那么多元产业并存的协同进化可视为其繁荣阶段。可以说，多元产业并存本质是广义上的协同进化，是产业适应区域创新驱动作用的必然结果。多元产业并存发展路径有三个重要意义：①促进区域产业多样性以增强区域创新系统的完备性；②促进产业间的共同适应性以增强区域参与全球竞争的能力；③维持产业集群的稳定性以提高价值链的完整度。一般而言，在自然生态系统中，种群关系上的协同进化现象非常普遍。而在区域产业创新集群中，主导产业和"共荣产业"由于功能上的耦合性、关系上的密切性和结构上的系统性，自然地具有自然界中的"种群关系"，即产业集群的自然演化。在长期的区域创新动态发展过程中，相互作用的产业很容易由单方的依赖性发展为双方的依赖关系。换言之，发展"养分"的供给是相互的，主导产业和"共荣产业"互为不可缺少的生存条件，两者相伴演化，相互协调，协同进化。

值得强调的是，多元产业并存发展路径通过延伸、加强和支撑价值链实现价值增值，通过打造自适应强、稳定程度高、功能耦合性强的产业集群，提高区域创新活动的系统性，因此能较好地匹配处于"追赶发展"阶段的区域。处于"追赶发展"阶段的区域主要任务是以打造创新生态系统为战略目标，引导区域创新活动向价值增值方向转变。根据区域的产业基础和吸收消化知识的程度，可以进一步由高到低将"追赶发展"区域分为前段、中段和后段三个阶段，逐步实现区域创新驱动发展目标（见表7-3）。

表7-3 "追赶发展"不同阶段的区域多元产业共存发展路径

"追赶发展"前段区域	"追赶发展"中段区域	"追赶发展"后段区域
·支持科学和技术联系 ·区域创新代理机构 ·促进创新创业 ·区域产业集群的稠化和国际化 ·创新导向的政府采购	·构筑技术平台，尤其在中小企业和技术学校间 ·在相关部门成立国家共同出资的技术转移中心 ·区域协同型/完善型咨询网络 ·针对中小企业的创新奖励 ·支持企业招收应届毕业生	·对区域非贸易部门采取集中行动 ·支持服务创新/文化产业创新 ·支持小规模产业集群参与全球价值链 ·针对初始创新人员提供创新奖励

不可忽视的是，多元产业共存发展路径在推动不同产业在价值链上下流动的同时，应该注重如何有效管理各个供应商网络、联盟伙伴关系等"共荣组织"，以掌握价值链的有效控制权和协调增值活动。欧洲各地区在区域发展和智慧专业化方面可供学习的经验是，进一步推进区域数据共享和需求映射。这不仅需要跨区域和跨边界的政府治理和合作，以提高政策制定者的参与度；同时需要制度上的规划以建立统一的或灵活的战略框架，确保快速和准确识别特定行业中或价值增值活动中的临界规模（Critical Mass），从而提供系统完善的支撑服务。

7.2.3 产业互联网络

从多元产业共存发展路径可以观察到，价值链具有多个前后（或上下）联系，类似于一种复杂物流的战略联盟结构，在技术驱动、产品和服务推动，以及市场拉动的三重动力作用下发展。商品链的全球化刺激了复杂的跨境规模经济和范围经济，催生了跨越地域和行业边界的企业战略联系浪潮。供应链和全球商品链的概念都代表了基于一系列市场增值活动下的同一种网络关系，即产业互联网络。产业互联网络发展路径的本质就是从单一价值链剥离，沿生产链主线分叉，具体表征为以主导产业为关键节点，带动关联产业，形成结构完备和功能完善的产业互联网络（见图7-5）。区域主导产业对区域创新驱动发展本身具有正向网络效应，即区域的主导产业作为智慧专业化强调的区域优势能带动同一条价值链上的共荣产业发展，从而吸引更多关联产业加入。同样，关联产业间也存在正向网络效应，即产业互联网络带来的投资回报递增所产生的持续创新吸引力。

智慧专业化强调的产业互联网络发展路径，并不仅限于高科技行业。产业互联网络发展路径的关键区别在于以区域产业基础为出发点，以区域优势识别下的主导产业为网络节点形成的活跃创新互动。正如硅谷的成功让全球各地区政府在当地打造"地区+硅谷"模式，打造高科技园区，从以硬件产品生产为核心的中国台湾的新竹科技园，到以软件产品价值链生产环节为核心的印度班加罗尔，其实质往往只是在不同价值链的生产环节转换，最终沦为生产经济。这里选取拉斯维加斯的区域特色经济体系，说明智慧专业化逻辑下的区域产业互联网络发展路径可以存在任何产业中。

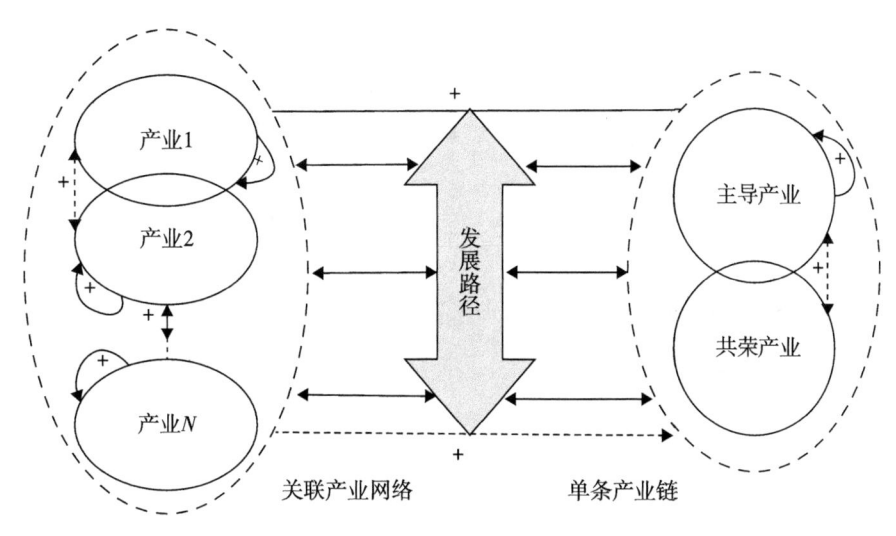

图 7-5　产业互联网络发展路径示意图

图 7-6 诠释了拉斯维加斯的区域特色经济体系是如何形成的。拉斯维加斯地区经济起步得益于美国政府在 1931 年承认博彩业合法。在初期，拉斯维加斯的价值链模型是以赌客为核心，赌场和酒店都为赌客服务。后来，很多赌场老板邀请好莱坞明星、歌星和表演剧团到拉斯维加斯演出，娱乐行业开始逐步兴起。不仅如此，拉斯维加斯还为不同年龄层客人提供多样化的博彩游戏机器，因此也带动了博彩游戏机行业不断创新产品。

仅有博彩和娱乐表演远远不够，越来越多的人来到拉斯维加斯，引起了国际豪华酒店集团的注意。1989 年开业的米拉吉是拉斯维加斯第一家豪华巨型酒店，拥有卓越的酒店设施，能提供规模不一、整洁精致的宴会厅、会展厅等供展会、婚礼和商务洽谈使用，这也促使老旧传统酒店改造升级。豪华巨型酒店的入驻吸引国际商会等大型会议常常选择拉斯维加斯作为举办地。例如美国最大的个人电脑展（Computer Dealer's

Exhibittion），从1973年至2003年都在拉斯维加斯的米高梅大酒店举行。此外，商场、买手店等消费经济也得到了极大提振。许多二手奢侈品、珠宝、手表等交易中心也都纷纷向拉斯维加斯转移。

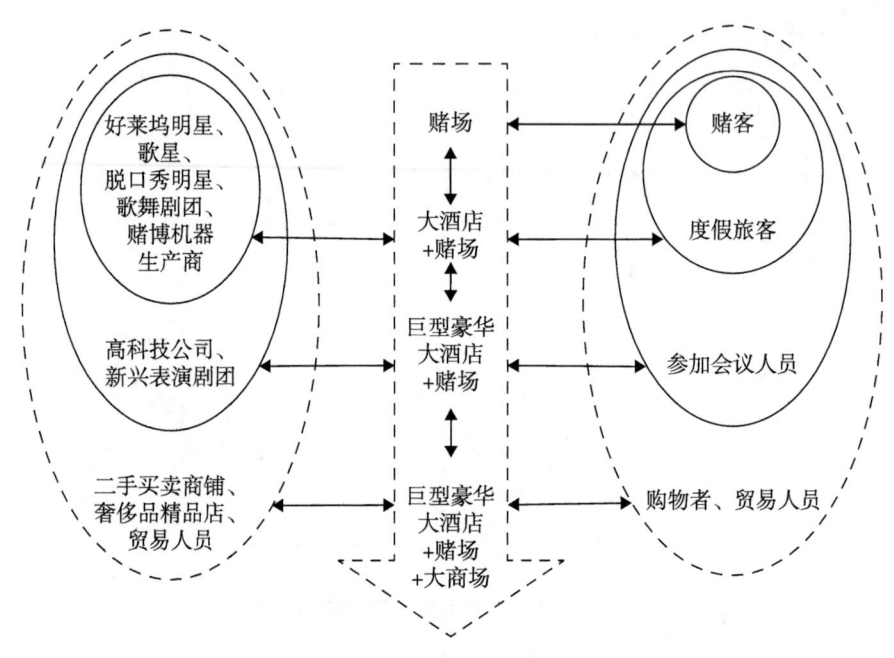

图 7-6　拉斯维加斯的产业互联网络发展路径

资料来源：谢德荪. 重新定义创新：转型期的中国企业智造之道［M］. 北京：中信出版社，2016：262-266.

综上，拉斯维加斯的经济体系生动说明了产业互联网络发展路径如何推动实现区域创新驱动发展。拉斯维加斯以博彩、旅游、会展、购物等现有的产业生态系统为基础，通过引导其他的投资者，综合利用大型豪华酒店和连锁商场投资等，形成赌场型酒店，深化价值链模型，形成创新经济。可以说，产业互联网络发展路径主要是通过网络效应推动区域发展，能较好地匹配具有一定产业基础规模的创新领航区域的发展需要。

7.3 区域创新驱动发展的路径选择策略

区域创新体系和全球创新网络正在崛起。在智慧专业化逻辑下，创新活动的不可分割性、强大的空间集聚性，使得将创新政策框架下放到区域层面成为一个日益凸显的趋势。OECD的研究表明，与国家层面相比，地方层面更重视对研发和创新的公共投资，欧盟地区的情况尤其如此。这与全球化及随之而来的研究和创新政策一体化压力有关。在许多欧盟国家，与知识投资相关的政策，从教育、研究和创新政策，到产业和部门政策，大多分散在许多干预领域，但缺乏临界体量。大多数创新发展路径的国际定位较弱，对路径选择影响的认识有限。此外，欧洲松散的研发体系结构，不仅造成了资源的浪费和重叠，限制了某些活动规模化发展的可能，而且也与创新能力的区域分布不匹配。鉴于此，根据智慧专业化和路径依赖理论，构筑区域创新驱动发展在"路径变异—路径匹配—路径留存或复制"发展过程中的选择策略。

7.3.1 路径变异：识别判断

不可否认，区域创新发展的实际绩效水平和预期绩效水平之间会存在偏差。可以将实际绩效水平高于预期绩效水平的状态称为"正向反馈"状态，而低于预期绩效水平的状况则称为"负向反馈"状态。一般情况下，区域创新驱动发展的路径变异源于区域创新绩效的"负向反馈"。从图7-7可以看出，区域创新驱动发展路径在形成初期处于基础路径形成阶段。该阶段的原始路径是依据区域创新水平和创新能力的有机整合，可以是一元产业主导、多元产业并存或产业互联网络三种路径中的一种，也可以是其他并没有纳入智慧专业化发展路径分类中的情况。此时的发展路径处于萌芽调整阶段，整个区域需要付出一定的创新投资和发展成本来实现和促进新路径稳定化发展。因此，发展路径会呈现出平缓的上升趋势，进入路径惯性依赖阶段。当发展路径逐渐与区域经济社会结构对接，形成稳定的主导逻辑和主要推动力量后，在报酬递增效应的催动下，企业彼此相邻获得聚集利益，集群间企业的联系越紧密，生产成本越低，学习和网络效应就越大，区域创新驱动快速发展。发展路径产出，即区域创新绩效显著攀升，逐步进入路径依赖稳定阶段。而资源投资存在产出极限、社会需求结构的变化、来自全球范围的竞争压力，聚集利益被多重因素腐蚀消融，边际收益收敛趋向于0，即路径依赖稳定阶段被打破，并成为阻碍区域创新发展的桎梏，区域创新驱动发展需要进行路径变异。

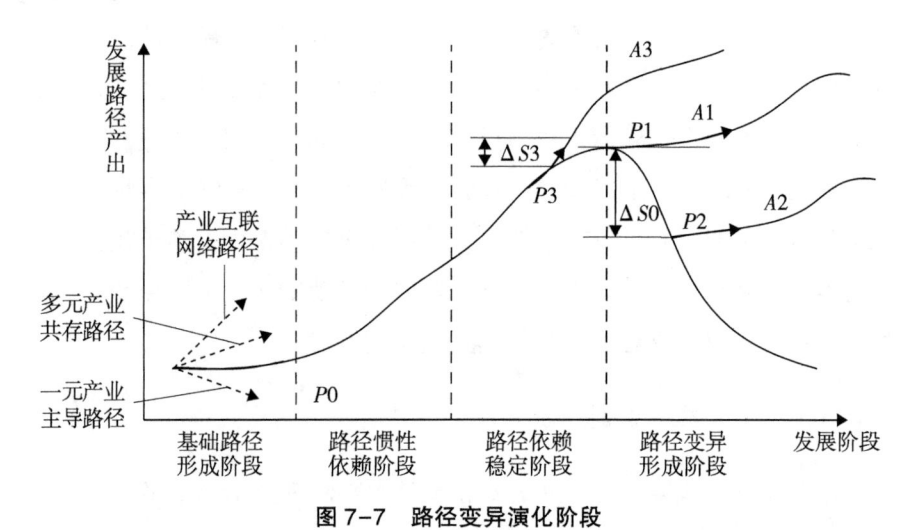

图 7-7 路径变异演化阶段

路径选择是一个动态演化的过程，其逻辑是通过吸收、整合、调整创新资源打破低效甚至无效的路径依赖，找寻新的有效发展路径。出于完全理性逻辑假设，区域创新驱动发展路径选择应该在 $P1$ 点之前进行调整，以便尽快开启路径变异形成阶段，进入发展路径 $A1$。然而，完全理性逻辑假设在现实生活中基本不存在。在这个方向上，智慧专业化通过两个方面的作用，能够作为政策干预的补充机制。①信息外部性。政府应确保与企业家交流信息的机制，以便了解成本和机会，并进行战略协调。②协调外部性。由于某些项目需要高固定成本和大规模投资，特别是知识驱动投资特有的溢出效应，私人活动和发现机会可能受到限制。

更为常见的是，在有限理性逻辑下，路径变异形成往往有一定的滞后性。这是由于路径依赖带来的区域创新驱动发展战略"假性预判"。具体表现为：区域创新产出降低并不是显性的，很难在初期就被识别。企业家作为市场信号最敏锐的接收者，常常由于组织刚性和调整成本过高，在决策时易产生摇摆心态。由于对路径产出在心理上设有一定阈值的下行空间，可以观察到的是路径变异决策大部分时间发生在路径产出下降过程中的某一点 $P2$，沿着路径 $A2$ 发展，即区域创新驱动发展路径还是在路径依赖的推动下，沿着 $P1$ 到 $P2$ 走了一段无效路径。

事实上，路径变异形成阶段的决定时机，与区域特征也有很大关系。正如前述一样，区域创新驱动发展路径的启动阶段就有很大差异性。对于创新环境活跃的区域，创新主体的创新驱动意识会更为强烈，强化创新行为的意愿更为迫切，从而对于更优路径或更适合路径更为敏感，因此路径变异在更大程度上会在 $P0$ 到 $P1$ 之间曲线上的任意一点，进而沿着路径 $A3$ 发展。

7.3.2 路径匹配：学习吸收

决定路径变异的时点受多重因素影响，而这取决于区域创新活动参与者识别判断能力的综合运用。事实上，路径变异一旦开始，仍会面临路径方案的选择风险。在智慧专业化框架下，选择风险源于四个方面：①发现创新过程中投资不足所产生的激励问题；②先行者劣势，即企业家发现相关专业领域可能具有很高的社会价值，如有利于该地区经济的发展，但做出初步发现的企业家只能获取这种社会价值中非常有限的一部分，因为其他企业家的迅速进入稀释了这一社会价值；③善于探索和确定新活动的企业家往往与营销和融资来源没有足够的外部联系，这可能降低他们进入市场的动机；④专业基础设施的质量最初作为决策判断依据，后来成为政策扶持和支撑目标。

在智慧专业化描述的可能性风险下，出于有限理性的逻辑事实，很有可能路径变异的预期结果会与实际结果大相径庭。如图 7-8 所示，即路径变异并没有沿着 $P1$ 向 $A1$，或 $P2$ 向 $A2$ 演化，而是在路径变异调整过程中由于对信息市场把握不准确、对区域产业结构分析不清晰、区域社会文化阻力等，反而产生了高额的调整成本和转换成本，导致路径变异从 $P1$ 滑向 $A1'$，或沿 $P2$ 滑向 $A2'$。正由于无法判断路径变异后的路径产出是否必然优于原路径或其他路径方案，因此要注意培育区域创新的学习吸收能力。

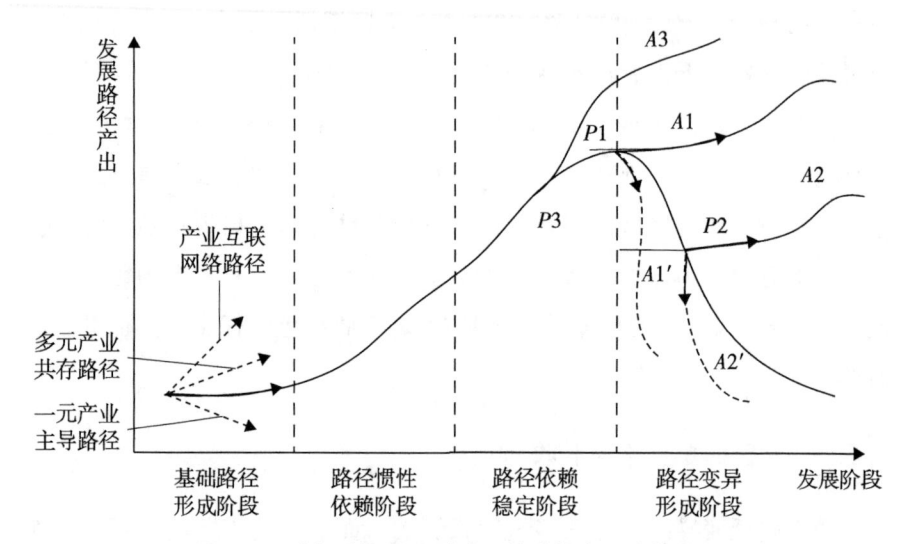

图 7-8 路径选择风险影响下的路径变异演化阶段

竞争优势主要体现在资源重置过程中，在初始资源和最终产品间的中介产物将起决定性作用（Cardeal and Nelson，2012）。换言之，调整后的路径如何与区域资源形成互补性资产将决定区域创新竞争能力的持续性。而这种中介物质所形成的互补性资产是在区域学习吸收能力基础上实现的。从智慧专业化出发，可以将区域创新学习吸收能力分解为三个方面，进一步解释如何提高区域创新驱动发展路径匹配的成功率。

（1）创新质量治理是进行成功路径匹配的关键。全球各个国家和地区体现出明显的多样性，按照当代标准改进治理结构仍至关重要。具体而言，建设形成持续且范围广泛的企业家发现，建立明确的行政分工和构建基于结果导向的监督系统，形成具有共同愿景的长期战略计划是十分必要的；构筑创新研发"一站式"服务体系，建立以国家宏观战略为基础的共享数据库，优化现有信息沟通渠道，提高创新活动主体间的合作交流；提高创新活动主体间的交互意识，建立以信任为导向的多样化交互系统，支撑科学研究和成果转化之间的合作；构筑创新公共采购和有效的国家援助程序，及时响应创新研发的需求呼应，通过教育培育和人才流动提高工作人员的服务质量，简化管理行政程序。

（2）卓越的研究能力建设是路径成功匹配的重要部分。具体而言，应该清晰识别现有的研究设施和设备，投资建设现代化科研基础设施，打造高水平的科研人员队伍，支持国际网络互联活动，以及配套国家创新战略开展创新子项目研发，提升区域创新能力；为研究人员、博士资助和培训行政人员设立流动培养方案，支持青年研究人员科研项目和建设透明的工作晋升评价机制，提高区域人才资本；引入专家咨询机制，提高行政管理专业性，推动科学创业，提供有针对性的扶持以提高创新活动参与度。

（3）推动研究成果商业化能有效降低路径匹配难度。具体而言，通过融资协同效应和管理机制降低投资风险，将智慧专业化作为长期投资参考框架，建设长期投资目标和系统化监管体系；建设以市场为导向的研发组织，通过公共财政和刺激鼓励产学研深度合作，将项目管理成本纳入国家支持活动中，支持政府和社会资本合作的国际化发展；推动国家援助程序现代化，构筑创新型公共采购系统，可以参考欧盟"卓越奖"（Seal to Excellence）计划，鼓励具有发展前景的创新项目获得质量认可，运用欧盟结构投资基金扶持以市场为导向的研发活动，从而提高区域创新驱动发展目标与研发活动的耦合度。

7.3.3 路径留存或复制：试错耦合

区域创新驱动发展路径演化的最终方案必须能适应区域创新需要。只有根据路径匹配后的路径产出，即区域创新绩效才能判断该路径选择的最终走向。这个过程是在不断的"试错耦合"行为中观察得出的。在科斯的世界里，有限理性驱动下的决策制定者是以满意为原则，而不是以最优为导向。因而，区域创新驱动发展的路径选择经历了路径变异，发展到路径匹配阶段，最终是按照新的路径升级演化，还是保持原路径不变，取决于区域创新绩效差的反馈属性。图7-9展示了简化的路径试错耦合流程。

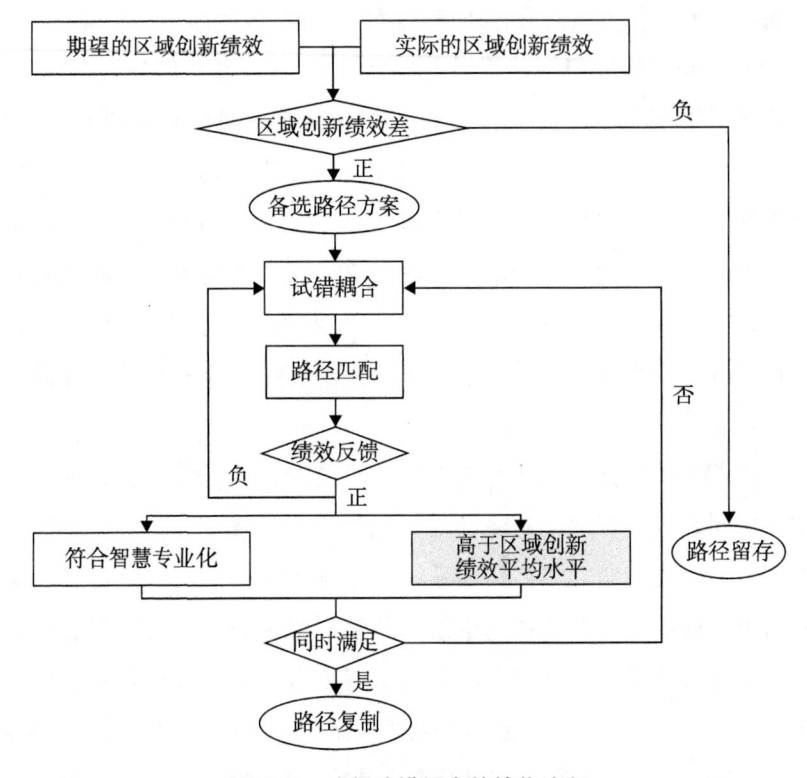

图 7-9 路径试错耦合的简化流程

（1）企业在完成路径变异，开启路径匹配阶段后，会开始对原路径的主导逻辑进行否定和主观愿上的遗忘。整个区域的创新发展路径会选择目前看来"最合适"的方案，并根据新的路径方案调整预期的路径产出，即区域创新绩效进行创新路径探索的尝试性实践。

（2）沿着新路径方案发展一段时间，即路径匹配的初期阶段，通过不断监测和评估路径实践结果，对该路径方案产出效率进行持续性测评。

此时会产生两种可能结果。一种结果是目前路径方案的产出结果低于预期的区域创新绩效，甚至远低于路径变异阶段前的原始路径产出，则可以说该阶段的路径匹配失败，区域创新驱动发展的路径选择进入路径留存阶段。换言之，可以保持原始路径持续发展，再根据内外环境的变化调整路径选择时点和方案。另一种结果是区域创新绩效差持平，即路径变异并没有给区域创新产出带来显著增效，此时区域仍选择沿着路径匹配阶段推进，但可以通过专家咨询等方式，对新路径方案中显现的新问题进行调整，进而开启新一轮的试错耦合过程。

（3）若区域创新绩效差为正，即备选路径方案下实际的区域创新绩效高于期望值，形成了正向反馈，则可持续监控和测评该路径是否符合智慧专业化，以及是否具有高于区域创新绩效的平均水平。如果同时满足这两个条件，可以判断该路径耦合成功，此路径方案可以用于不断复制，以促进区域创新绩效持续发展。若只能满足其中一个条件，则该路径的可复制能力较弱，可能给区域创新发展带来短暂的提振作用，但长期续航动力不足，易导致区域的路径选择再次退化至路径变异阶段。值得强调的是，拥有较强企业家精神的企业所在区域，因为创新意愿较高，愿意承担较大的创新风险，可能会冒着风险再次进入试错耦合阶段，进入新一轮的路径匹配。而对于非科学和技术驱动中心而言，由于缺少创新试错意愿，也无法承担路径试错耦合产生的成本，有可能还是沿着"次优"的路径方案发展，开启路径复制发展阶段。

可以看出，区域创新驱动发展的路径选择并不是一个一蹴而就的发展过程，而是多次动态循环的试错耦合，最终决定路径的留存或复制。事实上，区域创新驱动发展在一元产业主导、多元产业并存和产业互联网络三种路径间的选择过程，本身就是一个更大范围的路径匹配过程。从区域内部结构看，某种发展路径如果不能与区域内部产业结构、社会结构和经济环境相兼容，无法形成创新推力，则该路径无法达到期望的区域创新绩效；从外部环境看，某种路径如果无法与环境变化机制同步适配，则该路径也无法帮助区域创新绩效获得高于平均水平的表现。因此，区域创新驱动发展的路径选择要以动态视角，不断识别判断，通过提高学习吸收能力，以提升试错耦合的意愿和水平。

7.4 本章小结

智慧专业化实践性维度有效支撑了区域创新驱动发展的路径选择问题。基于智慧专业化实践性维度，从区域创新驱动发展的路径选择原则、路径分类和路径选择策略三个方面，阐述了区域创新驱动发展路径选择全过程，进而为区域创新驱动发展提供系统参考。主要观点可概括为以下三点。

（1）区域创新驱动发展的路径选择要根据指导原则，提高选择路径的科学性和可操作性。本土化原则是核心，是智慧专业化实践性维度的具体体现。差异化原则符合区域创新差距的实际需要。包容发展原则是关注欠发达地区和全人类可持续发展诉求的必然选择。合作开放原则是在全球化的背景下，参与国际竞争，加入全球价值链，提高竞争能力的重要内容。

（2）区域创新驱动发展所处的路径位势是历史选择动态演化的结果。根据智慧专业化，区域创新驱动发展的路径分类受路径位势影响，可以分为一元产业主导、多元产业并存和产业互联网络三种。三种路径分类能够根据区域创新缺口和区域创新差距的差异，适配不同创新需求的区域，从而提高区域创新驱动发展的绩效水平。

（3）由于区域差异化显著和路径发展动态演化，应根据智慧专业化和路径依赖理论，构建区域创新驱动发展路径选择全过程，并提出对应阶段的选择策略，以便为区域创新驱动发展实践提供参考和指导。

第8章 区域创新驱动发展的制度支撑

区域创新政策是区域创新驱动发展整体结构的支撑"骨架"。一般而言，研发政策、创新政策、中小企业扶持政策和产业集群政策等都是独立设计完成的，许多功能性联系都会丢失，潜在的影响也会减少。这种背景下，一个理想的创新制度支撑体系应该能通过制度建设加强现有政策之间的协调和协同作用。该支撑体系的一般假设是，创造稳定的制度条件和组织结构，有效推动创新战略设计，并且促进战略实施、战略融资和战略监督等环节的发展。鉴于此，区域创新驱动发展制度支撑的基本构件，应该始于政府决策和承诺，即在国家层面上开展战略设计过程。然后，在对具体情况和现有增长进行总体概述后，根据各地区经济规模和需求，调整发展区域创新驱动发展的具体模式。区域创新政策的制定应该是互动的、区域驱动的和基于社会创新共识的。智慧专业化并不会导致区域发展的"碎片化"，而是强调在国家政策框架下探索建设区域创新制度支撑新体系。

8.1 构建灵活的区域创新驱动发展政策组合

有效设计和实施基于区域实际的创新政策需要依托一定的制度成熟度，具体表现为在政策工具实施过程中获取、解释和使用区域实际数据的能力。欧盟创新发展经验可供借鉴的是，实施和设计创新政策新组合，可以建立在过去的经验和现有的政策框架基础上，以便相关的内外部创新利益相关者更好地理解创新政策新组合。智慧专业化就建立在早期的创新政策概念和欧洲区域发展结构基金的基础上，并与既定的创新发展管理体制结构有机耦合。内部创新利益相关者由国家或地区行政部门、管理部门、创新机构和统计机构等代表，具有处理与智慧专业化发展不同方面相关的能力，特别是与经济发展、产业结构调整、创新研究和教育培训等相关内容方面的管理能力。而外部创新利益相关者是创新体系的关键参与者，不构成公共行政的一部分，包括企业家、商会、学术界和公民社会等。事实上，区域创新驱动发展制度支撑是一个以地方为基础的政策，特别是在一些大型经济体中，制定区域重点和以重点为核心的计划行动显得尤为必要。鉴于此，考虑现行的行政法规和经济文化，发展具有相对制度成熟度的机构能力，在智慧专业化逻辑下，区域创新驱动发展创新政策组合可采取多种方式。

8.1.1 推动"小区域"创新发展

区域创新系统体系复杂，在多个参与者和利益相关者及其与内外部环境相互作用的结构下，政策干预能够调动并产生影响的公共资源是有限的。可以观察到的是，正是由于既定的公共资源和创新参与主体不确定性之间的关系，导致当创新参与主体的范围扩大到所有部门和利益相关者中，公共干预的影响被进一步稀释。鉴于此，在可持续发展这一长期愿景的推动下，智慧专业化主张将公共干预重点放在对增长和就业具有最大潜在影响和溢出效应的领域，即通过缩小公共干预的影响范围以扩大和提高其影响效果。概言之，推动"小区域"创新发展是提高区域创新政策有效性的核心。

例如，欧盟联合研究中心通过分析摩尔多瓦的创新系统指出，基于区域整体的横向识别行为和基于特定领域的识别行为存在显著差异（见表 8-1）。推动"小区域"创新发展是对区域创新系统的有效解构，这种过程事实上是将区域创新系统划分为多个相互联系和相互影响的子系统，以便创新政策精准定位服务对象，提高创新政策有效性。"小区域"创新实际上是对"社区型"创新（Innovation Communities）的本土化概括。换言之，基于区域优势领域制定支撑政策是远远不够的，更为关键的是，要确定并吸引可以改变区域创新运营子系统的关键利益相关者。关于社会经济网络的文献表明，当至少有10%的关键角色改变他们的行为时，将会导致系统中重大行为的改变。因此，需要划定研究范围来识别区域内重要的价值链、研究中心和关键创新型公司。推动"小区域"创新发展的重要作用可以概括为两个方面。

表 8-1　摩尔多瓦地区的创新系统

统计项目	摩尔多瓦地区	化工材料和纳米技术
2007—2017 年学术论文数量	3925 篇	1771 篇
2008—2016 年研发创新公共投资额	1.13 亿欧元	0.35 亿欧元
2007—2017 年专利数量	2815 个	762 个

资料来源：*Supporting an innovation agenda for the Western Balkans, tools and methodologies.*

一是为企业家发现提供基础群体。关键创新主体的识别可用于后续作为企业家发现的基础群体。企业家发现的核心是基于商业需要，以及探索商业需要与研发活动间的联系。吸引关键创新主体，尤其是中小企业加入这一过程是至关重要的，将区域创新主体的识别，从整个区域范围内转移至某个具体的行业，或某项具体的技术以减轻利益相关者的筛选工作，提高识别的有效性和准确性。在这个过程中，相关集群、商业协会、非政府组织和部门内部组织都能做出重要贡献。不可否认，"小区域"创新如果没有科学系统、战略全面的指导体系，可能面临破碎化发展或独立发展。建设一个由政府参与的核心协调小组是解决这一顾虑的重要手段。具体而言，企业家发现的主要逻辑是让利益相关者参与共同决策，以确定公共干预的优先投资领域，并构筑共同愿景和制定详细的行动计划。这种发展逻辑需要建立在信任的机制上，即利益相关者相信他们的意见能得到采纳并将产生影响。核心协调小组中的政府参与不仅使得该过程合法化，也催化了这一过程的快速发展。

二是促使区域创新驱动可持续发展。创新产出可能存在"瞬时效应"，即一项新技术或一种新的运营方式能促使区域创新效益得到爆发式增长。但值得思考的是,如何保持创新效应对区域经济发展的持续贡献。在智慧专业化逻辑下,区域创新驱动的可持续发展可以依托"小区域"创新发展的叠加效用。塞尔维亚通过在线调查、专家咨询和组织内的定性访谈,选择软件行业作为区域优势产业。在这个过程中,共确定了78个利益相关者。

图8-1展示了塞尔维亚通过实施部际合作的"创新营"促进本土软件行业发展。创新营活动主要分为三个阶段。第一阶段是在国际专家的参与下,各区域代表讨论软件行业所面临的主要挑战和机遇,以及可能的创新路线图。这个阶段的主要功能是刺激塞尔维亚地区企业家发现。这种刺激作用通过不断的重复反馈得到持续强化,并在2018年年底达到顶峰,即塞尔维亚智慧专业化战略的正式出台。第二阶段是讨论潜在问题的应对方案。该阶段研讨会的附加值在于产出创新优先事项,形成一

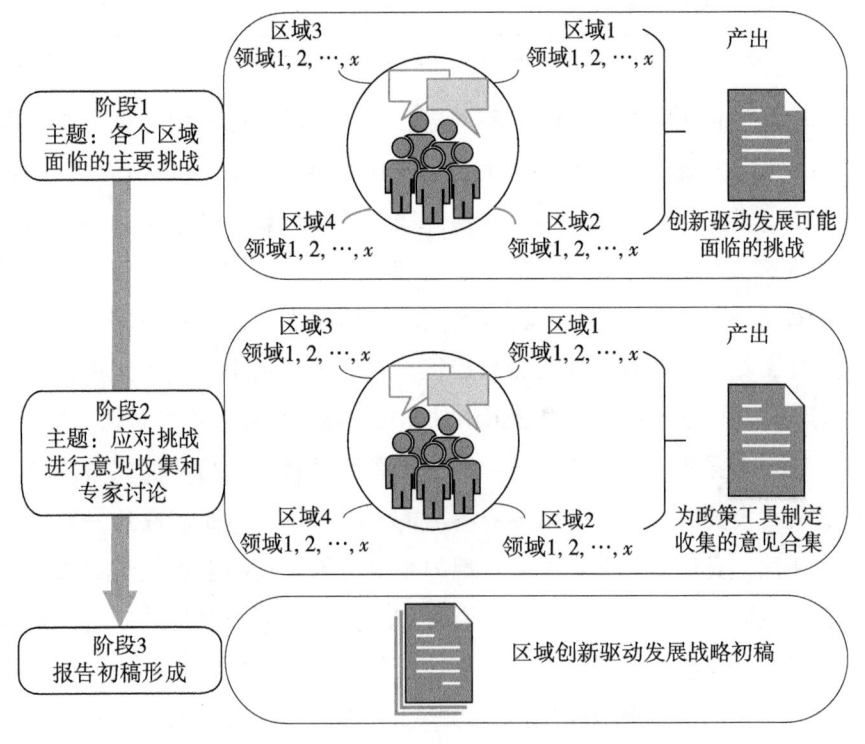

图8-1 塞尔维亚部际"创新营"流程

资料来源:Serbian Interministerial Working Group for Smart Speicalisation.

个详细的意见合集，以便为后期创新政策提供事实参考。塞尔维亚成立了智慧专业化部际工作组，协调与行业商会和地方经济发展联盟等关键创新主体的合作工作。第三阶段的主要任务是形成区域创新驱动发展战略初稿，以供后期进行可行性讨论。概言之，塞尔维亚部际"创新营"是典型的"小区域"创新发展实践，通过反复开设创新营活动，刺激区域创新驱动力的持续作用，从而实现区域创新驱动的可持续发展。

8.1.2　支持"变革型"创新项目

欧盟在《支持西巴尔干地区创新议程：工具及方法》报告中指出，"变革型"创新项目将影响区域创新行动者在未来实施创新政策的能力，其核心就是区域技术转移能力建设。换言之，支持"变革型"创新项目就是创造有利于提升区域技术转移能力的环境，以提升技术本体由技术供体向技术受体的转换效率。西巴尔干地区的技术转移能力建设计划（Technology Transfer Capacity Building Project），为区域如何支持"变革型"创新项目提供了很好的示范。该计划以支持和强化巴尔干半岛西部地区的技术转移和创新生态系统建设为目标，涵盖学术科研机构、初创投资者、科技园区、衍生公司及政策制定者等所有参与者。该计划旨在为技术转移能力建设和研发商业化生态系统建设提供翔实方案和实际举措。具体包括五个方面内容（见图8-2）。

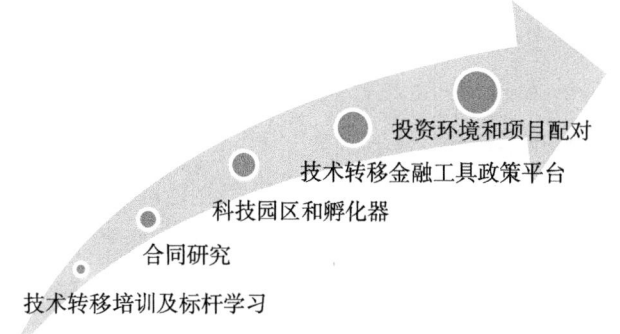

图 8-2　西巴尔干地区技术转移能力建设计划

（1）技术转移培训及标杆学习方面。培训西巴尔干地区专业人员和科研人员的专业技能，是提升影响该地区技术转移能力的核心要素。诚然，西巴尔干地区经济发展受很多外来因素及历史遗留因素的影响，但该地区积极参与欧洲甚至是国际竞争，通过标杆管理法学习其他地区的成功经验，以获取欧盟最先进的技术转让建议、培训和指导。

（2）合同研究方面。合同研究（Contract Research）广泛应用于医药领域，指通过合同形式为制药企业、医疗机构、中小型医药医疗器械研发企业等机构在基础医学和临床研发阶段提供外部资源，有利于加速医药成果市场化流通，减少医药管理和研发费用。西巴尔干地区进一步扩大合同研究的应用范围，将其运用到产学研合作领域，提高大学、科研机构的咨询服务能力，刺激和加快产学研合作成果转化速率和周期。

（3）科技园区和孵化器方面。一方面，在区域关键优势领域建设新科技园区和孵化器，以支持和促进相关领域的系统化发展；另一方面，重点构建区域内现有科技园区和孵化器间的相互联系以形成网络效应，同时以此为节点，通过科技会议等专题会议或国际会议，与欧洲其他地区的实体经济、科技园区和孵化器产生互动联系，进一步发挥创新网络的媒介作用，扩大标杆学习范围。

（4）技术转移金融工具政策平台方面。构建一个涵盖国际金融机构、当地金融中介机构、地方政府部门、大学、研究中心和技术转让办公室等多个利益相关主体的金融工具政策平台，分析区域创新驱动发展面临的问题，并提供必要的解决方案和制定路径图，以便开展概念认证等关键活动，并成立技术转移专项基金。

（5）投资环境和项目配对方面。西巴尔干地区组织了两场投资论坛，囊括天使投资、早期风投者和专家在内的近20人的国际投融资团队，面向该地区近35家公司开展接洽会谈。不仅如此，该计划在投资论坛之前，为所有公司提供由专家指导的投资准备培训，重点培训如何展示他们的业务主张，以及如何正确解决潜在投资者关注的重点和问题。

8.1.3 借助"数字化"实现转型

不可否认,社会数字化转型是一个复杂的结构现象,需要跨部门和跨领域的系统方法解决转型过程中可能出现的问题。可以观察到的是,在众多因素作用下,技术渗透发生在各个部门,引发当前社会迅速变化。受其交叉性质的影响,"数字化转型"的实际效果并不容易估计。事实上,借助数字化实现转型是一条机会与挑战并存的发展路径。在数字化转型的浪潮下,可以得到的是服务效率和质量的显著提升,不可避免的是一些传统工作被逐渐"侵蚀"甚至直接消失。数据是一种无形资产,不仅在数字业务领域中发挥的作用日益突出,在宏观层面为进行区域比较研究提供了大量的直接和间接数据,为区域创新政策制定提供事实依据。在微观层面,数字化发展有利于分析跨境投资可比情况,同时适用于区际合作和交流学习经验,以提高当地企业和政府的提前规划能力。

借助"数字化"实现转型带来的首要挑战就是创新政策的制定,主要包括两个方面。①需要建设开放性市场和数字化发展的基础设施,为数字化转型提供必要基础。②需要建立相关特定经济部门的异构数据库。异构数据库是多个相关数据库系统的集合,具有数据透明共享和各数据库独立自治的特征,每个数据库仍保留自己的应用特性、完整的调控性和操作控制上的安全性。数字化发展的核心是"数据驱动"(Data-driven)。智慧专业化发展正是放大了数据驱动对公共部门的变革性影响,同时基于企业家发现为私营部门创新者创造了新的商机。例如,欧盟认为数据是开启数位经济、发展数字化单一市场、促进创新发展、提高劳动生产力、开展创新业务、改变公共服务质量,并且最终提高公民生活质量的先决条件,各区域开展"数字议程"(Digital Agenda)有利于突出数字化发展带来的转型动力。企业创新借助数字化发展也有许多案例。例如,阿里巴巴基于数据智能和群体智能,以阿里云为平台打造智慧建筑战略,在建筑与信息化、自动化深度融合的基础上,通过物联网和互联网等技术实现全建筑系统的互联互通,以感知数据为智慧建筑核心,推动建筑发展由绿色化建筑到智能建筑再到智慧建筑的发展。

借助"数字化"实现转型的关键在于解锁公共部门地理空间数据。一个很具体的案例是贝尔格莱德大学土木工程学院与欧盟联合研究中心合作开发的塞尔维亚地理空间数据研究门户网站。该网站完全基于开源软件和国际标准，公开了该地区研发和公共部门数据，并将所有数据集都通过元数据记录，同时提供下载链接。换言之，这个门户网站成为塞尔维亚创新发展成果的展示窗口，通过记录方法和经验实现数据共享，进而发挥数据驱动的核心作用。另一个以数据为中心的区域创新支持计划是多瑙河参考数据和服务基础设施建设计划（Danube Reference Data and Services Infrastructure, DRDSI）。该计划是欧盟联合中心以支持区域科技发展为目标，在考虑各种政策优先事项间相互依赖性的基础上，借助欧洲空间信息基础建设投资（Infrastructure for Spatial Information in Europe, INSPIRE）和通用技术标准化发展要求，构建多瑙河地区统一开放数据库，从综合和跨领域视角解决多瑙河地区面临的科技发展挑战。

8.1.4 培育"跨边界"合作治理

对于边界的定义，最主要的理解集中从地理空间范畴出发，如省市边界、国家边界等。随着经济全球一体化发展的快速推进，跨越传统地域边界的新型空间组织结构逐步形成。世界经济体之间合作干预的关键机制之一就是跨边界合作。例如，欧盟直接制定以支持多边国际合作为核心的欧盟宏观区域战略（EU Macro-regional Strategies），吸引众多如世界银行、欧洲复兴开发银行、欧洲投资银行和OECD等组织的投资支持，以促进欧盟成员国之间的合作网络建设。跨边界治理主要包括跨地理边界治理、跨部门边界治理和跨公司合作伙伴治理，是产业融合发展和经济全球化趋势下的全新治理思想和战略选择。在经济政策中，区域发展研究能够从微观经济角度解释许多当前宏观趋势，因而显得尤为重要。

鉴于此，在区域层面培育"跨边界"合作治理具有重要作用。具体而言，一方面有利于帮助政府掌握社会经济发展的创新实际需要，构筑纵横交错的政策网络体系，消除不同政策之间的矛盾和张力；另一方面通过与社会、市场等创新主体开展横向协同合作，有利于减少项目的重叠和浪费，提高资源的利用效率。换言之，跨边界合作治理要求政府扮演一个合作型政府、一个服务型政府和一个有限参与型政府，明确政府在创新政策推行实践方面的责任和义务，这事实上与区域创新驱动发展的现实需求密切吻合。值得强调的是，区域创新并不是在"孤岛"上谋求发展，正是由于创新是一个复杂的集合体，其本质上要求开放、突破、合作和共赢。对欠发达地区而言，培育跨边界合作治理是一条与区域创新发展前沿接轨的"快速绿色通道"。

以欧盟多瑙河地区创新发展战略为例，该地区主要经济体之间经济发展水平相对落后，区域创新能力较为薄弱，历史遗留政治问题桎梏较大，导致研究和创新合作相当困难，且起步较晚。OECD在《欧洲东南部地区竞争力研究：政策概览》报告中指出，尽管巴尔干半岛地区存在一定程度上的双边和多边科学技术合作协议，但这种合作方式实际上脱离了战略规划逻辑，在实际中往往表现为小型和非正式的自下而上的项目。基于智慧专业化设计的欧盟多瑙河地区创新发展战略（DANUBE-INCO.NET Project），有效支持了该地区的创新发展。具体而言，该战略共涵盖多瑙河地区19个国家，其中包括4个非欧盟成员国，以及西巴尔干半岛的塞尔维亚和波黑。这种战略伙伴关系超越了欧盟涉及的地域边界，扩大了跨国政策学习和创新研究的范围。

以智慧专业化平台为立足点，欧盟研究中心通过支持多瑙河地区智慧专业化战略的设计和实施，承担了引导和促进该地区创新发展和包容性发展的任务。而该地区的其他非欧盟成员国也呼吁更多的支持力度，以提高其研究能力、创新能力及治理能力。智慧专业化平台为响应区域创新驱动发展的需要，推出了一系列旨在拓宽智慧专业化内涵、提高智慧专业化意识和便于智慧专业化实践的活动和研讨会，并取得了一定的成功。例如，匈牙利信息和科学发展中心（Hungary Regional Centre of Information and Scientific Development）引入国际专家咨询团队，提高塞尔维亚和波黑创新研发政策的有效性。波黑与斯洛文尼亚和黑山的双边合作项目是在联邦民政部的协调下，提供小额捐赠，共同资助双边研究人员，以加强两国研究人员的跨境交流与合作。

8.2 构建高效的区域创新驱动发展资本体系

智慧专业化整体框架不仅提供了思考地方发展和结构变化的新方法，而且为支持地方研究发展设想了一套专项支持体系。从智慧专业化发展逻辑看，创新政策的设计和实施，应考虑各种资金来源和融资方案，并结合实际需要，将创新活动、设备和基础设施与各自的资金来源对接。欧盟的智慧专业化战略主要资金来源以欧盟结构与投资基金和欧盟"地平线2020"计划为主，并引入欧盟研究中心、欧盟科研与创新总司、区域和城市政策总司、欧洲投资银行和欧洲创新与技术研究院等许多其他公共、半公共和私人投资。总体上，高效的区域创新驱动发展资本体系通过发展有机融合的投资组合和评价工具的精准使用，提供"五步骤"设计方案，促进区域创新投融资协同增效发展。

8.2.1 有机融合的投资组合以避免"死亡之谷"

针对创新研发的投资多种多样，层级复杂却又相当分散，很难全面了解某个区域完整且具体的创新战略支持体系，对利益相关者和决策者的判断形成巨大阻碍，降低了资金投入的创新产出效益。事实上，学者们关于什么原因导致创新，或者阻碍创新的讨论并没有停止。集中争论重点之一是确定发展创新经济所需要的一般条件。这些条件包括教育、培训、可供使用的基础设施和设备，以及企业家精神，缺乏一般性条件将导致系统性失败。为补充完善创新研发活动，区域创新发展必须涵盖创新上游活动，为创新研发实践提供有利条件，同时要注重发展创新下游活动以创造经济价值。然而，现实情况是大多数支持区域创新研发的资金来源往往针对特定领域、特定技术或者特定的创新主体。在智慧专业化逻辑下的区域创新驱动发展，需要一个明确的资金来源框架，清晰阐述可用于创新研发的预算资源明细，形成有机融合的投资组合以避免"死亡之谷"（Valley of Death）。

最初，"死亡之谷"概念描述的是一个企业面临技术商业化过程中的"不稳定性"，即企业拥有一个尚未充分开发的产品或服务的工作原型，还未通过商业销售获取经济收益。从技术研究阶段到产品部署阶段过程中的每一步都至关重要且充满风险，很多技术都因为未能成功跨越这一步骤而失败，因此被称为"死亡之谷"。随后，该概念用于解释公共研发创新中技术重点与研发创新产业化发展中资助重点如何有机结合的问题。图 8-3 以欧盟国家投资框架为例，描述了创新发展过程中投资的不连续性，即在"死亡之谷"期间，由于公共资金的有限性与私人资本早期投资的风险意识，额外融资渠道较少，从而形成投资"死亡之谷"。针对关键通用技术的研究表明，新技术可以很顺利地跨越技术商业化困境，导致产品商业化和大规模生产障碍主要是创新投资断层问题。

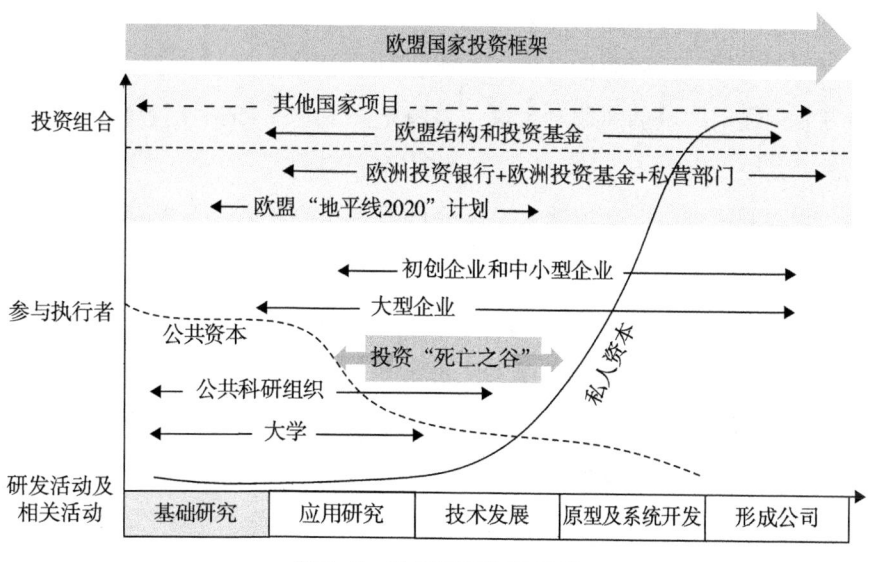

图 8-3 欧盟国家投资框架

根据公司的发展规模和产品开发程度，可以将企业所面临的"山谷"分为两类。①技术死亡之谷。这个阶段需要更多的资金进行产品或服务的商业化开发，并开展基本的市场可行性证明。具体可进一步拆解为两个截然不同但又相互关联的"死亡之谷"，即现金流死亡之谷和可行性死亡之谷。前者对应以中小企业为代表的初创企业缺乏早期风险投资阶段。后者是指当创新从技术可行性和经济可行性转向商业化生产时，企业仍面临很高的技术风险。此时企业活动从实验研究转为实践开发，更多是探究创新想法上的可行性。②商业化死亡之谷是关于产品商业化生产系统的发展。即企业家寻求资金用于资助具有商业化规模特征的产品或项目。该阶段仍需面临较高的技术风险，此时企业活动需要从实践开发转向商业规模化发展。鉴于此，提供有机融合的投资组合可以被视为跨越"死亡之谷"的基石。

从投资组合构建的角度看，"死亡之谷"实际上强调的不仅涉及产品制造等技术问题，还涉及组织结构和市场环境问题。要促进社会吸收和创新质量提升，为创新研发主体提供稳定的、连续的和可持续的投资环境是必要的。智慧专业化认为，获取研究成果的经济效用是将创新投资转变为创造就业、刺激经济增长和提高社会福利的必要步骤。此外，智慧专业化强调区域创新驱动发展应该有选择意识，即选择投资领域的优先次序，因而有助于打造一个可预测的投资环境。

欧盟的投资组合为构建有机融合的投资组合提供了一个生动具体的案例。2014—2020年，欧盟结构与投资基金共投资近1300亿欧元用于支持和补充欧盟成员国研究与创新及相关活动资金需求（见表8-2）。其中，大约有550亿欧元来自以支持研究和创新为核心的凝聚政策，欧盟"地平线2020"计划也提供了近750亿欧元的资助额度。欧洲投资银行在考虑企业发展规模的基础上，为各个发展阶段的企业提供贷款或股票等"量身定制"的资金支持。还有其他五个并行项目通过金融工具，参与或影响欧盟地区的创新研发活动，即中小企业竞争力计划（COSME）、伊拉斯莫世界之窗奖学金计划（Erasmus+）、以支持医疗保健框架建设的健康计划（Health Programme）、支持环境研究的生命科学计划（Life Programme）和用于跨欧洲电信基础设施建设的连接欧洲设施计划（Connecting Europe Facility）。此外，贷款、债券、股权等旨在支持中小企业发展建设和基础设施设备购买等一系列作为金融工具的补充机制也被纳入整体投资框架中。概言之，欧盟投资框架给予的启示在于，有机融合的投资组合能够在各项投资基金来源间创造协同效应，缩小区域创新资金差距，重点在于向创新主体及创新发展区域提供结构化、系统化和可持续的投资环境。

表 8-2 欧盟结构与投资基金创新研发投资领域分类

编号	分类名称	编号	分类名称
002	大型企业的研究和创新过程	063	产业集群和商业网络建设
056	中小企业基础设施投资	064	中小企业的研究和创新过程
057	大型企业基础设施能力和设备投资	065	低碳经济中的技术转移研究和创新过程
058	研究和创新基础设施（公共）	066	中小企业及其集群的先进支持服务
059	研究和创新基础设施（私人）	067	中小企业业务发展的支持和孵化
060	公共研究中心的研究和创新活动	073	对社会企业（中小企业）的支持
061	私人研究中心的研究和创新活动	101	欧洲区域发展基金（ERDF）的交叉融资对欧洲科学基金（ESF）类型行动的支持
062	技术转移与校企合作		

资料来源：根据欧盟结构与投资基金官网资料整理。

8.2.2 评价工具的精准使用以解决"雾化投资"

区域创新驱动发展制度支撑的一个重要作用是，通过其他方式为区域创新利益相关者提供结构化体系无法提供的支持。可以观察到的是，各个国家用于支持创新示范活动、创新研发活动和创新规模扩大活动的资助体系，"雾化"（Atomization）现象尤为普遍。例如，OECD指出从欧盟委员会集中管理的欧盟"地平线2020"计划，到基于基础研究的"卓越"计划，针对研发创新活动的投资均呈现出显著的"雾化"特征。究其原因，为研发创新活动提供资金支持的产品名目众多，来源广泛，且并不易理解。其结果是研发创新利益相关者面临着不同机构的管理，遵循不同的规则和约束机制。这导致区域创新投资需求主体和投资供应主体之间对接不明、焦点缺失或者重复对接，造成极大的资源浪费和耗散，妨碍整个资本支持生态系统在知识创造和经济价值提升方面提供最佳效果的能力。鉴于此，理解投融资评价工具对研发创新的作用机制尤为必要。基于智慧专业化框架，技术成熟度及其相关补充支撑工具为解决"雾化投资"提供了一套可操作的指导方案。

1. 基于技术成熟度

技术成熟度（Technology Readiness Level），又称TRL量表，最初起源于美国航空航天工业，由美国国家航空航天局在20世纪70年代提出，主要用于帮助系统和工作人员评估某项技术的成熟程度。将某项技术组件纳入特定研发系统或开发计划之前，逻辑上需要同步评估和测算技术组件的成熟度。TRL量表日益成为一项重要的管理工具，它不仅被用于技术评价领域，也被广泛用于活动资金分配领域，促进了技术生产者与开发者、客户和管理者之间的沟通和达成共识。意识到这一变化后，欧盟研究和技术协会（European Association of Research and Technology，EARTO）建议逐步引入并使用TRL概念，以确定不同框架计划（Framwork Programme）征集提案的主题。根据预期的技术成熟度判断获得资助的创新活动类型，能极大地促进科技研发成果的转化，提高创新投入产出比。

欧盟委员会采用TRL9级量表，针对每个项目的技术级别提供参数进行评估，并根据项目进度分配TRL评级（见图8-4）。从欧盟第7框架计划到欧盟"地平线2020"计划，TRL量表的介入演变尤为明显。具体而言，欧盟2014—2015年和2016—2017年两个年度计划中依据TRL量表制定的工作项目包括：重点发展通用技术、纳米技术、先进材料、生物技术和先进制造与加工等关键工业技术，促进中小型企业创新，推动绿色智能交通发展，开发安全高效清洁能源和注重环境保护等。TRL 的隐含逻辑是基于"创新线性模型"（Linear Model of Innovation）。该模型的基本假设是，创新之所以能由基础科学发展为技术应用和提供创新产品，离不开在实验室里面开展的应用研究。随着时间变化，创新的相关影响因素不断增加，但其基本线性特征仍保持不变。创新线性模型可以成为一种更为有用的政策分析工具，即当创新线性模型应用于创新政策制定时，其线性化流程有利于帮助政策制定者，逐步衡量创新产生实际经济价值的最终时效。

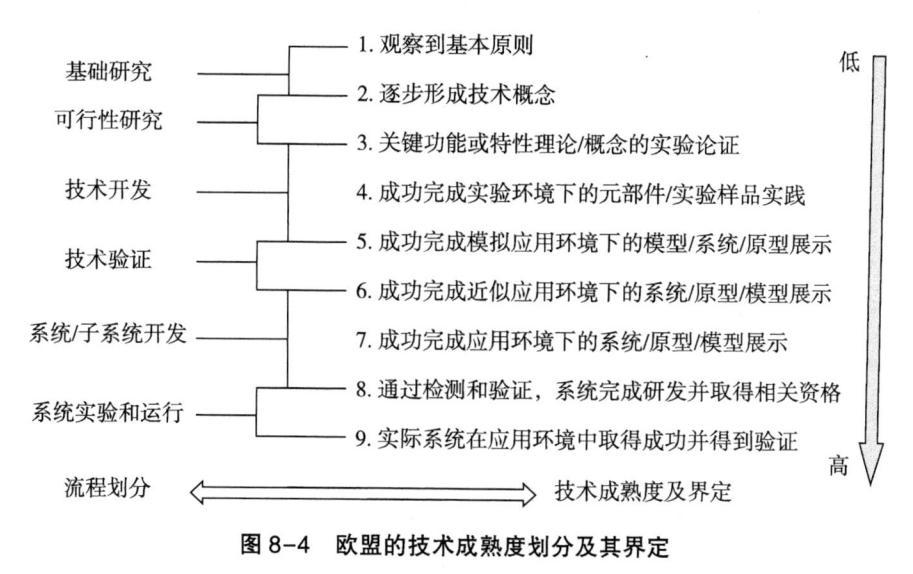

图 8-4 欧盟的技术成熟度划分及其界定

值得强调的是，完全基于创新线性模型的技术成熟度并不能很好地解释和概括区域创新的多样性。欧盟成员国的各种智慧专业化实践表明，并不是只有技术发展才可能产生创新驱动，有很多创新活动发生在技术范畴之外。例如，一些旅游地区的创新发展可以归类到社会科学或人文学科为主题的研究活动中，但它并不与直接技术相关。换言之，TRL 量表无法捕获技术创新以外的创新活动，从而导致智慧专业化资本支持体系的结构失衡。

2. 技术成熟度的补充支撑工具

需要认识到,技术和科学要素并不是影响研究和创新政策,以及资助计划目标唯一的或最重要的驱动因素。从这个意义出发,区域创新驱动发展智慧专业化资本支持体系的目标是,解决区域创新差异,促进区际的经济、社会、文化和地域凝聚力的提升。正是由于技术成熟度评价的局限性,技术驱动政策并不总能应对最紧迫的挑战,越来越多的学者和决策者将关注目光转移到有助于加强研究和创新系统的关键要素上。在这个方向上,考虑创新过程的其他关键组成部分,承认创新可以随时随地同时或相继产生,开发技术成熟度的补充支撑工具,显然有利于更全面理解创新复杂的和多层次的发展过程。

EIT-KIC 是一个典型的基于"知识三角"生态逻辑创建的欧盟产学研协同创新模式,涉及高校、企业、科研机构、技术创新组织、风投公司、创新投资个体和政府机构等创新利益相关行为主体,以网络化协同方式开展人才培养、交叉研究、技术创新合作等活动。[1] 其中,创新成熟度 (Innovation Readiness Level, IRL) 由 KIC 可持续创新能源平台 (Inno-energy) 开发,用于评估某项产品或服务进入市场的创新准备程度,具体包括技术成熟度 (TRL)、知识产权成熟度 (IPRL)、市场成熟度 (MRL)、消费者成熟度 (CRL) 和社会成熟度 (SRL) 五个方面。表 8-3 进一步展示了基于智慧专业化构建的技术成熟度补充支撑工具。

表 8-3 基于智慧专业化的技术成熟度补充支撑工具

工具名称	工具描述	使用局限
创新成熟度	从 TRL、IPRL、MRL、CRL 和 SRL 五个维度进行评价	在大多数创新项目中难以实践,属于概念型工具

---

[1] 参见欧盟创新和技术研究中心—创新技术社区官网。

续表

工具名称	工具描述	使用局限
制造成熟度	衡量制造业成熟度,可用于一般行业评估或特定供应商能力评估	仅适用于制造部门
技术成熟指标	衡量人们对技术的一般信念。包括乐观、创新、不适和不安全感四个维度	仅测评数字技术或产品
技术接受度	预测人们在工作环境中采用IT技术的行为	仅研究个人IT技术使用倾向性
人类成熟度	衡量的是交付给终端用户的可用且具有特定功能系统的适配可能性	最初用于军事目的
社会成熟度	评估特定的项目、技术、产品、流程、公共干预或创新融入社会的程度,即社会适应水平	未见其他用途
系统成熟度	与技术成熟度耦合,引入集成成熟度概念以动态计算技术成熟度指标	技术导向,暂时很难用于政策制定
市场成熟度	通过识别未满足的市场需求和产品的全商业化扩展,衡量技术的需求程度	与技术成熟指标和技术接受度相关,可用于创新研发政策的前期实践
需求成熟度	强调以市场拉动方式促进技术转移和技术创新	与市场成熟度相似,应该从比区域范围更广泛的地域范围进行考量

欧洲创新驱动发展正面临着复杂交错的现实资金格局,越来越多的投资项目为不同阶段、不同类型的创新项目提供资金,并由不同的欧洲委员会总局或相应机构管理。在双头管理甚至多头管理的混乱格局下,如何有效利用评价工具,发挥资本注入的最大效用是值得深思的问题。这对于其他区域创新发展同样具有借鉴意义。值得肯定的是,技术成熟度已经成为理解现有投资项目互补性、提高投资项目连贯性、支持研究创新活动针对性的一种极其有效的评价工具。然而,智慧专业化扩大了区域创新范畴,将创新从"技术泥潭"中抽离出来,鼓励发展中地区,特别是边缘落后地区尝试新的创新范式,突破了技术成熟度的应用边界,提出了新的应用需求。可以说,针对不同目的设计的度量量表表明,对创新活动进行未来规划、投资和决策的预测需求愈加旺盛。概括起来可

以得到两点重要启示，即决策者对可见性和支持性的决策工具需求日益增加，以及构建以技术成熟度为核心的补充支撑机制有利于配适政策制定的多样化需求。

8.2.3 "五步骤"设计方案以提供结构指导

根据技术成熟度与研究和创新上下游相关活动，可以将其划分为上游活动、下游活动和后市场准入活动三个主要模块。具体而言，上游活动主要是创新能力建设活动，包括基础设施设备建设、业务培训、技能开发和某些类型的业务外部或分包。下游活动主要是研究和创新发展活动，负责支持市场进入渠道建设和经济价值创造，主要包括商业原型设计、实验研究、技术转让和知识产权等活动。而后市场准入活动可分为进入市场和商业发展两个部分，包括有利于企业发展或增长的所有支持型活动，如增强产品性能、增加市场份额、扩大发展规模、验证市场复制可能性等有利于增加投资创新性和市场成熟度的活动（见图8-5）。

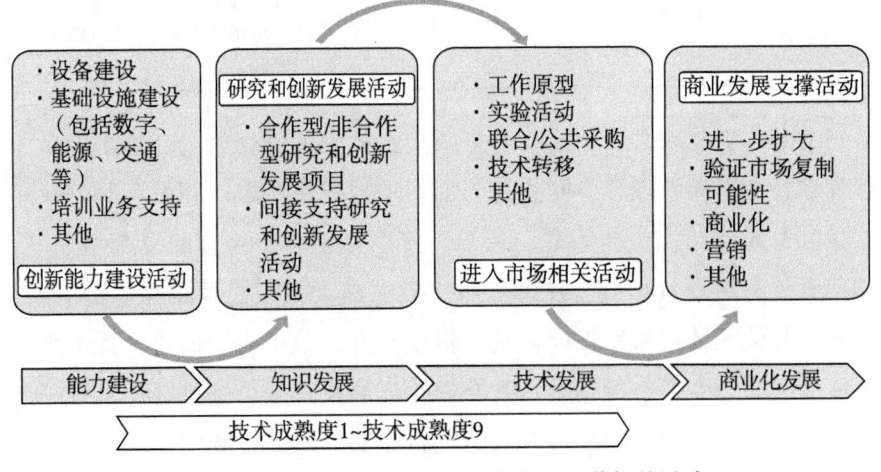

图8-5 技术成熟度与研究和创新上下游相关活动

由于创新的偶发非技术性和突发性等特征，技术成熟度无法很好分配技术以外的资金投入。这种情况在创新链上游阶段尤为突出。鉴于此，在智慧专业化逻辑下构建一个五步骤设计方案，为区域创新驱动发展资本支持体系建设提供指导。

（1）尽可能选择具体的资助目标领域。最合适的资助领域应该满足区域发展某些具体要求。从这个角度出发，基于智慧专业化的区域优势识别是一个恰当的参考标准。因为这个过程以企业家发现为依托，收集了区域利益相关者所代表的具体地理区域需求，能在特殊需求和通用需求之间找到平衡支点。具体的选择标准可归纳为两个：一是由特定研究部门或组织负责构建资本支持体系；二是确保该目标领域有专项资金支持。这种资金支持可以来自国家，也可以来自地方。如果不存在专项资金支持，更恰当的方式是向上一级目标，即向更宏观的目标领域转移。

（2）对可用资金来源进行列表。此时的挑战在于，筛选资金来源要紧紧围绕已确定的资助领域展开。具体而言，适用于任何资助对象的通用资金，针对特定利益相关方的专项资金，如中小型企业扶持资金或者大学研发等专项发展资金，以及直接针对选定资助领域的定向资金来源等，都应涵盖在列表里。

（3）确定每项资金来源的内部特征。欧盟联合研究中心的技术报告《为有效实施智慧专业化战略提供资金和融资方案》指出，理想的资金来源应该既能满足创新能力建设需要，也能支持企业组织发展需要。可以从考察资金的具体支出项目和资金涉及的其他基本信息两个方面分析资金内部特征。前者包括更广泛意义层面的基础设施建设支出、人力资本支出、外部支出（特定活动的专家费用、合同研究、购买外部知识许可和专利获取费用等）、人才流动和培训支出，以及研讨会议支出等。后者包括资金管理主体、资金主要资助对象、有无交叉投资项目、资金类别和每位投资者的出资比例等内容。

（4）基于技术成熟度及支撑工具评价外部资金来源。可以观察到的是，大多数创新投资都以技术创新为对象，以技术成熟度为基础衡量技术创新能在较大程度上解决创新资本服务对象问题。需要强调的是，基础研究和实验研究等活动并不按照时间序列发展，遵循从科学理论研究到应用研究再到市场化发展的过程，更符合创新效用提升的发展逻辑。

在这个方向上，采取与技术成熟度搭配的支撑评价工具更具有科学性。换言之，由于创新活动不一定遵循线性过程，资本支持体系也不应该按照时间顺序设计。

（5）利用所有可能的外部资金构建具体的资本支持体系。需要认识到，额外的资金来源可能是连续的，与创新上下游活动顺序耦合，也可能与各项创新活动并行对接，或者是服务同一种创新活动的替代补充资金。从宏观角度看，半私人或私人资金都可以纳入区域创新驱动发展的资金支持体系建设中。

系统分析资金来源，有利于了解各项投资间的关联性，对构建智慧专业化资本支持体系至关重要，因为它决定了任意两种资金来源之间耦合的可行性。根据"五步骤"设计方案，可将资本来源归纳为四类，即上游补充资金、下游补充资金、并行补充资金和替代补充资金，形成智慧专业化资本支持体系情景设计初方案（见图8-6）。其作用在于，通过先前五个步骤所收集的信息，实现有效定位和链接与特定发展主题相关的所有资金来源，从而在不同投融资工具间寻求多样化的资助方案。

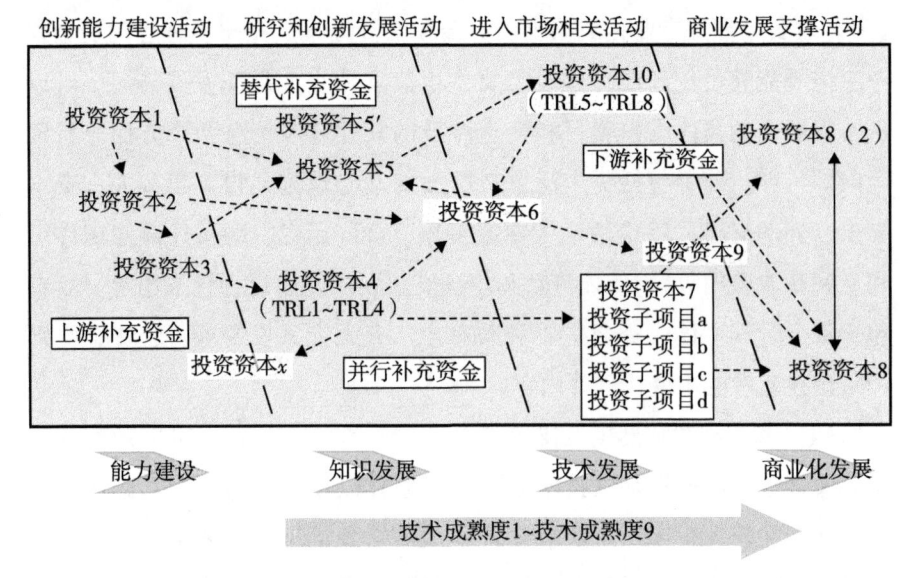

图 8-6 智慧专业化资本支持体系情景设计初方案

8.2.4 案例研究

西班牙安达卢西亚地区的聚光太阳能发电（Concentrated Solar Power, CSP）技术的发展过程，可以生动详细地解释五步骤方案下，智慧专业化资本支持体系建设如何支撑区域创新驱动发展。

（1）CSP技术的选择。CSP技术指集中太阳光加热介质（通常是液体或气体）产生电力，通过高转化效率的光伏电池直接转化为电能以驱动发电机的技术。CSP在2014年的全球雇佣人数达到22000人，在欧洲雇佣15000人。到2030年，CSP有望创造多达15万个工作岗位，涵盖工程、开发、投资、建设、运营和维护等岗位。此外，CSP一方面通过提供可移动的可再生能源，有效推动欧洲能源系统转型；另一方面通过促进可再生能源发展，如风能或光伏能源的集成输出，极大地提高电网输出的可靠性。由于CSP仅能采集太阳辐射的光束分量，因此地理区位会极大影响该技术的效益产出。就欧洲地理区位而言，CSP技术最佳分布地点在欧洲南部，有利于与欧洲其他地区的可再生能源技术相辅相成。

欧盟联合研究技术报告《能源智慧专业化的良好实践：方法论见解和宝贵知识识别》指出，欧洲工业在CSP领域居全球领先地位，欧洲许多经济实体参与了该技术全球开发的大多数项目，但资金缺口明显。为保持这种领先地位，需要一定体量的规模经济和风险投资予以支持。鉴于此，一个示范性项目和配套支持政策框架成为应有之义。就现行的国家政策来看，塞浦路斯、法国、意大利、希腊、葡萄牙和西班牙都将CSP纳入国家可再生能源行动计划（NREAPs）。这在一定程度上表明，CSP技术扩散和辐射带动能力是可预见的。而从智慧专业化发展目标来看，CSP技术研发目的与智慧专业化倡导的发展可再生能源目标是一致的。此外，CSP技术核心基于太阳能，因而与智慧专业化平台成员，如斯洛文尼亚、南爱沙尼亚、阿斯图里亚斯和西西里岛等地区具有区际合作联盟基础。同时作为EIT-KIC可持续创新能源平台的发展目标之一，CSP技术本身就属于欧盟创新发展计划的重要部分。

(2) 可使用资金列表。鉴于支持能源发展的投资资金是丰富多样的，关注重点应该从通用资金项目转为更新和筛选支撑 CSP 发展的专项资金。例如，欧盟"地平线 2020"计划投资基金、欧盟结构与投资基金，以及欧洲投资银行等服务范围广泛的投资项目本身，就应该纳入可使用资金列表中。一些私人资本、地方资本应该成为研究和分析的重点。表 8-4 提供了一份西班牙安达卢西亚地区发展 CSP 技术可使用的详细资金列表，将大量科学合作计划、技术商业化支撑计划、可再生能源投资项目、能源效率基金、技术研究中心和西班牙国家促进卓越科学和技术研究计划等均纳入列表中，以便完整了解和掌握本地区发展 CSP 技术所具备的资金潜力和实力。

表 8-4 安达卢西亚地区 CSP 技术发展潜在可使用资金

	资金来源	资金简介
1	欧盟"地平线 2020"计划（H2020）	覆盖所有类型创新活动（TRL1~TRL8）
2	欧盟结构与投资基金（ESIF）	覆盖大部分创新活动。从应用研究（TRL4）到市场化（TRL9），同时支持智慧专业化（TO1）、数字经济（TO2）、中小企业竞争力研究（TO3）和低碳经济（TO4）等创新
3	中小企业竞争力计划（COSME）	覆盖 TRL6~TRL9 及其他与中小企业竞争力提升相关的创新活动。资助欧洲企业网络（EEN）联盟帮助中小企业寻找商业伙伴、理解欧盟资助政策和获取欧盟资助支持
4	欧盟科学技术合作（COST）	为会议、研讨会、培训学校、短期学术交流和其他与科学话题相关的互动活动提供资金支持
5	主要能源基金（CEF Energy）	金融工具，支持 TRL9 范围以外的创新活动，通过引入新投资者类别以降低投资风险，帮助创新主体融资，应用补助金以弥补建筑成本，从而填补项目商业可行性空白
6	欧洲尤里卡计划（EUROGIA2020）	旨在支持和促进跨区域、低碳能源技术创新项目（TRL4~TRL6）。资金来源由计划成员国提供
7	欧洲之星计划（Eurostar2）	为迅速商业化的国际合作研究和创新项目提供资金支持（TRL4~TRL6/TRL7）
8	低碳和可再生示范项目投资计划（NER300）	资助二氧化碳捕获和封存（CCS）技术创新活动（燃烧前后、富氧燃料和工业应用等），以及再生能源（RES）技术创新活动（生物能源、集中太阳能、光伏、地热、海洋、水电和智能电网）

续表

	资金来源	资金简介
9	私人能源效率融资工具（PF4EE）	为能源效率投资提供充足且可负担的商业融资机会。基于投资组合，通过现金抵押担保方法提供信用风险保护
10	创新金融服务（InnovFin）	由欧洲投资银行（EIB）和投资基金（EIF）提供的贷款、担保和股票。绝大部分由金融中介机构提供
11	欧洲能源效率基金（EEEF）	通过直接资助、与金融机构合作提供专项资金，形成公私合作联盟。旨在促进能源节约和减少温室气体排放，为能源效率和小规模再生能源项目提供专项资金
12	西班牙国家促进卓越科学和技术研究计划	促进人才培养及就业、知识生成和系统强化，加强研究和创新发展的商业化
13	能源多样化及节约研究中心（IDAE）	负责技术咨询和培训活动，开发支持具有创新性和可复制性技术项目的资助计划。该研究中心同时参与欧洲计划框架内的创新活动，积极开展与第三方国家的合作

资料来源：根据西班牙安达卢西亚智慧专业化战略官网公布的资料整理所得。

（3）资金来源的内部结构分析。安达卢西亚地区进一步分析CSP技术可使用资金来源的内部结构，从资金名称、资金信息获取渠道（官方网站或咨询推介）、资金的使用方式（拨款或通过金融中介）、资金的资助领域（专项资金或通用资金）和资金的覆盖地域范围（相关计划成员国或面向全欧洲）建立了一个专项资金数据库，为支持CSP技术发展的智慧专业化资本支持体系奠定数据库基础。

（4）外部资金来源分析。在实践阶段，第四步和第五步可同步进行，在设想资金来源的同时，应考虑互补性资金筹资方案，进一步分析影响资金协同作用的潜在障碍，如资金的地理覆盖范围、与其他类型资金的配套耦合性等问题。安达卢西亚地区将资金来源分为欧盟通用资金、欧盟专项资金、国家/地区划拨资金和私人资本共四个层次，以及拨款获得（Grant，G）和金融工具（Financial Instrument，FI）两种类型（见图8-7），以便更好地勾勒和展示该地区有助于CSP发展的智慧专业化资本支持体系。

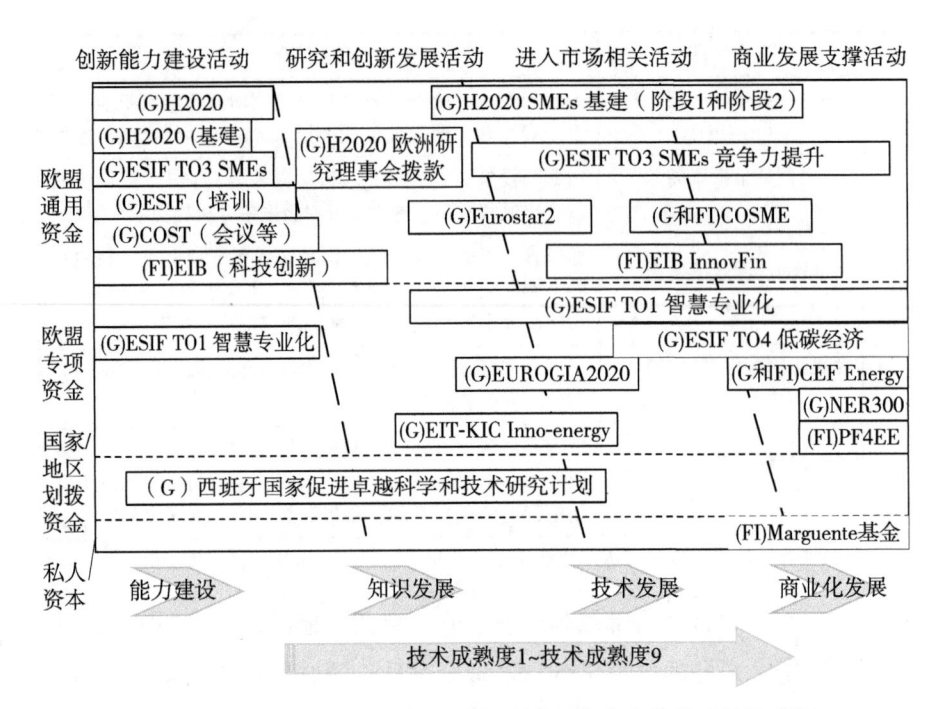

图 8-7 安达卢西亚地区 CSP 智慧专业化资本支持体系情境地图

（5）CSP 智慧专业化资本支持体系的具体构建。根据前四个步骤收集的信息，可以精心描绘和制作安达卢西亚地区 CSP 的智慧专业化资本支持体系情境地图。由于可能存在资金申请失败的情况，要实现区域创新驱动发展和地方经济长期可持续发展，应该在规划过程中考虑一些替代供资方案，尤其要注重多种金融工具和拨款款项的衔接和并行使用，以涵盖不同的支出项目。

8.3 构建清晰的区域创新驱动发展监管模式

高效的区域创新驱动发展资本体系是提高区域创新发展制度支撑有效性的经济基础，极大提升了区域创新政策的经济效益，促进了区域创新驱动发展从思想理念向战略实践的转型。需要认识到，仅在智慧专业化指导下构建区域创新资本支持体系在结构上不具备完备性，无法为区域创新驱动发展提供完整的制度支撑框架，如资本投资效益的区域差异性、投资环境的不可复制性、投资结果的满意度和投资过程的不可预测性等问题，仍需要清晰的运行监管模式提供保障和支撑。

8.3.1　明确划分创新主体权责范围

区域创新驱动发展带给决策者的挑战在于，如何实现区域创新驱动发展战略和国家发展战略的同步耦合对接，以便更好地阐明区域发展优势并与政策工具和资金分配有效结合起来。在智慧专业化逻辑中，可以用科技创新治理（STI Governance）大致概括区域创新驱动发展的管理主体部分，表征为一系列公共组织的合理安排，它们决定了在分配和管理创新资源时，参与社会经济发展的公共部门和私营部门之间的互动方式。这种制度性的安排有助于协调创新政策主体间的合作方式。鉴于此，在创新服务需求多样化、创新主体多元化和创新管理跨边界合作的趋势推动下，科技创新治理愈发需要界定创新主体的权责范围，以提高创新驱动发展的有效性。从智慧专业化视角出发，明确划分创新主体权责范围可以从三个方面展开。

（1）明确区域政府领导力。区域创新政策的连续性和稳定性在很大程度上取决于区域政府的领导力。各地区政治和政策进程稳定性对当地政府领导力影响是十分显著的。这种稳定性将作用于公共部门与公共部门、私人部门及第三方组织间建立不同级别和不同程度的创新合作关系。而政府领导力最突出的特征表征为阶段性和灵活性两个方面，即政府参与创新的深度要与区域创新需求的各个阶段相吻合，以平衡其他创新主体的协同合作。而财政支持作为最明显的公共支持形式，在与其他形式的援助政策相结合时能最大限度地发挥政府"经理人"角色的作用。概言之，政府需要灵活开放地参与到创新发展过程中，尤其是在不同级别和不同程度的创新合作关系中处理好合作形式、合作级别和合作周期等问题。

（2）确立独立透明的政策制定过程。考虑资金的分配和管理都归属于同一政府部门的情况，可以观察到区域创新优势领域或创新项目的选择过程可能被主要利益集团内部的政治压力捕获，或者承担缺少主导利益集团的巨大风险。鉴于此，为保障区域利益相关者的信任和组织信誉，区域创新资本管理需要分属于不同部门负责。此外，与外部组织建立联系也可以进一步加强独立性，即可以防止封闭网络中创新战略被主导实施。例如，英国威尔士的经济社会交通部专门负责智慧专业化项目设计，并成立由政府、企业和高等院校代表组成的威尔士创新咨询委员会，归属于威尔士欧洲基金管理办公室，但完全独立于资金管理功能以外，负责直接向财政部汇报威尔士智慧专业化实践情况。概言之，独立且透明的政策制定过程有利于明确划分创新主体的权责范围。

（3）形成基于区域公共政策制定流程的管理体系。在实践层面上，区域创新驱动发展管理体系往往受益于各种组织的参与，以及组织间明确的工作分工和持续的接触合作。诚然，政府和非政府组织等创新主体之间的角色分配和权责划分，可能取决于每个地区具体的社会文化条件和制度情况。在智慧专业化的特殊背景下，区域创新管理体制应该与公共政策制定流程联系起来，每个部分功能都应该被详细界定和描述，以便有效划分创新主体的权责范围（见图8-8）。具体而言，区域政府委员会负责提供区域创新发展政治方向，实践指导小组负责协调发展流程并向其他辅助部门提供意见，技术秘书处负责配合工作，与前两者形成合力，协同保障区域创新战略实践。创新战略委员会由不同创新战略协调小组组成，负责区域管理部门和利益相关者间的沟通衔接工作，描述战略的具体实施阶段并对其修订提供反馈意见。每一个协调小组都定向服务区域创新优势领域，并面向整个区域创新系统开放。创新研讨会为区域创新主体及利益相关者提供了一个平台，讨论和研究具体的创新发展战略。区域政府委员会和创新战略委员会的参与，不仅有利于激发研讨会活力，而且有利于保障政府管理层和社会创新层的沟通。

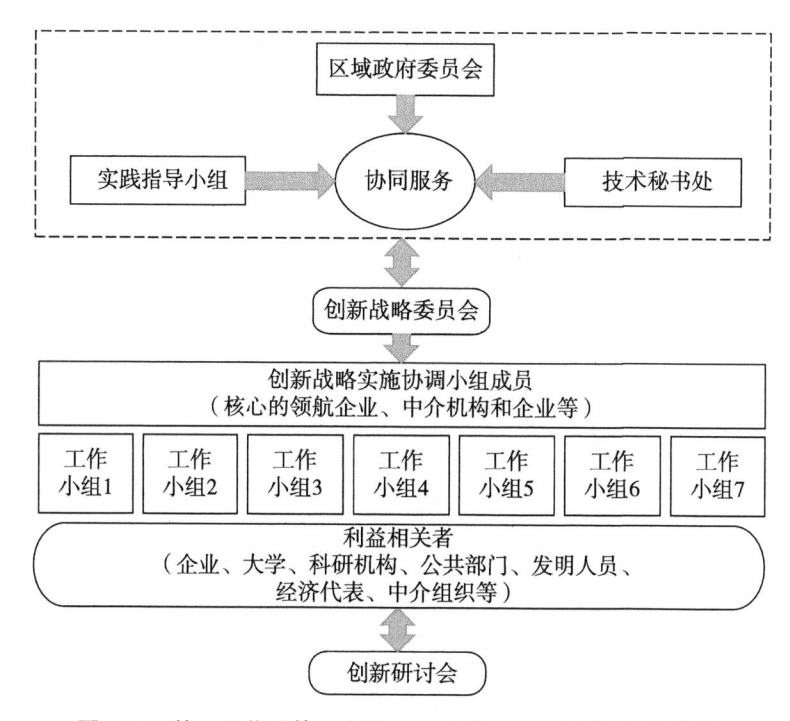

图 8-8 基于公共政策制定流程的区域创新驱动发展管理体系

8.3.2 设置结果导向型的评价体系

评价是保证创新战略有效实施的战略管理工具，而不是行政负担。战略的实施和修订需要信息基础，以便回答两个问题，即战略目标是否能够实现及现行战略是否合适。鉴于区域创新驱动发展是基于区域特征，挖掘区域优势，这意味着每个区域的创新评价指标也应该"因地制宜"，但同时应该满足跟踪评价既定目标的实现情况。一个科学有效的评价系统需要在关键环节和主要部分，体现智慧专业化政策干预逻辑，为区域创新驱动发展提供框架保护。智慧专业化政策干预逻辑的核心是有机整合来自创新主体及利益相关者的实用信息，形成以结果为导向的评价体系。

智慧专业化平台公布的《智慧专业化战略研究和创新战略指南》指出，基于智慧专业化的评价体系构建必须是结果导向型的，主要可以从两个方面为构建具体的评价指标提供依据。①衡量资助项目直接产出的类型和水平，为政策干预措施提供可交付的成果描述；②衡量社会经济目标的实现程度，以及每个生产系统中为选定优势领域所发生的改变。需要注意的是，结果指标设计应该面向所有的利益相关者而不是特定群体。综上，一个系统有效的结果导向型评价体系应该包括产出指标（政策干预的直接产品）、结果指标（目标群体的社会经济影响）、优势领域的阐述性指标，以及指标建设和预期目标间的逻辑联系这四类基础指标。

作为结果导向型评价体系的基线，这四类基础分类指标可以随测评实际需要进一步变形。但值得强调的是，指标的调整应该以构建系统性和战略性的评价框架为目标，具体可以从三个方面完善。①需要明确建设结果导向型评价框架的目的，即衡量政策干预和创新行动在资金等资源分配方面的具体实践成效。鉴于此，补充的评价指标最好能标注不同投资项目间、投资平台间和集群间的资金流动，完善资金追踪机制以测算、比较不同投资来源的产出效益。②评价指标除了与直接利益相关群体相关，还应该能体现优势领域的结构变化和专业化变化，以衡量区域内外部生产系统的演变。结构变化是指在经济和社会中任何可以观察到的基本且普遍持久的特征；专业化变化是指特定经济领域、市场或价值链呈现出相对重要的变化。③从区域发展整体角度看，评价指标还应该体现区域整体竞争能力。概言之，一个基本的结果导向型评价体系应该包括产出型、结果型、实践型、结构型和内容型五种指标类型（见表8-5）。

表8-5 结果导向型评价框架基础指标分类

指标类型	指标功能	具体可行性指标
产出型指标	衡量资助项目直接产出类型和水平	采用的产品和工艺创新数量；培训人员数量；启动/分拆的资金数额；协作网络的建立；专利和许可的申请量等
结果型指标	衡量社会经济目标的实现程度，以及每个生产系统中为选定的优势领域所发生的改变	产品和服务质量升级；私人研发投资；高素质员工数量；出口绩效；初创企业数量；教育水平；能源消耗；社会包容性和社会福利等

续表

指标类型	指标功能	具体可行性指标
实践型指标	衡量该区域内政策实施和相关行动的实际执行情况	获批项目数量；获得财政拨款资助金额；私人资本的投资数量和投资类型；获得的赞助金额
结构型指标	衡量每个优势领域中和整个经济社会中生产系统发生的绝对和相对变化	企业规模、企业所有制类型、外部市场投资等商业系统结构特征；通过评估研究和创新投资的中间产品，如专利数量、企业间合作数量、科研机构合作数量等，衡量本地生产系统的技术专业化；企业间人才流动
内容型指标	描绘区域竞争能力，特别是研究和创新问题，以及整个生产系统的创新演变	经济活动导致的价值增值分布和人员流动、研发创新概率、专利分布；研发和创新相关的一般指标

8.3.3 发展循环迭代的全过程监管

迭代是一种基本的计算机计算方式，适合重复执行一定指令或步骤，在每次执行命令后都能从原变量数值推出新的数值。类似的，循环迭代的全过程管理描述的是一种系统且全面的管理方式，在结果导向型评价体系下对评价对象实施分节点、分阶段和分类型的监测评估，每一次评价都能形成新的反馈报告，从而指导下一阶段的实践活动，及时进行战略调整。重点是突出全过程监管的及时性、阶段性和全面性。Gianelle 和 Kleibrink 用"学中测"（Learning-by-monitoring）这个概念，概括循环迭代的全过程管理在区域创新驱动发展中的重要性。事实上，为审计和事后评估而设计的传统评价机制，由于明显滞后于战略调整最佳时机，往往无法及时提供反馈意见。这解释了为什么循环迭代的全过程管理需要被纳入整个区域创新驱动发展监管模式中。

从智慧专业化角度出发，循环迭代的全过程监管是一种平衡评价和监督关系的有机系统。具体而言，评价环节尤其是负责项目后评价的独立机构可以提供一种外部观点，能强化政策制定者和广大公众政策建议实施的合法性。但是，单独的评价环节无法取代监督作为一种持续的、定期的测评工具。监督环节的突出作用在于促进战略实施阶段的及时反馈和不断学习，同时有助于进一步评估根据监测机制产生的信息，以便恰当地判断相关政策措施对观察目标变量变化的贡献程度。

良好的监控系统能为评估提供更精确的信息（见图8-9）。西班牙加利西亚地区做出了可供借鉴的具体实践。具体而言，加利西亚创新瞭望台（Galicia Innovation Observatory）负责提供数据。该地区的监管系统涵盖产出型指标、结果型指标和内容型指标共72项指标数据，并会根据区域智慧专业化战略实践情况持续更新。三个相互关联的指标组成了加利西亚创新记分卡，用于整合区域创新战略的执行和管理，从而实现区域创新驱动发展的中期和长期目标。

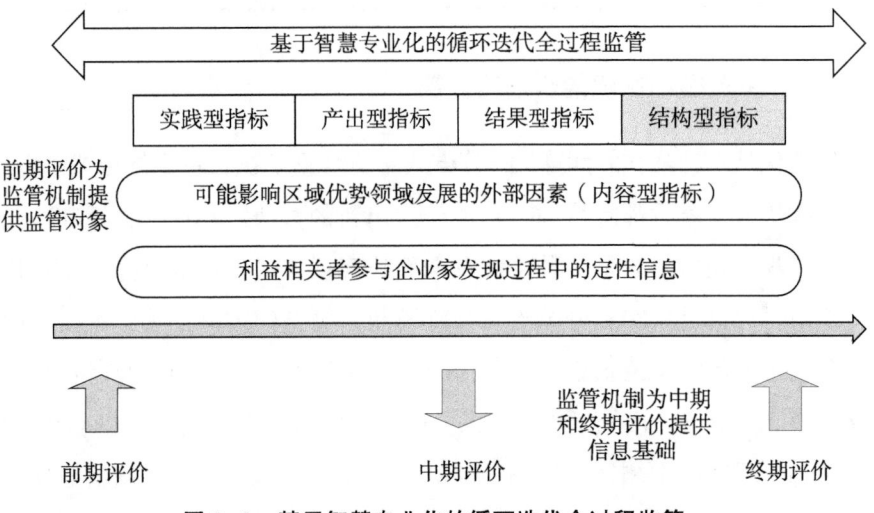

图 8-9 基于智慧专业化的循环迭代全过程监管

值得强调的是，一个有效的管理系统必须能在不同层级的政策干预和不同规模的经济社会现象之间建立联系。根据各个地区机构设置的差异性和区域性，具体的区域创新驱动发展全过程管理系统，应该在不同行政级别运行，并且与其他区域层面或国家层面的监管系统配合。此外，发展循环迭代的全过程监管能催生跨部门合作。对政策制定者而言，跨部门监管对于跟踪创新活动至关重要，因为跳出传统工业活动分类框架能更好地捕捉优势领域的演变。

8.4 本章小结

智慧专业化提供了新的政策逻辑支撑区域创新驱动发展政策框架的制定。从构建灵活的创新政策组合、高效的资本支持体系和清晰的运行监管模式三个方面，阐述了区域创新驱动发展政策体系的建设，为区域创新驱动发展的结构分析提供框架支撑。主要观点可概括为以下三点。

（1）区域创新政策设计和实施需要以一定的制度成熟度为基础，灵活的智慧专业化创新政策组合是在区域现行的行政法规和经济文化背景下形成的。要推动"小区域"创新发展为企业家发现提供基础群体，促进区域创新可持续的驱动发展。要支持"变革型"创新项目，提高区域技术转移能力。要借助"数字化"实现转型，提高区域数字基础设施建设能力和政策数据的处理能力。要培育"跨边界"合作治理，帮助落后地区与发达地区快速接轨，实现区域创新质量整体提升。

（2）投资政策对区域创新驱动发展的刺激作用是显著且高效的。在多样化和复杂化的现行区域投资环境中，应该建立有机融合的投资组合以避免投资"死亡之谷"，通过精准使用技术成熟度及其补充支撑评价工具解决投资对象"雾化"问题，具体可以通过五步骤方案建设高效的智慧专业化资本支持体系。

（3）完备系统的区域创新驱动发展政策体系仍需要清晰的运行监管模式提供保障。应该加强区域政府领导力建设、确立独立透明的政策制定过程和形成基于区域公共政策制定流程的管理体系，从而明确划分创新主体权责范围以有效推动区域创新战略的实施。同时建立结果导向型的评价体系和发展迭代循环的全过程监管，为区域创新驱动发展的整体结构提供全过程保障。

第 9 章　结论与展望

区域经济增长格局既有经济发展的周期性原因，也有产业发展的结构性原因。此外，区域经济增长分化发展现状既有国外经济变化的影响，也有国内经济转型的影响。不同区域发展阶段、资源禀赋等因素存在较大差异，结构性和周期性影响因素及国内外经济变化在不同区域折射出显著的经济表现差异，最终导致区域分化发展。智慧专业化作为新兴的创新发展理论，丰富了区域创新驱动发展理论。智慧专业化对影响区域结构变化的根源性因素提出了新颖见解，支持区域创新政策发展新的战略方向，要求区域经济的现代化发展和创新发展在其过去积累的知识基础和能力基础向新领域分化，强调区域知识模式和知识库结构在区域创新方面的重要推动作用。智慧专业化为剖析区域创新驱动发展的有机结构提供全新视角，既是满足建设创新型国家的现实要求，也是顺应与国际创新发展趋势对接的时代需要。

区域创新驱动发展是国家创新驱动发展战略的逻辑展开和丰富发展。以智慧专业化理论作为研究的分析视角，结合各区域创新实践，在智慧专业化四维度逻辑体系基础上，构建区域创新驱动发展结构分析的基本框架，围绕区域创新驱动发展的资源集聚、优势识别、目标定位、路径选择和制度支撑，进行全面剖析和讨论，可以得出五点结论。

（1）网络时代下的区域创新驱动发展，需要重新审视区域资源集聚的影响程度和作用方式。当今社会的高度连通性和高铁等"空间压缩性"技术等因素给区域创新驱动发展带来了广泛而深刻的新变化，致使现有区域资源禀赋对区域创新驱动发展的影响方式、影响方式背后的逻辑，以及逻辑背后的价值判断都面临着全新挑战。在这个背景下，以智慧专业化为新视角，从资源的内存性和外向性、资源的技术和经济属性，以及资源的支持程度三个方面，论述区域创新驱动发展的动力来源和动力的可持续性，解释区域资源集聚对区域创新驱动发展的影响作用，为区域创新驱动发展结构分析提供识别判断的新方向。

（2）全链条覆盖的创新驱动发展模式不符合区域差异化发展现状，即区域创新驱动发展不可能"面面俱到"。智慧专业化具有显著的非中立性特征，尤其注重避免区际的盲目复制和创新基础设施的重复建设，主张发展有针对性的区域创新活动。换言之，智慧专业化显著的偏好性要求区域创新驱动发展势必做出选择，即基于区域市场机会优势、产业基础优势、价值链优势和综合优势四个方面，识别区域创新驱动发展的核心优势组合。具体而言，注重发展企业家发现和发挥企业家精神，有利于识别区域创新驱动发展的市场优势；产业结构、产业强度和产业集中度决定区域产业的优势识别内容，影响区域产业承接、产业转型和产业优化发展等支撑能力；强化通过全球价值链定位、全球价值链嵌入和价值链增值三重媒介，发挥区域创新的驱动作用，将有效提升区域创新发展在产业链全球分布、供需直接对接、流量价值显现等背景下的应对能力；考虑与国家政策的耦合程度，提供一个三种优势的内在协同配合度测算公式，并提出理想状态下区域创新驱动发展三种优势的结构类型，即紧密协同配合型、带动支撑配合型和松散被动配合型，为区域创新驱动发展的优势识别提供一个整体描述。

（3）分析和利用区域创新优势识别结果，进行区域创新驱动发展的目标定位，是结构分析环路上的重要一环。区域创新发展是一个系统的发展过程，是社会经济技术系统的演化升级。从系统化发展出发，分析区域创新驱动发展目标的内涵和预期结果，可以将其概括为结构目标和功能目标。系统本身是一个随着时间序列的自演化体系，在这个语境下，区域创新驱动发展还应该包含阶段目标。以发展知识经济为核心，促进创新参与主体多元化发展，不断优化与完善创新孵化培育机制，丰富区域创新驱动发展目标的结构内涵；坚持以国家创新驱动发展目标为基础，发展科技创新，培育创新环境，建设创新体制机制，从经济功能、文化功能和政府功能三个方面满足区域创新驱动发展的功能目标建设；从战略性、时效性和应用性三个方面分阶段划分区域创新驱动发展目标，有利于科学合理地进行目标分层，从而有效指导区域创新实践活动。

（4）多样化发展路径和专业化发展路径是围绕区域创新驱动发展路径选择的两难问题。成功多样化发展的关键在于探索相关多样性，而相关多样性是鼓励区域基于竞争优势进行专业化发展。以本土化原则为核心，坚持差异化原则、包容发展原则和合作开放原则，有利于提高区域创新驱动发展路径选择的科学合理性；在选择原则的指导下，根据智慧专业化将区域创新驱动发展路径概括为一元产业主导、多元产业并存和产业互联网络三种类型，从而有效适配区域创新发展路径的差异化需求；在路径分类的基础上，根据路径发展的动态演化趋势，阐述并分析区域创新驱动发展路径选择在路径变异阶段应根据正向（负向）创新绩效反馈进行识别判断；通过培育发展区域创新学习吸收能力提高路径匹配的成功率；最后根据反复试错耦合确定发展路径的留存或复制。

（5）区域创新驱动发展需要创新政策的有效支撑。就短期的变化趋势来看，区域差距波动短时期内不会发生显著变化，区域经济格局也不会出现根本性变化。但值得关注的是，互联网浪潮的裹挟推力和科学技术的快速迭代，使以创新平台为核心的局部治理逐渐成为创新治理的新趋势，区域创新政策的覆盖边界发生移动，并不断与其他创新主体的自治规范相交叉，这要求区域创新制度支撑体系的建设需要有新思路。具体而言，可以通过推动"小区域"创新发展，支持"变革型"创新项目，发挥"数字化"发展的转型作用，培育"跨边界"合作治理，形成灵活的区域创新驱动发展政策组合；鼓励民间资本进入创新投资市场，搭配使用各金融工具和财政工具，发挥组合作用以有效避免投资断层问题；灵活应用技术成熟度及其补充支撑工具评价区域创新投资体系，可以有效解决"雾化投资"问题；具体可实施"五步骤"方案建设区域创新驱动发展资本体系；明确创新主体的权责范围，发展结果导向型的评价体系和循环迭代的全过程监管，形成清晰有效的区域创新驱动发展监管模式，从整体上为区域创新驱动发展结构提供制度支撑。

值得强调的是，未来还可以从以下三个方面推进相关研究工作。

（1）通过定量分析强化研究的实证基础。现阶段区域创新驱动发展的结构分析研究方法仍然以逻辑分析和案例剖析为主，缺乏面板数据以支撑研究精度和深度的提高。以智慧专业化为研究视角展开的区域创新驱动发展结构分析，是用新理论分析解释新发展需求，这种新兴研究早期阶段必然存在实证分析不足的缺陷，但随着研究的深入和展开，可以通过构建具体的区域创新驱动发展智慧专业化评价指标体系，并采集相关数据，定量评价和测量区域智慧专业化程度，评价区域创新发展水平。同时，可以依托已有数据库对数据进行筛选和分类，构建区域智慧专业化平台，借助数据驱动，为区域创新战略和创新政策制定提供可视化的数据决策方案。

（2）从国际对比视角出发，进行区域创新驱动发展与其他国家或地区智慧专业化实践的横向对比研究。智慧专业化实践大多数发生在欧盟成员国及智慧专业化平台成员国中。就全球范围而言，如中国等其他国家和地区的智慧专业化实践尚处于摸索阶段，且主要停留在理论介绍和分析层面。以智慧专业化为研究视角的区域创新驱动发展结构分析，全面吸收和重点借鉴了 OECD 及智慧专业化平台成员国和地区的具体实践经验，可将各个区域具体的创新驱动发展战略与其他国家和地区智慧专业化战略进行对比，从全球视角衡量区域创新驱动发展的实际成果及潜力，借鉴其他国家创新政策经验，为区域创新驱动发展战略制定提供参考依据。

（3）以持续发展的智慧专业化理论为基础，丰富和深化区域创新发展理论体系。智慧专业化理论仍处于"生长"阶段，在理论层面上具有强大的扩展性和广泛的适应性，在实践层面上具有可操作性和可评价性。现阶段的区域创新驱动发展结构分析，完成了日历时间上创新论述体系的构建。未来随着理论研究的不断深入，研究方法和分析模型的不断发展，以及经济社会日益复杂的变化趋势，区域创新驱动发展的内在结构也将发生相应变化。应顺应创新理论国际发展趋势，结合各个区域创新发展的具体需要，进行创新论述体系建设的针对性优化和完善。

参考文献

[1] ASHEIM B T, BOSCHMA R, COOKE P. Constructing regional advantage: Platform policies based on related variety and differentiated knowledge bases [J]. Regional Studies, 2011, 45 (7): 893-904.

[2] ASHEIM B T. The changing role of learning regions in the globalizing knowledge economy: A theoretical re-examination [J]. Regional Studies, 2012, 46 (8): 993-1004.

[3] ALTOMONTE C, TOMMASO A, BÉKÉS G, et al. Internationalization and Innovation of Firms: Evidence and Policy [J]. Economic Policy, 2013, 28 (76): 663-700.

[4] ARUNDEL A, LORENZ E, LUNDVALL B-Å, et al. How Europe's economies learn: A comparison of work organization and innovation mode for the EU-15 [J]. Industrial and Corporate Change, 2007, 16 (6): 1175-1210.

[5] AGARWAL R, CHOWDHURY M M H, PAUL S K. The Future of Manufacturing Global Value Chains, Smart Specialization and Flexibility! [J]. Global Journal of Flexible Systems Management, 2018 (19): 1-2.

[6] BRUNI A, TELI M. Reassembling the social: An introduction to actor network theory [J]. Management Learning, 2007, 38 (1): 121-125.

[7] BLEDA M, DEL RIO P. The market failure and the systemic failure rationales in technological innovation systems [J]. Research Policy, 2013, 42 (5): 1039-1052.

[8] BRAMWELL A, WOLFE D A. Universities and regional economic development: The entrepreneurial University of Waterloo [J]. Research Policy, 2008, 37 (8): 1175-1187.

[9] BALCONI M, BRUSONI S, ORSENIGO L. In defence of the linear model: An essay [J]. Research Policy, 2010, 39 (1): 1-13.

[10] BARNEY J B. Is the resource-based "view" a useful perspective for strategic management research? Yes [J]. Academy of Management Review, 2001, 26 (1): 41-56.

[11] BARNEY J B. Resource-based theories of competitive advantage: A ten-year retrospective on the resource-based view [J]. Journal of Management, 2001, 27 (6): 643-650.

[12] BOSCHMA R. Constructing regional advantage and smart specialization: Comparison of two European policy concepts [J]. Scienze Regionali, 2014, 13 (1): 51-68.

[13] BRAUDEL F. The Wheels of Commerce: Civilization and Capitalism, 15th - 18th Century, vol. 2 [M]. London: Collins, 1982.

[14] BRENNAN L, FERDOWS K, GODSELL J, et al. Manufacturing in the world: Where next? [J]. International Journal of Operations & Production Management, 2015, 35 (9): 1253-1274.

[15] BENNEWORTH P, DASSEN A. Strengthening global-local connectivity in regional innovation strategies: Implications for Regional Innovation Policy [J]. OECD Regional Development Working Papers, 2011.

[16] CHARLES D, GROSS F, BACHTLER J. Smart Specialization and Cohesion Policy: A Strategy for all Regions [J]. IQ-Net Thematic Paper, 2012, 30 (2).

[17] COOKE P. The virtues of variety in regional innovation systems and entrepreneurial ecosystems [J]. Journal of Open Innovation: Technology, Market, and Complexity, 2016, 2 (3): 13.

[18] COOKE P. Regional innovation systems: Competitive regulation in the new Europe [J]. Geoforum, 1992, 23 (3): 365-382.

[19] COOL K, DIERICKX I, JEMISON D. Business strategy, market structure and

risk-return relationships: A structural approach [J]. Strategic Management Journal, 1989, 10 (6): 507-522.

[20] CAPELLO R, KROLL H. From theory to practice in smart specialization strategy: Emerging limits and possible future trajectories [J]. European Planning Studies, 2016, 24 (8): 1393-1406.

[21] CARAYANNIS E G, RAKHMATULLIN R. The quadruple/quintuple innovation helixes and smart specialization strategies for sustainable and inclusive growth in Europe and beyond [J]. Journal of the Knowledge Economy, 2014, 5 (2): 212-239.

[22] COHEN W M, LEVINTHAL D A. Innovation and learning: The two faces of R&D [J]. The Economic Journal, 1989, 99 (397): 569-596.

[23] COFFANO M, FORAY D. The centrality of entrepreneurial discovery in building and implementing a smart specialization strategy [J]. Scienze Regionali, 2014, 13 (1): 33-50.

[24] CARAYANNIS E G, CAMPBELL D F J. Triple Helix, Quadruple Helix and Quintuple Helix and how do knowledge, innovation and the environment relate to each other? A proposed framework for a trans-disciplinary analysis of sustainable development and social ecology [J]. International Journal of Social Ecology and Sustainable Development (IJSESD), 2010, 1 (1): 41-69.

[25] CARAYANNIS E, GRIGOROUDIS E. Quadruple innovation helix and smart specialization: Knowledge production and national competitiveness [J]. Foresight and STI Governance, 2016, 10 (1): 31-42.

[26] CHARLES D, CIAMPI-STANCOVA K. Research and technology organisations and smart specialization [J]. JRC-IPTS Working Papers, 2015 (11).

[27] COPUS A K, SHUCKSMITH M, DAX T, et al. Cohesion Policy for rural areas after 2013: A rationale derived from the EDORA project [J]. Studies in Agricultural Economics, 2011, 113: 121.

[28] CARDEAL N, ANTONIO N S. Valuable, rare, inimitable resources and organization (VRIO) resources or valuable, rare, inimitable resources (VRI) capabilities: What leads to competitive advantage? [J]. South African Journal of Bus-

iness Management, 2013, 6 (37): 10159-10170.

[29] CURLEY M, SALMELIN B. Open Innovation 2.0: A new paradigm [J]. OISPG White Paper, 2013: 1-12.

[30] DAVID P A, METCALFE S. Universities and public research organisations in the ERA [C] //European Commission (Directorate-General for Research) Expert Group on Knowledge and Growth. Brussels: European Commission, 2007.

[31] DAVID P, FORAY D, HALL B. Measuring Smart Specialization: The concept and the need for indicators [J]. JRC Working Papers, 2009.

[32] DEL CASTILLO J, PATON J, BARROETA B. Smart Specialization for Economic Change: The Case of Spain [J]. Symphonya. Emerging Issues in Management, 2015 (1): 30-43.

[33] DIERICKX I, COOL K. Asset stock accumulation and sustainability of competitive advantage [J]. Management Science, 1989, 35 (12): 1504-1511.

[34] DE VET J M, EDWARDS J H, BOCCI M. Blue Growth and Smart Specialization: How to catch maritime growth through "Value Nets" [R]. Joint Research Centre (Seville site), 2017.

[35] DA ROSA PIRES A, PERTOLDI M, EDWARDS J, et al. Smart Specialization and innovation in rural areas [J]. S3 Policy Brief Series, 2014 (9): 2014.

[36] DOUSSINEAU M, ARREGUI-PABOLLET E, HARRAP N, et al. Drawing funding and financing scenarios for effective implementation of Smart Specialization Strategies [R]. Joint Research Centre (Seville site), 2018.

[37] EDWARDS J H, HEGYI F B. Smart Stories-Implementing Smart Specialization across Europe [R]. Institute for Prospective Technological Studies, Joint Research Centre, 2016.

[38] ESPARCIA J. Innovation and networks in rural areas: An analysis from European innovative projects [J]. Journal of Rural Studies, 2014 (34): 1-14.

[39] EINIÖE. R&D subsidies and company performance: Evidence from geographic variation in government funding based on the ERDF population-density rule [J]. Review of Economics and Statistics, 2014, 96 (4): 710-728.

[40] FORAY D, DAVID P A, HALL B. Smart specialization – the concept [J].

Knowledge Economists Policy Brief, 2009, 9 (85): 100.

[41] FORAY D, VAN ARK B. Smart specialization in a truly integrated research area is the key to attracting more R&D to Europe [J]. Knowledge Economists Policy Brief, 2007 (1): 1-4.

[42] FORAY D, DAVID P A, HALL B H. Smart specialization from academic idea to political instrument, the surprising career of a concept and the difficulties involved in its implementation [R]. EPFL, 2011.

[43] FORAY D. From smart specialization to smart specialization policy [J]. European Journal of Innovation Management, 2014, 17 (4): 492-507.

[44] FORAY D. Smart Specialization: Opportunities and Challenges for Regional Innovation Policy [M]. London: Routledge, 2014.

[45] FORAY D. The economic fundamentals of smart specialization [J]. Ekonomiaz, 2013, 83 (2): 55-82.

[46] FORAY D. Smart specialization: From academic idea to political instrument, the surprising destiny of a concept and the difficulties involved in its implementation [J]. Integration Process in the New Regional and Global Settings, 2011: 269.

[47] FORAY D. Smart specialization strategies as a case of mission-oriented policy: A case study on the emergence of new policy practices [J]. Industrial and Corporate Change, 2018, 27 (5): 817-832.

[48] FORAY D. Smart specialization strategies and industrial modernization in European regions: Theory and practice [J]. Cambridge Journal of Economics, 2018, 42 (6): 1505-1520.

[49] FORAY D. On the policy space of smart specialization strategies [J]. European Planning Studies, 2016, 24 (8): 1428-1437.

[50] FORAY D, et al. The need for a new generation of policy instruments to respond to the Grand Challenges [J]. Research Policy, 2012, 41 (10): 1697-1792.

[51] FOSS N J, KNUDSEN T. The resource-based tangle: Towards a sustainable explanation of competitive advantage [J]. Managerial and Decision Economics, 2003, 24 (4): 291-307.

[52] FORAY D, GOENAGA X. The goals of smart specialization [J]. S3 Policy

Brief Series, 2013 (1).

[53] FORAY D, LUNDVALL B. The knowledge-based economy: From the economics of knowledge to the learning economy [J]. The Economic Impact of Knowledge, 1998: 115-121.

[54] FORAY D, RAINOLDI A. Smart Specialization programmes and implementation [J]. S3 Policy Brief Series, 2013 (2).

[55] FUJITA M, THISSE J F. Economics of agglomeration [J]. Journal of the Japanese and International Economies, 1996, 10 (4): 339-378.

[56] FISHER J A. Co-ordinating 'ethical' clinical trials: The role of research coordinators in the contract research industry [J]. Sociology of Health & Illness, 2006, 28 (6): 678-694.

[57] FERROUKHI R, KHALID A. Renewable energy can drive job creation in the GCC [C] //Oxford Energy Forum. Oxford Institute for Energy Studies, 2015 (102).

[58] FORAY D. Smart specialization and the New Industrial Policy agenda [J]. Policy Brief, 2013 (8): 1-15.

[59] GODDARD J, KEMPTON L, VALLANCE P. Universities and Smart Specialization: Challenges, tensions and opportunities for the innovation strategies of European regions [J]. Ekonomiaz. Revista Vasca de Economia, 2013, 83 (2): 83-102.

[60] GOLDEN J S, VIRDIN J, NOWACEK D P, et al. Making sure the blue economy is green [J]. Nature Ecology & Evolution, 2017 (2).

[61] GOMEZ J, SEIGNEUR I, NAUWELAERS C. Good practices for smart specialization in energy [R]. Joint Research Centre (Seville site), 2018.

[62] GIANELLE C, KLEIBRINK A. Monitoring mechanisms for smart specialization strategies [J]. S3 Policy Brief Series, 2015 (13): 2015.

[63] GEORGHIOU L, UYARRA E, SCERRI R S, et al. Adapting smart specialization to a micro-economy: The case of Malta [J]. European Journal of Innovation Management, 2014, 17 (4): 428-447.

[64] GIANELLE C, GOENAGA X, GONZÁLEZ VÁZQUEZ I, et al. Smart speciali-

zation in the tangled web of European inter-regional trade [J]. European Journal of Innovation Management, 2014, 17 (4): 472-491.

[65] GULC A. Role of Smart Specialization in Financing the Development of Regions in Perspective 2020 [J]. Business, Management and Education, 2015, 13 (1): 95-111.

[66] HAMBRICK D C. Upper echelons theory: An update [J]. Academy of Management Review, 2007, 32 (2): 334-343.

[67] HAUSMANN R, RODRIK D. Economic development as self-discovery [J]. Journal of Development Economics, 2003, 72 (2): 603-633.

[68] HENDERSON R M, NEWELL R G. Accelerating Energy Innovation: Insights from Multiple Sectors [J]. SSRN Electronic Journal, 2010, 243: 1-23.

[69] HELD D, MCGREW A, GOLDBLATT D, et al. Global transformations: Politics, economics and culture [M] //Politics at the Edge. London: Palgrave Macmillan, 2000: 14-28.

[70] HENNING M, MOODYSSON J, NILSSON M. Innovation and regional transformation: From clusters to new combinations [M]. Region Skåne, 2010.

[71] HORLINGS L G, MARSDEN T K. Exploring the 'New Rural Paradigm' in Europe: Eco-economic strategies as a counterforce to the global competitiveness agenda [J]. European Urban and Regional Studies, 2014, 21 (1): 4-20.

[72] ROTARU I. Smart specialization in the less advanced regions, what are the key challenges? [J]. EURINT Proceedings, 2015 (2): 319-327.

[73] ISAKSEN A. Industrial development in thin regions: Trapped in path extension? [J]. Journal of Economic Geography, 2014, 15 (3): 585-600.

[74] IMBS J, MONTENEGRO C, WACZIARG R. Economic integration and structural change [C] //Political Economy Seminar, Toulouse, 2012.

[75] ISLAM M T, HUDA N, ABDULLAH A B, et al. A comprehensive review of state-of-the-art concentrating solar power (CSP) technologies: Current status and research trends [J]. Renewable and Sustainable Energy Reviews, 2018 (91): 987-1018.

[76] KATZ M L, SHAPIRO C. Network externalities, competition, and compatibility

[J]. The American Economic Review, 1985, 75 (3): 424-440.

[77] KEMPTON L, GODDARD J, EDWARDS J, et al. Universities and Smart Specialization [J]. S3 Policy Brief Series, 2013 (3).

[78] KLEIBRINK A, GIANELLE C, DOUSSINEAU M. Monitoring innovation and territorial development in Europe: Emergent strategic management [J]. European Planning Studies, 2016, 24 (8): 1438-1458.

[79] KLEWITZ J, HANSEN E G. Sustainability-oriented innovation of SMEs: A systematic review [J]. Journal of Cleaner Production, 2014, 65: 57-75.

[80] KLINGER B, LEDERMAN D. Discovery and development: An empirical exploration of "new" products [J]. World Bank Report, 2004.

[81] KNELLER R, STEVENS P A. Frontier Technology and Absorptive Capacity: Evidence from OECD Manufacturing Industries [J]. Oxford Bulletin of Economics and Statistics, 2006, 68 (1): 1-21.

[82] KOGUT B. Designing global strategies: Comparative and competitive value-added chains [J]. Sloan Management Review, 1985, 26 (4): 15.

[83] KOMNINOS N, MUSYCK B, IAIN REID A. Smart specialization strategies in south Europe during crisis [J]. European Journal of Innovation Management, 2014, 17 (4): 448-471.

[84] KOURTIT K, NIJKAMP P, STOUGH R. The Rise of the City: Smart specialization strategies and smart cities—An evidence-based assessment of European Union policies [J]. Spatial Dynamics in the Urban Century, 2015: 55-84.

[85] LUCAS R E. On the mechanics of economic development [J]. Econometric Society Monographs, 1998, 29: 61-70.

[86] MCCANN P, ORTEGA-ARGILÉS R. Smart specialization, regional growth and applications to European Union cohesion policy [J]. Regional Studies, 2015, 49 (8): 1291-1302.

[87] MCCANN P, ORTEGA-ARGILÉS R. Smart specialization in European regions: Issues of strategy, institutions and implementation [J]. European Journal of Innovation Management, 2014, 17 (4): 409-427.

[88] MCCANN P, ORTEGA-ARGILÉS R. Transforming European regional policy: A

results-driven agenda and smart specialization [J]. Oxford Review of Economic Policy, 2013, 29 (2): 405-431.

[89] MCCANN P, ORTEGA-ARGILÉS R. The role of the smart specialization agenda in a reformed EU cohesion policy [J]. Scienze Regionali, 2014.

[90] MCCANN P, ORTEGA-ARGILÉS R. Smart specialization, regional growth and applications to EU cohesion policy [J]. IEB Working Paper 2011/14, 2011.

[91] MCCANN P, ORTEGA-ARGILÉS R. Smart specialization, entrepreneurship and SMEs: issues and challenges for a results-oriented EU regional policy [J]. Small Business Economics, 2016, 46 (4): 537-552.

[92] MORGAN K. The regional state in the era of Smart Specialization [J]. Ekonomiaz, 2013, 83 (2): 103-126.

[93] MORGAN K. Nurturing novelty: Regional innovation policy in the age of smart specialization [J]. Environment and Planning C: Politics and Space, 2017, 35 (4): 569-583.

[94] MULLER E, ZENKER A, HUFNAGL M, et al. Policy dynamics and challenges for the Upper Rhine Cross-border integration of regional innovation systems and smart specialization strategies [J]. Environment and Planning C: Government and Policy, 2017, 35 (4): 684-702.

[95] MILLS E S. Studies in the structure of the urban economy [J]. Economic Journal, 1972, 6 (2): 151.

[96] MARIUSSEN A, RAKHMATULLIN R, STANIONYTE L. Smart Specialization: Creating Growth through Trans-national co-operation and Value Chains [R]. Directorate Growth & Innovation and JRC-Seville, Joint Research Centre, 2016.

[97] MCCLOSKEY D N. Tunzelmann, Schumpeter, and the hockey stick [J]. Research Policy, 2013, 42 (10): 1706-1715.

[98] MANKINS J C. Technology readiness assessments: A retrospective [J]. Acta Astronautica, 2009, 65 (9-10): 1216-1223.

[99] MIDTKANDAL I, SÖRVIK J. What is smart specialization [J]. Nordregio News, 2012 (5): 3-6.

[100] MARCH J G. Exploration and exploitation in organizational learning [J]. Or-

ganization Science, 1991, 2 (1): 71-87.

[101] NOWAK P. Smart specializations of the regions-fashion or necessity? [J]. Economic and Regional Studies, 2014, 7 (1): 24-37.

[102] NIJKAMP P, KOURTIT K. Aviation Clusters: New Opportunities for Smart Regional Policy [C] //Proceedings Central European Conference in Regional Science, 2014: 652-661.

[103] NIEMI R, NENONEN S, JUNNONEN J M. Investigating the competencies for Serviceability of Urban areas [C] //CIB World Building Congress, 2013.

[104] NIEMI R, RYTKÖNEN E, ERIKSSON R, et al. Scaling Spatial Transformation: Smart Specialization of Urban Capabilities in the Helsinki Region [J]. Technology Innovation Management Review, 2015, 5 (10): 42-51.

[105] NAUWELAERS C, KLEIBRINK A, STANCOVA K. The role of science parks in smart specialization strategies [J]. European Union, 2014: 25.

[106] NEFFKE F, HENNING M. Skill relatedness and firm diversification [J]. Strategic Management Journal, 2013, 34 (3): 297-316.

[107] OUGHTON C, LANDABASO M, MORGAN K. The regional innovation paradox: Innovation policy and industrial policy [J]. The Journal of Technology Transfer, 2002, 27 (1): 97-110.

[108] OZBOLAT N K, HARRAP N. Addressing the innovation gap: Lessons from the Stairway to Excellence (S2E) project [R]. Joint Research Centre (Seville site), 2018.

[109] PUGH R E. Old wine in new bottles? Smart Specialization in Wales [J]. Regional Studies, 2014, 1 (1): 152-157.

[110] KALLIORAS D, PETRAKOS G. Industrial growth, economic integration and structural change: Evidence from the EU new member-states regions [J]. The Annals of Regional Science, 2010, 45 (3): 667-680.

[111] PIIRAINEN K, TANNER A N, ALKÆRSIG L, et al. Smart Specialization and Capabilities for Offshore Wind Services around the North Sea [C] //25th ISPIM Conference, 2014.

[112] PORTER M E. The five competitive forces that shape strategy [J]. Harvard

Business Review, 2008, 86 (1): 78-93.

[113] PORTER M E. Competitive advantage: Creating and sustaining superior performance [M]. New York: Free Press, 1985: 214.

[114] PHILLIPSON J, SHUCKSMITH M, TURNER R, et al. Rural economies: Incubators and catalysts for sustainable growth [C] //Submission to Government's Growth Review. Newcastle: Centre for Rural Economy and RELU, 2011.

[115] PIIRAINEN K A, TANNER A N, ALKÆRSIG L. Regional foresight and dynamics of smart specialization: A typology of regional diversification patterns [J]. Technological Forecasting and Social Change, 2017, 115: 289-300.

[116] RUSU M. Smart Specialization a Possible Solution to the New Global Challenges [J]. Procedia Economics and Finance, 2013 (6): 128-136.

[117] RUIZ-ALZOLA J. Leveraging smart specialization strategies (RIS3) with service-based innovation: The case of the Canary Islands [J]. Journal of Innovation Management, 2015, 3 (3): 10-19.

[118] RODRIK D. The past, present, and future of economic growth [J]. Challenge, 2014, 57 (3): 5-39.

[119] ROTARU I. Smart Specialization in the Less Advanced Regions: What are the Key Challenges? [J]. EURINT, 2015 (2): 319-327.

[120] RAJAHONKA M, PIENONEN T, KUUSISTO R, et al. Orchestrators of Innovation-Driven Regional Development: Experiences from the INNOFOKUS Project and Change 2020 Programme [J]. Technology Innovation Management Review, 2015, 5 (10): 52-62.

[121] REDDING S. Specialization dynamics [J]. Journal of International Economics, 2002, 58 (2): 299-334.

[122] RODRÍGUEZ-POSE A, DI CATALDO M, RAINOLDI A. The role of government institutions for smart specialization and regional development [J]. S3 Policy Brief Series, 2014 (4).

[123] ROMER P M, GRILICHES Z. Implementing a national technology strategy with self-organizing industry investment boards [J]. Brookings Papers on Economic Activity. Microeconomics, 1993 (2): 345-399.

[124] ROPER S, ARVANITIS S. From knowledge to added value: A comparative, panel-data analysis of the innovation value chain in Irish and Swiss manufacturing firms [J]. Research Policy, 2012, 41 (6): 1093-1106.

[125] RADOSEVIC S. Science-industry links in Central and Eastern Europe and the Commonwealth of Independent States: Conventional policy wisdom facing reality [J]. Science and Public Policy, 2011, 38 (5): 365-378.

[126] ŞERBĂNICĂ C. Best Practices in Universities' Regional Engagement. Towards Smart Specialization [J]. European Journal of Interdisciplinary Studies, 2012 (2): 45-55.

[127] SANDU S. Smart specialization concept and the status of its implementation in Romania [J]. Procedia Economics and Finance, 2012 (3): 236-242.

[128] SCUTARU L. Potential of Smart Specialization of Clusters in Romania [J]. The USV Annals of Economics and Public Administration, 2015, 15 (3): 62-70.

[129] SABEL C F. Studied trust: Building new forms of cooperation in a volatile economy [J]. Human Relations, 1993, 46 (9): 1133-1170.

[130] SUDER G, LIESCH P W, INOMATA S, et al. The evolving geography of production hubs and regional value chains across East Asia: Trade in value-added [J]. Journal of World Business, 2015, 50 (3): 404-416.

[131] STURGEON T J, KAWAKAMI M. Global value chains in the electronics industry: characteristics, crisis, and upgrading opportunities for firms from developing countries [J]. International Journal of Technological Learning, Innovation and Development, 2011, 4 (1-3): 120-147.

[132] SANTOALHA A. New indicators of related diversification applied to smart specialization in European regions [J]. Spatial Economic Analysis, 2019: 1-21.

[133] SCITOVSKY T. Two concepts of external economies [J]. Journal of political Economy, 1954, 62 (2): 143-151.

[134] TÖDTLING F, TRIPPLE M. One size fits all? Towards a differentiated regional innovation policy approach [J]. Research Policy, 2005, 34 (8): 1203-1219.

[135] TRAJTENBERG M. Government support for commercial R&D: Lessons from the Israeli experience [J]. Innovation policy and the economy, 2002 (2):

79-134.

[136] TROTIGNON J. Does Regional Integration Promote the Multilateralization of Trade Flows? A Gravity Model Using Panel Data [J]. Journal of Economic Integration, 2010: 223-251.

[137] THISSEN M, VAN OORT F, DIODATO D, et al. Regional competitiveness and smart specialization in Europe: Place-based development in international economic networks [M]. London: Edward Elgar Publishing, 2013.

[138] VALDALISO J M, MAGRO E, NAVARRO M, et al. Path dependence in policies supporting smart specialization strategies: Insights from the Basque case [J]. European Journal of Innovation Management, 2014, 17 (4): 390-408.

[139] WERNERFELT B. A resource-based view of the firm [J]. Strategic Management Journal, 1984, 5 (2): 171-180.

[140] WINTJES R J M, HOLLANDERS H. Innovation pathways and policy challenges at the regional level: Smart specialization [J]. MERIT Working Papers, 2011.

[141] 斯密. 国富论 [M]. 郭大力, 王亚南, 译. 北京: 商务印书馆, 2014.

[142] 李嘉图. 政治经济学及赋税原理 [M]. 郭大力, 王亚南, 译. 北京: 商务印书馆, 2021.

[143] 波特. 国家竞争优势 [M]. 李明轩, 邱如美, 译. 北京: 中信出版社, 2012.

[144] 蒙德尔, 等. 经济学解说: 上册 [M]. 3版. 胡代光, 译. 北京: 经济科学出版社, 2000.

[145] 巴尼, 克拉克. 资源基础理论: 创建并保持竞争优势 [M]. 张书军, 苏晓华, 译. 上海: 格致出版社, 上海三联书店, 上海人民出版社, 2011.

[146] 藤田昌久, 蒂斯. 集聚经济学: 城市、产业区位与全球化 [M]. 2版. 石敏俊, 等译. 上海: 格致出版社, 上海三联书店, 上海人民出版社, 2015.

[147] 藤田昌久, 克鲁格曼, 维纳布尔斯. 空间经济学: 城市、区域与国际贸易 [M]. 梁琦, 译. 北京: 中国人民大学出版社, 2013.

[148] 速水佑次郎, 神门善久. 发展经济学: 从贫困到富裕 [M]. 2版. 李周, 译. 北京: 社会科学文献出版社, 2009.

[149] 陈青松, 任兵, 通振远, 等. 特色小镇实操指南: 策划要点运营实务落地

案例［M］. 北京：中国市场出版社，2018.

[150] 施振荣. 微笑曲线：缔造永续企业的王道［M］. 上海：复旦大学出版社，2014.

[151] 安虎森，周亚雄，薄文广. 技术创新与特定要素约束视域的"资源诅咒"假说探析：基于我国的经验观察［J］. 南开经济研究，2012（6）：100-115.

[152] 白小明. 区域优势产业理论的研究现状与展望［J］. 科技和产业，2008，8（4）：1-4.

[153] 陈波. 论创新驱动的内涵特征与实现条件：以"中国梦"的实现为视角［J］. 理论参考，2014（7）：39-45.

[154] 陈曦. 创新驱动发展战略的路径选择［J］. 经济问题，2013（3）：42-45.

[155] 陈劲，陈钰芬，余芳珍. FDI对促进我国区域创新能力的影响［J］. 科研管理，2007，28（1）：7-13.

[156] 陈畅. 辽宁省优势产业定位及发展战略研究［J］. 社会科学辑刊，2009（3）：29.

[157] 陈枫楠，沈镭. 基于期刊文献检索的国内资源经济学研究述评［J］. 资源科学，2013，35（7）：1339-1346.

[158] 陈衍泰，何流，司春林. 开放式创新文化与企业创新绩效关系的研究：来自江浙沪闽四地的数据实证［J］. 科学学研究，2007，25（3）：567-572.

[159] 陈效珍. 基于产业关联强度识别关键产业：根据虚拟消去法（HEM）以鲁苏粤三省为例［J］. 经济问题探索，2015（2）：40-45.

[160] 陈良文，杨开忠. 地区专业化、产业集中与经济集聚：对我国制造业的实证分析［J］. 经济地理，2006（S1）：72-75.

[161] 崔向阳，崇燕. 马克思的价值链分工思想与我国国家价值链的构建［J］. 经济学家，2014，12（12）：5-13.

[162] 党兴华，刘景东. 技术异质性及技术强度对突变创新的影响研究：基于资源整合能力的调节作用［J］. 科学学研究，2013，31（1）：131-140.

[163] 范剑勇. 产业集聚与地区间劳动生产率差异［J］. 经济研究，2006（11）：72-81.

[164] 樊春良. 日本科技创新政策科学的实践及启示［J］. 中国科技论坛，2014

(4): 20-26.

[165] 范松海, 聂元飞, 高雅瑞. 云南优势产业的归类及阶段划分 [J]. 云南民族大学学报 (自然科学版), 2006, 15 (3): 206-210.

[166] 辜胜阻, 王敏, 李洪斌. 转变经济发展方式的新方向与新动力 [J]. 经济纵横, 2013 (2): 1-8.

[167] 高学德, 翟学伟. 政府信任的城乡比较 [J]. 社会学研究, 2013 (2): 1-27.

[168] 高勇. 参与行为与政府信任的关系模式研究 [J]. 社会学研究, 2014 (5): 98-119.

[169] 高远东, 陈迅. 中国省域产业结构的空间计量经济研究 [J]. 系统工程理论与实践, 2010 (6): 993-1001.

[170] 顾海, 卫陈. 中国医药产业集中度实证研究 [J]. 南京社会科学, 2006 (11): 34-39.

[171] 洪银兴. 论创新驱动经济发展战略 [J]. 经济学家, 2013, 1 (1): 5-11.

[172] 洪银兴. 关于创新驱动和协同创新的若干重要概念 [J]. 经济理论与经济管理, 2013 (5): 5-12.

[173] 洪智敏. 知识经济: 对传统经济理论的挑战 [J]. 经济研究, 1998, 6 (6): 62-65.

[174] 胡婷婷, 文道贵. 发达国家创新驱动发展比较研究 [J]. 科学管理研究, 2013 (2): 1-4.

[175] 何跃, 卢鹏. 关于优势产业选择的可行性方法和实证研究 [J]. 计算机工程与应用, 2006, 42 (33): 222-225.

[176] 何海, 苏洁. 区域优势产业选择及其持续发展分析 [J]. 商业时代, 2010 (21): 131-132.

[177] 黄宁燕, 王培德. 实施创新驱动发展战略的制度设计思考 [J]. 中国软科学, 2013, 4 (60): 8.

[178] 黄润斌. 创新驱动与中国国家高新区战略转型探索 [J]. 改革与战略, 2013 (12): 33-36.

[179] 黄江, 陈劲. 和平创新视角对国家创新体系的理论补充 [J]. 科学学与科学技术管理, 2019, 39 (12): 3-16.

[180] 黄速建, 刘建丽. 当前中国区域创新体系的突出问题 [J]. 人民论坛·学术前沿, 2014 (17)：78-89, 95.

[181] 黄群. 德国 2020 高科技战略：创意·创新·增长 [J]. 科技导报, 2011, 29 (8)：15-21.

[182] 韩兆柱, 何雷. 地方政府信任再生：影响维度、作用机理与策略启示 [J]. 中国行政管理, 2016 (7)：28.

[183] 韩小明. 从工业经济到知识经济：我国发展高新技术产业的战略选择 [J]. 中国人民大学学报, 2000 (3)：77-80.

[184] 韩博天, 奥利佛·麦尔敦, 石磊. 规划：中国政策过程的核心机制 [J]. 开放时代, 2013 (6)：8-31.

[185] 贺灿飞. 产业联系与北京优势产业及其演变 [J]. 城市发展研究, 2006, 13 (4)：99-108.

[186] "后来居上阶段目标与战略举措研究" 课题组. 内陆开放区的阶段目标与战略举措：两江新区例证 [J]. 重庆社会科学, 2011 (7)：83-91.

[187] 纪玉山, 孙海梅. 促进战略性新兴产业发展的风险投资策略研究 [J]. 税务与经济, 2012 (1)：1-8.

[188] 纪成君, 陈迪. "中国制造 2025" 深入推进的路径设计研究：基于德国工业 4.0 和美国工业互联网的启示 [J]. 当代经济管理, 2016, 38 (2)：50-55.

[189] 靳宗振, 刘海波. 创新驱动发展的关键议题：知财运营研究 [J]. 中国软科学, 2015 (5)：47-57.

[190] 姜明辉, 贾晓辉. 基于 CD 生产函数的产业集群对区域创新能力影响机制及实证研究 [J]. 中国软科学, 2013 (6)：154-161.

[191] 纪春礼, 曾忠禄. 基于智慧专业化理论的粤港澳大湾区创新发展战略研究 [J]. 深圳大学学报 (人文社会科学版), 2018, 35 (5)：31-38.

[192] 刘丽琴, 李秀敏. 论边境县域经济优势产业的选择：以珲春市为例 [J]. 经济问题探索, 2005 (8)：91-94.

[193] 刘建丽. 新型区域创新体系：概念廓清与政策含义 [J]. 经济管理, 2014, 36 (4)：32-40.

[194] 刘肖肖, 宋瑶瑶, 张富娟, 等. 德国高科技战略对我国科技发展规划的启

示 [J]. 科技管理研究, 2018, 38 (12): 40-45.

[195] 刘志彪. 从后发到先发: 关于实施创新驱动战略的理论思考 [J]. 产业经济研究, 2011 (4): 1-7.

[196] 刘焕, 胡春萍, 张攀. 省级政府实施创新驱动发展战略监测评估: 一个分析框架 [J]. 科技进步与对策, 2015 (8): 28-132.

[197] 刘和东. 区域创新内溢、外溢与空间溢出效应的实证研究 [J]. 科研管理, 2013, 34 (1): 28-36.

[198] 路甬祥. 求真务实大力推进产学研协同创新 [J]. 中国科技产业, 2013 (10): 24-25.

[199] 李万, 常静, 王敏杰, 等. 创新3.0与创新生态系统 [J]. 科学学研究, 2014, 32 (12): 1761-1770.

[200] 李新功. 以社会资本为契机提高区域技术创新能力 [J]. 管理世界, 2007 (1): 158-159.

[201] 柳卸林, 高雨辰, 丁雪辰. 寻找创新驱动发展的新理论思维: 基于新熊彼特增长理论的思考 [J]. 管理世界, 2017 (12): 8-19.

[202] 黎峰. 全球价值链下的国际分工地位: 内涵及影响因素 [J]. 国际经贸探索, 2015, 31 (9): 31-42.

[203] 林毅夫, 刘培林. 中国的经济发展战略与地区收入差距 [J]. 经济研究, 2003, 3 (11): 19-25.

[204] 林凌, 刘世庆. 中部崛起: 中国区域经济新格局 [J]. 河北经贸大学学报, 2000, 21 (3): 10-16.

[205] 卢希悦. "国兴科教" 才能 "科教兴国": 对 "科教兴国" 战略实现途径及对策的思考 [J]. 山东师范大学学报 (社会科学版), 1998 (5): 4-10, 21.

[206] 梁昊光. 知识经济贡献度测度及其对北京城市发展的启示 [J]. 地理研究, 2014, 33 (9): 1629-1635.

[207] 鲁钊阳, 廖杉杉. FDI技术溢出与区域创新能力差异的双门槛效应 [J]. 数量经济技术经济研究, 2012 (5): 75-88.

[208] 罗爱静, 陈荃. 专利情报分析法挖掘区域优势产业的研究 [J]. 情报理论与实践, 2009 (11): 56-60.

[209] 孟庆红. 区域特色产业的选择与培育：基于区域优势的理论分析与政策路径 [J]. 经济问题探索, 2003 (9)：35-39.

[210] 孟召宜, 渠爱雪, 仇方道. 江苏区域文化资本差异及其对区域经济发展的影响 [J]. 地理科学, 2012, 32 (12)：1444-1451.

[211] 穆文奇, 郝生跃, 任旭, 等. 基于企业战略路径系统演化的动态能力体系 [J]. 科技管理研究, 2016, 36 (20)：240-248.

[212] 牛玉峰, 刘晓伟. 新中国"五年规划（计划）"研究的实践检视与理论反思 [J]. 当代经济研究, 2018 (7)：69-75.

[213] 潘鑫, 王元地, 金珺, 等. 区域创新体系模式及演化分析：基于开发-探索模式的视角 [J]. 研究与发展管理, 2015, 27 (1)：61-68.

[214] 庞弘燊. 基于科技论文多特征项共现突发强度分析方法的算法实现与可视化图谱研究 [J]. 图书情报工作, 2015, 59 (24)：115-122.

[215] 渠爱雪, 孟召宜. 区域文化递进创新与区域经济持续发展 [J]. 经济地理, 2004, 24 (2)：149-153.

[216] 任胜钢, 彭建华. 基于因子分析法的中国区域创新能力的评价及比较 [J]. 系统工程, 2007, 25 (2)：87-92.

[217] 冉光和, 徐鲲, 鲁钊阳. 金融发展、FDI对区域创新能力的影响 [J]. 科研管理, 2013 (7)：45-52.

[218] 芮国强, 宋典. 政府服务质量影响政府信任的实证研究 [J]. 学术界, 2012 (9)：192-201.

[219] 任启平, 王静. 区域经济发展阶段判定方法研究 [J]. 山东理工大学学报（社会科学版）, 2004, 20 (3)：5-9.

[220] 沈如茂, 李海波, 孙长高, 等. 基于区域创新三螺旋的新型研究院发展战略研究 [J]. 科技与管理, 2012, 14 (6)：1-5.

[221] 沈春苗, 黄永春. 产业集中度的U形演变规律在中国存在吗 [J]. 财贸研究, 2016 (2)：10-17.

[222] 申文青. 增加创新驱动发展新动力研究 [J]. 科学管理研究, 2013 (4)：14-17.

[223] 邵培樟. 实施创新驱动发展战略的专利制度回应 [J]. 知识产权, 2014 (3)：85-89.

[224] 邵希, 邢小强, 仝允桓. 包容性区域创新体系研究 [J]. 中国人口·资源与环境, 2011, 21 (6): 24-30.

[225] 宋河发, 穆荣平, 彭茂祥. 区域创新能力及其基于熵变计算的建设政策研究 [J]. 科学学研究, 2012, 30 (3): 372-379.

[226] 宋德勇, 李金滟. 集成型和创新型: 区域优势产业培育的两种思路——中部地区优势产业培育的案例研究 [J]. 经济地理, 2007, 27 (1): 36-40.

[227] 盛楠, 孟凡祥, 姜滨, 等. 创新驱动战略下科技人才评价体系建设研究 [J]. 科研管理, 2016, 37 (S1): 602-606.

[228] 盛明科, 罗娟. 中印科技创新战略与政策比较研究: 以印度STI和中国《国家创新驱动发展战略纲要》为例 [J]. 科技进步与对策, 2018, 35 (18): 127-134.

[229] 唐建. 区域优势产业的选择基准研究 [J]. 企业活力, 2008 (8): 82-84.

[230] 唐海燕, 张会清. 产品内国际分工与发展中国家的价值链提升 [J]. 经济研究, 2009 (9): 81-93.

[231] 汤吉军. 科斯定理、沉淀成本与政府反垄断 [J]. 经济与管理研究, 2015, 36 (9): 75-81.

[232] 陶希东. 跨界治理: 中国社会公共治理的战略选择 [J]. 学术月刊, 2011 (8): 22-29.

[233] 吴锋刚, 沈克慧. 中国特色的创新驱动发展战略研究 [J]. 企业经济, 2013 (6): 9.

[234] 吴优, 李文江, 丁华, 等. 创新驱动发展评价指标体系构建 [J]. 开放导报, 2014 (4): 88-92.

[235] 吴华明. 基于卢卡斯模型的人力资本贡献率测算 [J]. 管理世界, 2012 (6): 175-176.

[236] 万劲波, 张琳. 论创新发展战略预见 [J]. 科学学研究, 2010, 28 (6): 801-808.

[237] 万广华, 范蓓蕾, 陆铭. 解析中国创新能力的不平等: 基于回归的分解方法 [J]. 世界经济, 2010 (2): 3-14.

[238] 万福. 科技企业孵化培育机制研究 [C] //中国管理现代化研究会. 第六届 (2011) 中国管理学年会——创业与中小企业管理分会场论文集. 中国

管理现代化研究会：中国管理现代化研究会，2011：6.

[239] 王海兵，杨蕙馨. 创新驱动及其影响因素的实证分析：1979—2012 [J]. 山东大学学报（哲学社会科学版），2015（1）：23-34.

[240] 王涛，邱国栋. 创新驱动战略的"双向驱动"效用研究 [J]. 技术经济与管理研究，2014（6）：33-38.

[241] 王杏芬. R&D，技术创新与区域创新能力评估体系 [J]. 科研管理，2010（S1）：58-67.

[242] 王宇新，姚梅. 空间效应下中国省域间技术创新能力影响因素的实证分析 [J]. 科学决策，2015（3）：72-81.

[243] 王文成，杨树旺，易明. 湖北省区域优势产业分析 [J]. 统计与决策，2006（14）：92-93.

[244] 王松，胡树华，牟仁艳. 区域创新体系理论溯源与框架 [J]. 科学学研究，2013，31（3）：344-349.

[245] 王丹阳，张冰，王裕. 区域文化对区域创新系统的影响机制及对策分析 [J]. 工业技术经济，2006（5）：84-87.

[246] 王子龙，谭清美，许箫迪. 产业集聚水平测度的实证研究 [J]. 中国软科学，2006（3）：109-116.

[247] 王玉民，刘海波，靳宗振，等. 创新驱动发展战略的实施策略研究 [J]. 中国软科学，2016（4）：1-12.

[248] 王健美，封颖. 从"一五"到"十二五"印度科技创新规划体系研究 [J]. 科技管理研究，2018，38（20）：30-39.

[249] 魏守华，吴贵生，吕新雷. 区域创新能力的影响因素：兼评我国创新能力的地区差距 [J]. 中国软科学，2010（9）：76-85.

[250] 魏守华，禚金吉，何嫄. 区域创新能力的空间分布与变化趋势 [J]. 科研管理，2011，32（4）：152-160.

[251] 魏立桥，郑博文. 甘肃省特色优势产业定量选取研究 [J]. 开发研究，2008（1）：22-25.

[252] 汪艳霞，钟书华. "孵化-加速"三位一体耦合对接：科技服务资源集成路径 [J]. 科技进步与对策，2015，32（15）：20-25.

[253] 汪艳霞，钟书华. 孵化-加速对接：科技园区创新服务新趋势 [J]. 中国

科技论坛, 2014 (11): 31-35.

[254] 夏奇峰. 智慧专业化: 欧盟促进创新发展的新政策框架 [J]. 广东科技, 2014, 23 (15): 70-72.

[255] 徐国祥. 上海"创新驱动, 转型发展"评价指标体系研究 [J]. 科学发展, 2014 (5): 5-16.

[256] 徐磊, 黄凌云. FDI 技术溢出及其区域创新能力门槛效应研究 [J]. 科研管理, 2009, 30 (2): 16-25.

[257] 徐静. 从资源优势战略到区域优势战略: 西部大开发宏观战略取向 [J]. 贵州社会科学, 2003 (6): 22-24.

[258] 徐仕政. 基于比较优势的区域优势产业内涵探究 [J]. 工业技术经济, 2007, 26 (2): 12-15.

[259] 徐波, 刘天东. 区域优势 AHP 评价模型及应用 [J]. 山东省农业管理干部学院学报, 2007, 23 (6): 82-84.

[260] 徐建炜, 姚洋. 国际分工新形态、金融市场发展与全球失衡 [J]. 世界经济, 2010, 3 (1): 3-30.

[261] 徐源. 生物个体性问题的一元论与多元论解释及其实践转向 [J]. 自然辩证法研究, 2017 (8): 10-15.

[262] 薛风平. 社会资本对区域创新能力的影响 [J]. 青岛农业大学学报 (社会科学版), 2010, 22 (1): 40-46.

[263] 薛勇军. 区域优势产业判别及对经济发展作用评价: 以甘肃省为例的研究 [J]. 工业技术经济, 2012 (1): 132-139.

[264] 薛捷. 区域创新环境对科技型小微企业创新的影响: 基于双元学习的中介作用 [J]. 科学学研究, 2015 (5): 782-791.

[265] 谢德荪. 重新定义创新转型期的中国企业智造之道 [J]. 华北电业, 2016 (6): 94.

[266] 袁峥嵘, 杜霈. 我国实现创新驱动发展战略的路径分析 [J]. 改革与战略, 2014 (9): 47-51.

[267] 袁潮清, 刘思峰. 区域创新体系成熟度及其对创新投入产出效率的影响: 基于我国 31 个省份的研究 [J]. 中国软科学, 2013 (3): 101-108.

[268] 杨朝辉. 创新经济理论的马克思主义渊源分析 [J]. 青海社会科学, 2014

（4）：67-70.

[269] 杨春丽. 优势产业的理论依据研究 [J]. 经营管理者，2013（22）：180.

[270] 杨东方. 技术创新体系区域优势产业的重要支撑 [J]. 科技管理研究，2013，33（1）：15-18.

[271] 杨忠泰. 基于区域创新体系与国家创新体系差异的陕西区域创新体系完善研究 [J]. 科技进步与对策，2009，26（12）：54-57.

[272] 杨莉莉，邵帅，曹建华. 资源产业依赖对中国省域经济增长的影响及其传导机制研究 [J]. 财经研究，2014（3）：4-16.

[273] 叶斌，陈丽玉. 区域创新网络的共生演化仿真研究 [J]. 中国软科学，2015（4）：86-94.

[274] 姚晓芳，赵恒志. 区域优势产业选择的方法及实证研究 [J]. 科学学研究，2007，24（A02）：463-466.

[275] 姚晶晶，鞠冬，张建君. 企业是否会近墨者黑：企业规模、政府重要性与企业政治行为 [J]. 管理世界，2015（7）：98-108.

[276] 严建援，杨银厂. 基于区域层次的开放创新体系研究：行为主体功能要素框架模型 [J]. 科学学与科学技术管理，2015，36（3）：37-45.

[277] 余泳泽，刘大勇. 我国区域创新效率的空间外溢效应与价值链外溢效应：创新价值链视角下的结构空间面板模型研究 [J]. 管理世界，2013（7）：6-20.

[278] 张康之. 有关信任话题的几点新思考 [J]. 学术研究，2006（1）：68-72.

[279] 张来武. 论创新驱动发展 [J]. 中国软科学，2013（1）：1-5.

[280] 张翼燕，贾伟. 智慧专业化：欧盟区域创新新理念 [N]. 学习时报，2015-05-25（7）.

[281] 张蕾. 创新驱动：马克思主义社会发展动力理论的新阶段 [J]. 东北大学学报（社会科学版），2014，16（4）：424-428.

[282] 张利珍，秦志龙. 十八大以来"创新驱动发展战略"研究：一个文献综述 [J]. 四川理工学院学报（社会科学版），2015（4）：83-90.

[283] 张玉明，李凯. 中国创新产出的空间分布及空间相关性研究：基于1996—2005年省际专利统计数据的空间计量分析 [J]. 中国软科学，2007（11）：97-103.

[284] 张璞. 基于指标法和主成分分析法的地区优势产业选择与评价 [J]. 天津商业大学学报, 2009, 29 (4): 21-27.

[285] 张志文. 区域创新文化促进高技术产业集群发展机理研究 [J]. 科技进步与对策, 2009, 26 (7): 23-26.

[286] 张海良, 许伟. 人际信任、社会公平与政府信任的关系研究: 基于数据CGSS2010 的实证分析 [J]. 理论与改革, 2015 (1): 108-111.

[287] 张林, 王露. 系统视角下东西部知识经济发展差异比较 [J]. 商业研究, 2014 (10): 17-24.

[288] 张林, 杨志才. 系统视角下知识经济功能驱动力研究 [J]. 科技进步与对策, 2014, 31 (16): 141-146.

[289] 张林. 系统视角下的区域规划范式研究 [J]. 人文地理, 2011, 26 (3): 95-99.

[290] 张林, 杨志才. 功能主义视角下西南地区知识经济发展战略路径研究 [J]. 科技进步与对策, 2015, 32 (5): 36-42.

[291] 张玉. 论粤港澳大湾区城市群建设的路径选择 [J]. 学术研究, 2018 (12): 51-56.

[292] 赵兰香. 人才是创新驱动转型发展的根本 [J]. 成才之路, 2014 (7): I0002.

[293] 赵光辉. 区域人才结构与产业结构互动战略的制定: 以中部六省为实证 [J]. 科技与经济, 2005, 18 (4): 48-51.

[294] 甄峰, 黄朝永, 罗守贵. 区域创新能力评价指标体系研究 [J]. 科学管理研究, 2000, 18 (6): 5-8.

[295] 赵惠芳, 赵静, 徐晟. 优势产业的测度及其实证 [J]. 统计与决策, 2009 (6): 106-108.

[296] 赵向阳, 李海, 孙川. 中国区域文化地图: "大一统" 抑或 "多元化"? [J]. 管理世界, 2015 (2): 101-119, 187-188.

[297] 赵君, 蔡翔. 基于比较优势的区域优势产业选择研究: 以广西制造业为例 [J]. 安徽农业科学, 2007, 35 (18): 5626-5628.

[298] 赵炳新, 尹翀, 张江华. 产业复杂网络及其建模: 基于山东省实例的研究 [J]. 经济管理, 2011 (7): 139-147.

[299] 朱海就. 区域创新能力评估的指标体系研究 [J]. 科研管理, 2004, 25 (3): 30-35.

[300] 朱玉春, 付辉辉, 黄钦海. 我国区域之间技术创新能力差异的实证分析 [J]. 软科学, 2008, 22 (2): 107-112.

[301] 曾德高, 张燕华. 区域优势产业选择指标体系研究 [J]. 科技管理研究, 2011, 31 (5): 58-61.

[302] 周任重. 纵向分工结构与企业创新: 文献述评 [J]. 科技管理研究, 2013, 33 (19): 25-27.

[303] 周余姣. 创造"美第奇效应": 高校学科馆员服务与管理的新境界 [J]. 图书馆工作与研究, 2009 (12): 72-74.

[304] 周圣强, 朱卫平. 产业集聚一定能带来经济效率吗: 规模效应与拥挤效应 [J]. 产业经济研究, 2013 (3): 12-22.

[305] 周佰成, 朱斯索, 秦江波. 包容性增长: 社会经济发展的新范式 [J]. 当代经济研究, 2011 (4): 85-88.